健美运动员

备赛完全指南

[英] 彼得·J.费森（Peter J. Fitschen） 克里夫·威尔逊（Cliff Wilson） 著

钱吉成 钱庄 译

THE COMPLETE
CONTEST PREPARATION
HANDBOOK

人民邮电出版社

北京

图书在版编目（CIP）数据

健美运动员备赛完全指南 / （英）彼得·J.费森
(Peter J. Fitschen) 著；（英）克里夫·威尔逊
(Cliff Wilson) 著；钱吉成、钱庄译. — 北京：人民
邮电出版社，2021.2
　　ISBN 978-7-115-54957-0

Ⅰ.①健… Ⅱ.①彼… ②克… ③钱… Ⅲ.①健美操
—竞赛—指南 Ⅳ.①G831.3-62

中国版本图书馆CIP数据核字(2020)第187819号

免责声明

作者和出版商都已尽可能确保本书技术上的准确性以及合理性，并特别声明，不会承担由于使用本出版物中的材料而遭受的任何损伤所直接或间接产生的与个人或团体相关的一切责任、损失与风险。

内 容 提 要

健美运动的普及率创历史新高，而且这项运动还在继续发展。但无论是经验丰富的参赛者，还是刚刚入门的新人，都经常会有关于如何在比赛中展现出最佳状态的问题。这本书由专业健美教练编写，致力于向读者提供从选择比赛到准备比赛，再到向非赛季过渡的全面指导。本书首先介绍了健美运动的起源与发展、男女选手如何选择比赛和级别等，然后基于科学研究和实践经验，向读者提供了基于实证的备赛期形体保持方法，覆盖营养、训练、准备时间等重要主题，接着讨论了摆姿势、高峰周、美黑等话题，旨在帮助运动员在舞台上展示出自己最完美的体形。

- ◆ 著　　　[英] 彼得·J.费森（Peter J. Fitschen）
　　　　　　克里夫·威尔逊（Cliff Wilson）
　　译　　　钱吉成　钱　庄
　　责任编辑　裴　倩
　　责任印制　周昇亮
- ◆ 人民邮电出版社出版发行　　北京市丰台区成寿寺路 11 号
　　邮编　100164　　电子邮件　315@ptpress.com.cn
　　网址　https://www.ptpress.com.cn
　　北京捷迅佳彩印刷有限公司印刷
- ◆ 开本：700×1000　1/16
　　印张：14.5　　　　　　　　2021 年 2 月第 1 版
　　字数：335 千字　　　　　　2024 年 9 月北京第 5 次印刷
　　著作权合同登记号　图字：01-2019-4612 号

定价：148.00 元

读者服务热线：**(010)81055296**　印装质量热线：**(010)81055316**
反盗版热线：**(010)81055315**
广告经营许可证：京东市监广登字 20170147 号

专家力荐

"如果你是这项体育运动的爱好者，或者本身是一名健美运动员，抑或是一名教练，那么本书正好适合你。阿诺德·施瓦辛格早在1995年就出版了自己的健美全书，而在23年后，我们终于有了一本基于证据、科学合理和升级更新的指导书来继续推动健美界向前发展。克里夫和彼得，你们太棒了。"

克里斯托弗·巴拉卡特
运动专家（MS），注册运动防护师（ATC），注册运动营养师（CISSN），教练，教育工作者，运动员

"通过阅读彼得和克里夫所著的这本健美指导手册，你们将可以从专门研究健美的科研人员和具有实战经验并在健美领域从业多年的知名教练那里获取有效信息。此外，两位作者都曾以参赛者的身份登上舞台，因此可以讲解这项体育运动的概况和成功所需要的技巧。这本书包罗万象，既有实际的解决方案，也有基于证据的理论指导。我强烈地推荐这本书！"

埃里克·赫尔姆斯
博士，体能训练认证专家，3D肌肉之旅的教练，职业自然健美协会（PNBA）具有职业资格的健美运动员，国际力量举联合会（IPF）无装备力量举运动员

"克里夫·威尔逊用基于实际经验的科学理论，让比赛准备变得更容易明白和理解。最重要的是他得到了理想的结果。"

多诺万·斯特朗
强壮体格、国际健美联合会（IFBB）职业经典体格、职业自然健美协会（PNBA）职业健美运动员，终身自然参赛者

"我现在已经与克里夫一起合作3年了，他着实改变了我的生活。刚找到他时我在生理上和精神上都处于非常不健康的状态，但是他彻底改变了我运动生涯和生活的各个方面。"

切尔西·卡莫迪
科学老师，物理教授，自然比基尼参赛者

"本书在深度和广度上都无与伦比，这是一本专家级及入门级健美教练和参赛者们一直都在翘首以待的手册。"

阿卡迪亚·韦伯
运动专家（MS），阿卡迪亚健身有限责任公司的营养与训练教练，南佛罗里达大学的博士生

"克里夫·威尔逊毫无疑问是这项比赛最出色的备赛教练。如果你有兴趣学习让你的心理和身体都为比赛做好准备的最佳方法，那么就不要再观望了。如果你有一丝想要成为最佳运动员的想法，那么这本书应当成为你的经典参考书。"

盖瑞·阿姆林格
世界自然健美联合会（WNBF）职业自然健美运动员，世界冠军赛的运动员和形体教练

"克里夫和彼得在结合科学与实践来帮助新手和老手更好地进行赛前准备方面做了一件非常出色的工作。"

安德鲁·帕杜
体能训练认证专家，注册运动营养师（CISSN），APF健身有限责任公司的所有者

"业内专家彼得·J.费森和克里夫·威尔逊联手为想学习更多有关竞赛性健美比赛过程知识的参赛者、教练或健身爱好者创作了这份终极学习资料。"

艾利逊·法伦巴赫
注册私人教练（CPT），营养与形体专家，AFS健身房的所有人以及IPE形体职业自然运动员

"在与克里夫合作之前，别人告诉我在比赛准备期间只能吃鸡胸肉、罗非鱼加西蓝花或者龙须菜。克里夫教我在准备期间如何计算各种营养素的摄入，并食用各种各样的食物来满足营养需求。多样化是生活的调味剂，即便是在比赛准备期间……谁会知道呢？"

坎蒂丝·斯科特
国际健美联合会（IFBB）职业女子健体运动员

"在本书中，克里夫如执教时一样，不遗余力地为健美参赛者提供一个无法从其他地方找到的全面指南。我强烈推荐你在开始下一次赛前准备之前选择这本指南，无论你是为第一次健美比

赛做准备还是为第 15 次健美比赛做准备。"

克里斯·埃尔金

世界自然健美联合会（WNBF）职业自然健美运动员，柔性节食者，在线教练

"25 年多以来，我一直都是比赛型的健美运动员，这是（我看到的）第一本真正涵盖健美和健身体育运动所有方面的书，它涵盖的内容包括：这项体育运动是如何兴起的以及它的历史、各个联合会以及联合会内的各个组织、多年以来男子和女子体形的发展以及训练和营养。让我印象尤为深刻的是该书还涵盖以下细节：比赛准备以及性别等差异，一个人的减重、减脂史是如何通过影响膳食计划的制订方式来优化体形转变成功概率的。本书还讨论了老式传统和传说以及目前的做法，并且它参考目前的研究来展示什么是真实准确的，而什么又是过时的。本书是所有健身运动员的必备品。"

小飞利浦·M.里卡多

退役的海军陆战队队员，多重世界冠军职业自然健美运动员

"这本书研究细致、表述清晰且极其透彻。彼得和克里夫为所有对健美感兴趣的人提供了一份宝贵的资料。我建议所有想要参赛的人都阅读这本书！"

杰夫·尼帕德

职业自然健美运动员，加拿大订阅量最大的YouTube 健身频道的博主

"如果你在寻找一本最全面的健美比赛准备指南，期望书中讲解健美赛季之前、期间以及之后需要考虑的无数个因素，那么一定要阅读本书。克里夫·威尔逊担任我的教练时，这些相同的原则被应用到了我的比赛准备过程之中——使我成为 2017 年 WNBF 世界形体冠军。克里夫和彼得是当今健美界最有执教天赋的两位教练。"

凯蒂·安妮·卢瑟福

Power Fit Performance 的所有者，世界自然健美联合会（WNBF）和竞技健美运动员组织（OCB）世界形体冠军，精英级自然力量举重运动员

"如果你想在下一次比赛中获胜，那么你必须与威尔逊团队合作。"

迈克·纽曼

Fit Body U 的所有者

"如果你想要一本透彻的比赛指南，那么就从这本书开始。通过科学的依据和无可挑剔的条理性，这本书将会让你明白在比赛之前最优化体形所需要知道的一切——甚至如何在比赛之后变得更加出色。"

布莱恩·惠特克

2015 年世界自然健美联合会（WNBF）世界冠军赛、2015 年 IFPA 约顿杯全场总冠军

"很少有人能够找到自己真正的人生目标，但是当遇到那些找到目标的人时，你就会看到另一番景象。克里夫迸发出的激情是你几乎从未见过的，但正因如此，他才能够进入世界级备赛专家之列。大多数名声开始下滑的备赛教练最终都会以被自己的自负蒙蔽而告终，但是克里夫始终保持初心、求知若渴。当他提供消息时，你知道他是因为确实得出了该结论，而不是因为该信息符合他这个星期的口味。克里夫会自行修正自己的方法；他执教过的世界级优秀运动员以及在他的执教下达到新高度的运动员数量正是其执教理念奏效的证据。克里夫已经远远地超越了被人们归类为成功备赛教练的那些人，我肯定会推荐所有教练都花点时间向他学习。"

阿尔贝托·努内斯

世界自然健美联合会（WNBF）职业自然健美运动员、备赛教练

"从合理的心态到成功策略，本书都能满足你的需求。如果你真心想使自己以最好的状态登上舞台，那么就不应该错过本书！"

麦奇·韦斯

职业自然健美协会(PNBA)职业形体自然运动员，禁药运动员联盟（DFAC）职业自然健美运动员

"如果你想要一本讲解得最透彻的比赛准备指南，那么本书就是。它涵盖了一切——不只涵盖了像节食这样的大问题，还涵盖了像选择许可机构或者选择参赛组别这样的细节。"

詹姆斯·克里格

运动专家（MS），Weightology 公司的创始人

目　录

序 言

　　因为我是一名健美运动员，所以我一直想看看与健美相关的书会揭示什么样的"秘诀"（我猜这可能是健美运动员的天性吧！）我也想知道与健美相关的基础知识在这些书中是如何被陈述的。这些书简单易懂吗？还是它们只是一个个意在让你们钦佩作者是何等聪明的深奥词汇集合？我很高兴能说这本书易于理解，并且在让你们领略关键概念方面做得相当不错，这些概念包括合适的钠离子和钾离子水平、锻炼代谢能力以及蛋白质需求等。就与比赛相关的费用和塑造冠军体形要耗费的时间来说，我觉得这本书还提供了很棒的现状核验方法。费用和时间看似是常识，但实则不然，并且需要提前加以讨论。我可以对本书所有涵盖的好概念讲个不停，但我只想说这本书让我竖起了两个大拇指就足够了！克里夫和彼得，你们太棒了！

前　言

　　健美运动的受欢迎程度屡创新高，并且该项体育运动还在持续地发展。参赛者数量的增长让我们俩成为全职的备赛教练。在我们的整个职业生涯中，我们注意到几乎每个参赛者都会问的一些相似的问题。有些问题是关于比赛准备期间的营养摄入和训练技巧的，其他则是关于比赛中涉及的额外因素的，如去哪里找演出、使用哪类美黑方式、演出日会发生什么，以及一些其他的话题。这些问题不只来自初学者，希望提高比赛名次且经验丰富的参赛者也会问到这些问题。

　　目前，没有任何资料能够充分详细地回答这些问题，所以我们需要反复地回答许多相同的问题。此外，虽然经验丰富的教练能够提供问题的答案，但是许多参赛者并没有与经验丰富的教练共事，这些人往往依赖于可从网上找到或者在健身房中流传的信息。在许多时候，通过这些方式找到的并不是最佳的方法，参赛者登台时的体形并非处于最佳状态，这必然将导致糟糕的名次。

　　本书对健美比赛的过程提供了一个综合的概述，从开始准备到比赛日，再到向休赛季的过渡。

　　本书分为3部分。第一部分专注于健美的背景。大多数人一想到健美，就会想起阿诺德·施瓦辛格。阿诺德所参加的比赛项目仍然是该项运动的一个主要部分；然而，现在又增添了几种新的男子和女子比赛项目。对这些项目的讨论是本书的独特之处。

　　本书的第二部分专注于塑造适合登台的体形的过程。该部分为比赛准备提供了一种基于实证的方法，并且将科学理论与我们的经验结合在了一起。除了讨论营养和训练技巧以外，我们也讨论了一些重要的话题，如确定一个人什么时候可以开始为比赛做准备。

　　第三部分涵盖了许多比赛准备中很少被讨论到的方面，这些内容是参赛者的体形塑造过程的点睛之笔，主要包括造型、高峰周、美黑以及其他有助于参赛者以精美体形登上竞技场的因素。

　　本书另一个独特的组成部分是，我们讨论了比赛之后需要做什么。大多数关于健美的资料都为如何使体形在台上看起来最出色提供了指导，但是却极少提到比赛后需要做什么。因此，大多数参赛者在这段时间很困惑，并最终体脂大增，而这很快就会带来生理和心理问题。因此，我们对如何处理比赛后的这段时间提供了详细的指导。

　　本书的内容对所有的健美参赛者都能提供帮助，无论是初级参赛者还是高级参赛者。我们的目标是提供一个全面的方法来从头到尾地指导初学者完成首次比赛。同时，我们还会讨论不太常见的主题，以帮助经验丰富的参赛者改进竞技场上的表现。归根结底，我们的目标是让本书成为最全面的健美竞技指南。

致 谢

要是没有其他人的帮助，我不可能完成这种规模的书的写作。感谢我的合著者——克里夫·威尔逊与我一起踏上这段旅程。与你合作完成本书的创作是一段非常棒的体验。感谢 Human Kinetics 在本书写作与出版的各个方面给予的支持。同样还要感谢所有允许我们在本书中使用你们照片的运动员和摄影师。

感谢所有在我训练生涯早期不吝花费时间回答我问题的人，那时我还是一个体重 125 磅（1 磅约为 0.45 千克，此后不再标注）的好学青年，期待着了解更多有关健美的知识。感谢莱恩·诺顿博士在我健美生涯的早期担任我的导师，并激发了我对健美这门自然学科的兴趣。我还要感谢研究生院的顾问玛格丽特·马赫博士和肯尼思·维伦德博士，感谢你们在我接受正式教育的过程中传授的所有知识和给予的支持。

感谢我的妻子艾米对我在学术、健美和执教等工作以及长时间编著本书的过程中给予的支持。感谢我所有健美圈内外的家人和朋友。我由衷地感谢你们给予我的支持，如果没有你们我无法完成这项工作。

——彼得·J. 费森博士

本书是多年的数据积累和各类经验的产物。因此，我需要感谢许多帮助我成长和进步的人。首先，我需要感谢我的合著者彼得，你不仅是一位出色的同事，还是一个很棒的朋友，很高兴能与你一起创作本书。

我想感谢凯蒂·威尔逊，感谢你多年来为了成就今天的我所做的一切，感谢你相信我的眼光并始终对我有信心。你始终都支持我，并且对我努力在做的事情有信心。如果没有你，这一切都不可能完成。

感谢我的父亲，你一直是我智慧与建议的源泉，感谢我的母亲信任我的能力，感谢我的奶奶始终以无私的付出来确保我衣食无忧。我永远心存感激。感谢我的弟弟查德，你不仅一直鼓励我，并已经成为我的良友。

感谢海莉·克莱文格在我投入大量时间写作本书的时候作为我的后盾，在我废寝忘食的时候照顾我，并让我重回正轨以成为那个我知道自己能够成为的人。

我还要感谢所有曾经信任我、让我担任他们的教练的客户，尤其是在职业生涯早期给予我信任的那些客户，那时候我还没有证明自己的能力。正是因为你们，我才能每天都可以做我热爱的事情。

——克里夫·威尔逊

图片版权说明

P16,P17,P20,P21,P22,P23,P24,P25,P28,P29,P97,P99,P101,P103,P107,P109,P113,P114, P119,P121,P147,P153: Courtesy of Liquid Spectrum Photography

P18,P19,P129: Courtesy of Milo Murphy

P26,P27: Photo by Gary Phillips

P96,P100,P108,P112,P120: Courtesy of WNBF Professional Natural Bodybuilder Gary Amlinger

P98,P102,P110,P116,P118: Courtesy of Doug Miller. Photo by John Frazer

P104,P106: Courtesy of Eric Lipton

P111,P139,P143,P157: Courtesy of OCBonline

P123,P125,P127: Courtesy of Bo Flores Photography

P131: Courtesy of Torre Washington

P133,P135,P137: Courtesy of Jason Theobald. Photo by Otis Wilson

P136: Courtesy of Chris Salgado

P141: Courtesy of Justin Williams

P149,P151,P155: Courtesy of Andrea Jordan. Photo by Bo Flores Photography

P159: Courtesy of Kathryn Rutherford

P161: Courtesy of Allison Fahrenbach. Photo by Bo Flores Photography

P163: Courtesy of Leslie Franklin. Photo by Doug Janz Photography

P165,P167: Courtesy of Anna de Leon

（以上页码为英文原版书的页码）

健美运动的发展

我们今天所熟知的健美运动是在举重运动的漫长历史中衍生而来的。健身房最早出现在古希腊，这些健身房与现代健身房有着显著的不同。运动员训练的目的主要是为自己所参加的赛事作准备，而不是为了增大肌肉尺寸。有记录显示，早在11世纪的印度，指望增强健康和力量的人就在举由石头制成的哑铃状重物。这说明人类对开发力量和竞技能力的趋向是深植于本能的。

在19世纪，人们认为，如果人的体形变得太过庞大，那么他们的肌肉量将会"限制"在某个程度，此时的肌肉量将会真正地固定不变。尽管这种主流见解十分盛行，但是大力士赛事却大受欢迎。这些赛事中通常有两名男性大力士在各种力量表演中互相挑战对方。赛事的形式包括举起重物或石头、拉马车，甚至举起动物。这些赛事没有真正意义上的许可机构或者奖项。大力士穿梭于城镇之间去挑战其他的大力士，自豪感是唯一的奖品。然而，这种类型的比赛一直流行到了20世纪30年代左右。

这些赛事的获胜者是参赛者中能举起最重物体的男子。体形不作为评比的标准，并且普通大力士并不具有如今登台表演的健美运动员那样的体形。参赛者们并不专注于饮食，因此，大力士们具有相对较高的体脂率。

早期的体形比赛

尤金·山道是最早的体形有别于其他人的职业大力士。与那个时代的其他大力士不同，他注意自己的饮食并注重所吃的食物。结果，他变得精瘦，肌肉线条也更明显，并且看起来更像今天人们眼中的健美运动员。除了参加大力士赛事以外，他还开始做肌肉展示，这类似于如今的造型环节。在他的职业生涯中，他游历世界各地，并就塑造体形创建了一个行业。他售卖杠铃和哑铃，并因开发首台锻炼器材而备受赞誉。他还创建了《体育文化杂志》，该杂志专注于塑造肌肉发达的体形。

山道在职业生涯后期开始举办比赛，在这些比赛中，男子比赛的标准除了力量表演以外还有体形。1901年，他在伦敦的皇家阿尔伯特大厅组织举办了"超棒比赛"，并在自己的杂志上为该比赛做了 3 年的广告宣传。参赛者必须在地方赛事中取得名次才能参加该比赛。参赛者身穿黑色的骑师背带、黑色的紧身衣和豹皮，这与今天参赛者登台时所穿的造型短裤有着天壤之别。

"超棒比赛"的获胜者可赢得 5 000 美元的奖金和一个采用山道本人形象打造的金奖杯，第二名和第三名获胜者分别赢得银奖杯和铜奖杯。有趣的是，如今颁发给奥林匹亚先生获胜者的奖杯是颁发给"超棒比赛"第三名的奖杯的铜质复制品。金奖杯据说在世界大战期间被摧毁了；然而，青铜像却作为奖品重现于 1950 年在伦敦举办的宇宙先生比赛，并且被美国人史蒂夫·里弗斯赢得。1977 年该铜制奖杯再次被使用，国际健美联合会（IFBB）将该奖杯的复制品颁发给了奥林匹亚比赛的获胜者。自那以后，每位奥林匹亚先生的获胜者都会获得铜质**山道奖杯**的复制品，该奖杯正是在 1901 年"超棒比赛"中颁发给第三名的奖杯。

尤金·山道在英国发起体育文化运动的同时，贝尔纳·麦克法登也在美国做着同样的事情。1904 年，他在纽约麦迪逊广场花园举办了"世界上体形发育最完美的男性"比赛，奖金是 1 000 美元。与山道极力推行的比赛一样，麦克法登发起的比赛要求运动员除了要登台接受体形评比之外，还要能举起重物。

20 世纪初

在 20 世纪初期，有关塑造肌肉和健美的知识仍处于起步阶段，但是很多人意识到举重可能在塑造肌肉发达且精瘦的体形中发挥着重要的作用。比赛的数量增加了，并且这些比赛对竞技项目和外形或体形方面都有要求。查尔斯·阿特拉斯是当时世界上最著名的健美运动员，并大量地出现在《体育文化杂志》中。

与如今健美运动员从举重来为比赛做准备的情况不同，那时的参赛者有着各种各样的背景，如摔跤、体操或者举重。然而越来越清楚的是，举重运动员能够在这些比赛中取得更高的名次。因此，到了 20 世纪 20 年代，杠铃、哑铃和其他锻炼设备被销往世界各地。到了 20 世纪 30 年代，健身房的数量也开始增加。

在健美比赛流行的最初几年里，参赛者被要求进行一系列的"举重"（通常称作锻炼），但是几乎没有留下比赛中所举磅数的记录。然而，1911 年英国业余举重协会成立，并着手收集 42 种不同举法的记录。这些举法包括硬举、过顶推举、仰卧推举（卧推的早期版本，其中运动员躺在地上）、深屈膝（一种极深的下蹲，通常重复进行）、直立上拉、若干次单臂举哑铃等。美国在之后的 20 年内成立了类似的组织机构来着手记录。

1920 年，主要在力量比赛中进行的举重的次数减少了，此时奥运会的举重只有 3 种主要的举法：抓举、过顶推举和挺举。其他所有的举法被认为是另类举法。如今力量举重比赛中执行的三大项目（深蹲、卧推和硬拉）的早期版本就被认为是另类举法。虽然另类举法没有包含在奥运会的力量举重之中，但是许多健美运动员在训练中仍然在使用大部分种类的另类举法，并在比赛中展示这些举法。

前黄金期

1940 年至 20 世纪 60 年代中后期的这段时间通常被称作健美的前黄金期或白银期，因为它处于黄金期（20 世纪 60 年代末至 20 世纪 80 年代初）之前。这一时期的开端通常被认为是 1940 年美国业余竞技联盟（AUU）的美国先生比赛，人们认为这场比赛是首场真正意义上的现代健美赛事。美国先生的参赛者要同时参加举重和摆造型比赛，运动员要想获胜，需要在两个环节都表现超群。这段时期举重的重点集中在奥运举重上面。

肌肉沙滩也在 20 世纪 40 年代开始盛行，它是一种户外的健身房，运动员们在这里举重、做体操以及进行力量赛事，如在众人的观看之下折弯钢棒和撕扯电话簿。沿加州南海岸的沙滩比赛数量也有所增加，这些比赛由健美、力量比赛和体操组合而成。

这个时期的大多数参赛者一周只训练 3 天（周一、周三和周五），因为健身房通常只在这几天开放。每天锻炼的都是全身性的，每个肌肉群每周训练 3 次。这段时期内有些健身房在周二、周四和周六对女性开放。然而，对于健身和锻炼来说这是一段性别隔离的时期。实际上，这个时期许多主要的大学都有针对男性和女性单独的健身房。（这包括伊利诺伊大学；彼得在那里读研究生的时候，他的研究实验室正是以前的女子健身大楼。）

史蒂夫·里弗斯是这个时期最出名的健身运动员，人们认为他是首位真正被大众所熟知的健身运动员。里弗斯是一名成功的参赛者，他赢得了 1947 年的美国先生、1948 年的世界先生和 1950 年的宇宙先生；然而，他的名气来源于其所主演的电影，如《大力神》。他符合审美的体形和英俊的相貌让其在更为主流的群体中大受欢迎。

早在 20 世纪 50 年代至 20 世纪 60 年代以前就已存在的高等级体形清晰地表明，能够自然地塑造出高等级体形。尽管当时饮食和训练方法不像如今这样先进，但是这段时期内也出现了一些令人印象深刻的体形。两位作者都鼓励读者专注于自己的进展和目标，而不要花费时间去在意别人为了增强体形而做或者不做什么。

到了 20 世纪 50 年代，健美变得越发受欢迎，健身房的数量也更多了，但是大家对奥运举重的兴趣却在减少。因此，AUU（该组织之前在比赛中主要专注于奥运举重）于 1958 年开始记录另类举法。首届力量举重比赛于 1964 年举办，并且在后一年举办了首届全国冠军赛。这些赛会所选的 3 种举法是深屈膝变式（运动员只蹲到大腿与地面平行的深度）、在长凳上而不是地上的仰卧推举变式以及相对未发生变化的经典硬拉。

这段时间内许可机构和比赛的数量也呈上升趋势。AUU、IFBB 和英国业余健美协会（NABBA）只是众多竞相争夺参赛者的许可机构中的少数几个。每个许可机构都拥有一个知名的称号，如美国先生或者宇宙先生；然而，没有哪个比赛能够明确地决定世界上最佳的健美运动员。当乔·威德于 1965 年推行 IFBB 奥林匹亚先生的时候，这一切都发生了变化，从而开启了健美的黄金期。

黄金期

20 世纪 60 年代左右，健身的流行度一路飙升，健身房的盈利也出现了增长，从而吸引了更多的健身房竭诚为健美运动员服务。1965 年，乔·戈尔德在加州威尼斯沙滩开了第一家戈尔德健身房。自那以后，戈尔德健身房扩张到 700 多个地方，同时许多其他成功的健身房连锁店也相继出现。

标志性纪录片《铁金刚》正是拍摄于这个时期。该纪录片为阿诺德·施瓦辛格以及其他该时代的顶级健美运动员（如卢·弗里基诺和弗兰科·哥伦布）带来了大量的观众。因此，该项体育运动的流行度出现了大幅的增长。

在这段时期内，健美比赛也开始发生变化。与之前时期的健美运动员不一样，黄金期的健美运动员开始只接受外表的评比，不必再在比赛中进行竞技项目。力量举重、奥运举重和大力士成为单独的比赛项目，参赛者可以专攻自己的目标项目。

常见问题：健美参赛者有参加其他力量型体育运动（如力量举重）的可能性吗

许多健美运动员会在休赛季参加其他的力量型体育运动。参加诸如力量举重一类的力量型体育运动可以让运动员专注于重载的复合性运动，这对于健美运动员来说是一种增加肌肉量的好方法。然而，为了塑造出匀称的体形，我们鼓励参加力量举重比赛（或者别的力量型体育运动，如奥运举重或大力士）的健美运动员同时增加辅助性锻炼，以确保每个肌群都得到足够的锻炼。

黄金期的理想体形是一个巨大的倒三角——宽阔的肩膀、粗壮的手臂和大块的背阔肌逐渐向下延伸至细腰。像阿诺德·施瓦辛格（美国先生、5 次宇宙先生以及 7 次奥林匹亚先生）和弗兰克·赞恩（美国先生、3 次宇宙先生以及 3 次奥林匹亚先生）这样的健美运动员正是符合这种审美外表的典型代表。为了锻炼出这样的外形，训练从每周 3 天的全身性锻炼发展为每周 5 ~ 6 天，每天用较大的训练量训练单个身体部位。

在这段时间内，IFBB 的奥林匹亚先生开始主导比赛现场。健美运动员要想成为世界最佳，就意味着要在 IFBB 的奥林匹亚先生评比中获胜。1981 年美国组建了国家体形委员会（NPC），成为附属 IFBB 的业余联盟机构。

20 世纪末

进入 20 世纪 80 年代，健美运动开始发生变化。随着倒三角关注点等理念的逐渐消逝，舞台上的体形也变得越来越庞大。许多人认为健美黄金期结束的标志是 1984 年李·哈尼赢得了个人首个奥林匹亚先生头衔。他从 1984 年到 1991 年连续夺得了 8 个奥林匹亚先生头衔。

哈尼与众不同的是，他比之前的奥林匹亚先生体形更庞大，他身高 180 厘米，体重 240 ~ 245 磅。相比之下，黄金期的奥林匹亚先生体形要更小一些：阿诺德·施瓦辛格身高 188 厘米，体重 225 ~ 230 磅；弗兰克·赞恩身高 175 厘米，体重 185 磅；弗兰科·哥伦布身高 165 厘米，体重 185 磅。哈尼之后的奥林匹亚先生多利安·耶茨（1992 ~ 1997）和罗尼·库尔曼的体形不断增加。耶茨登台体重为 265 磅，身高为 178 厘米，库尔曼登台体重最重时将近 300 磅，身高 180 厘米。到 20 世纪末，IFBB 的健美比赛已经发展为以肌肉量的比拼为主。

　　这段时期内的健美比赛运动一直都在持续扩张。许多女性进入了该项体育运动，1980年首届奥林匹亚小姐比赛举行。1989年，阿诺德创办了阿诺德经典赛，该比赛成为 IFBB 第二出名的比赛和美国最大的健身博览会。

　　1990年，美国政府将合成代谢类固醇列为 Ⅲ 级管制物品。到了 20 世纪末，几个新的许可机构，如国际自然健美协会（INBA）、国家体育协会（NGA）和世界自然健美联盟（WNBF），开始为参赛者提供更多参加比赛的机会。迈入 21 世纪，随着比赛机会的增多，健美的流行度仍在持续增加。

本章要点

▶ 健美比赛最初从大力士比赛中的肌肉表演发展而来。然而，这些大力士比赛与现在的大力士比赛不同，早期的大力士比赛涉及一名大力士在各种力量表演中挑战另一名大力士。

▶ 早期的健美比赛分竞技能力环节和体形环节。根据比赛，竞技部分有奥运举重、体操或者另类举法，包括三大力量举重法的早期版本。参赛者需要在两个环节中都表现超群才能赢得比赛。

▶ 到了健美运动的黄金期，比赛不再包含竞技环节，运动员们只接受视觉外观方面的评比。力量举重、奥运举重和大力士成了单独的比赛。

▶ 20世纪80年代之前，健美运动员的理想外形是巨大的倒三角、细腰以及非常符合审美的外表。然而，在世纪交替之际，IFBB 的职业健美比赛已经变成了肌肉量的比拼。

▶ 在整个 20 世纪，健美的流行度持续增加，参加健美比赛的人比以往任何时候都要多。

第1章

健美的艺术与科学

在引言中，我们对健美运动历史的讨论大约停在了世纪交替之际，此时奥林匹亚参赛者的体形变得更大，体重变得更重。像罗尼·库尔曼和杰伊·卡特勒这样的"肌肉怪物""统治"着21世纪早期的健美运动，这导致了新比赛组别的开发以及大量参赛者的涌入，因为该项体育运动对流线型和更符合美学的外形表现出了更强的渴望。从较近期的奥林匹亚先生获胜者和顶级竞赛者的体形中可以看出这种改变：他们中很少有人登台时体重在300磅左右。例如，2008年的奥林匹亚先生德克斯特·杰克逊身高168厘米，体重215磅；7届奥林匹亚先生菲尔·希斯身高175厘米，体重240磅；2018年的奥林匹亚先生肖恩·罗登身高175厘米，体重240磅。他们都与先前"肌肉怪物"称王的时代形成了鲜明的对比。

新的组别

人们对更符合美学的体形的偏好越来越强，这导致了几个新的组别的产生。2008年，国际健美联合会(IFBB)设立202磅的职业级别，该级别在2012年增加为212磅的职业级别。

2011年，NPC/IFBB引入了男子健体组别，该组中的参赛者都需要拥有一定肌肉量。然而，肌肉过于发达的体形会被打低分。类似地，该项目要求参赛者要体形精瘦，但是肌肉条纹过于明显和血管暴突的参赛者会被打低分。该组别中的参赛者参赛时身穿沙滩短裤且主要接受评比的部位是腰部以上。

随着健美圈对流线型外观的要求不断增加，2016年古典健体组别设立。设立该组别的本意是让其作为男子健体组别和男子健美组别的中间地带。在古典健体组别中取得成功的参赛者拥有符合美学的体形、巨大的倒三角和类似于黄金期健美运动员的外形，但是他们通常要比黄金期的参赛者更精瘦。为了鼓励塑造更加符合美学的体形，古典健体组别根据参赛者的身高还会对体重做出限制。

在21世纪，并不是只有男性参赛者才有新的比赛组别。该项体育运动的女子比赛组别也迅速增加。为了鼓励更多的女性参加比赛，新的女子比赛组别没有女子健美组别那样极端，增加的首个组别是女子形体。首次国家级赛事举办于2001年，首次职业级赛事举办于 2003 年。该组别中女子的肌肉没有那么发达，并且也没有像女性健美运动员那样呈条纹状。她们还可穿高跟鞋和佩戴珠宝首饰，并且在一定程度上接受女性气质的评比。这吸引了那些享受负重训练的乐趣却又不想让自己的肌肉过于发达的女性参赛者。

2010 年，NPC/IFBB 增加了女子比基尼组别。该组别的参赛者不像形体参赛者那样肌肉发达和调理有素。然而，与形体组别参赛者一样，参赛者会穿高跟鞋和佩戴珠宝首饰，女性气质也是评比的一部分。相比之下，比基尼组别参赛者摆造型不如形体组别那样严格，并且参赛者可以在台上更多地展示个性。女子比基尼组别很快成为最受欢迎的女子组别。

2011 年新增女子健体组别。该组别在肌肉发达程度和调理方面正好介于形体组别和健美组别之间。健体组别中的参赛者不会穿高跟鞋，但是相比于健美组别，摆造型要更具有大众认为的女性化特征。

新增了 2 个男性和 3 个女性组别，参赛者现在有了更多机会找到最适合自己体形的组别。每个组别评比和摆造型的标准将会分别在第 2 章和第 7 章中加以讨论。

比赛准备的误传方法

以往，为健美比赛做准备的信息都是在健身房内由一名参赛者传授给另一名参赛者。几乎没有开展任何关于健美运动员如何为比赛做准备的科学研究，并且在互联网出现之前，即便是已经存在相关信息，大多数参赛者也没有实际的获取渠道。许多公开的研究对健美运动员数十年以来一直在使用的方法进行了测试，有些方法经受住了时间的考验，有些则被推翻了，而许多方法根本没有在研究环境中被测试，但是却似乎在实践中行之有效。

以前，不管需要减掉多少脂肪，大多数健美运动员赛前减脂的标准时间是 8 ~ 12 周。这是人们"一直的备赛"方式，所以大多数人都遵循着该计划。16 周的准备时间被认为时间较长，超过 20 周的准备时间几乎闻所未闻[4]。然而，研究[2] 及轶事证据表明，较长的准备时间可能会带来诸多好处。实际上，这是参赛者中存在的一个相当常见的误解，所以我们将用一整章（第 4 章）来讨论有效的比赛准备计划应为多长时间。

一旦开始为比赛作准备，参赛者们通常要遵循设定好的膳食计划，每天吃相同的食物。即便在 21 世纪初，当我们开始参加比赛时，该方法也极为常见。

比赛准备膳食计划可能如下。

▶ 膳食 1：蛋白、燕麦片。
▶ 膳食 2：鸡胸肉、绿色蔬菜。
▶ 膳食 3：（训练前）：鸡胸肉、甘薯。
▶ 膳食 4：（训练后）蛋白质奶昔。
▶ 膳食 5：罗非鱼、糙米、绿色蔬菜。
▶ 膳食 6：瘦牛肉、绿色蔬菜。

对于每周的任意一顿膳食或者任意一整天，参赛者会有一个"欺骗餐"或者"欺骗日"，此时他可以吃任何想吃的食物。

尽管该膳食方法存在很多问题，但是最明显的一个问题是，对于健美运动员来说，在比赛准备期间将奶制品和水果从饮食中去除，这是非常普遍的。结果，参赛者营养缺乏非常普遍，并且最典型的是缺钙和维生素 D[4]。这种饮食计划的另一个问题是，在欺骗日，通过摄入过多的热量，参赛者经常会毁掉本周内取得的所有进展。如果你看着膳食计划样本并觉得你不可能遵循它，千万不要认为比赛不适合你——极端的方法不仅没必要，也没有较适度的方法那样有效。第 5 章将会讨论如何调整你的营养摄入来进行有效的比赛准备。

传统的健美饮食方法存在许多问题，训练方法也一样。参赛者在比赛准备期间会切换到专门的高重复次数，因为他们相信这会"强化"肌肉，这种情况在传统训练中是非常常见的。然而，该方法在比赛准备期间通常会导致力量减弱和肌肉消失 [1]。参赛者早上起来先进行长时间稳态空腹有氧运动，每周做 10 小时以上有氧运动的情况都很常见 [7]。然而，根据更多的研究 [3]、观察和经验，对于塑造好登台准备的体形来说，这些没有一项是必要的或者是最优的。我们将会在第 6 章中详细地讨论比赛准备期间的阻力训练和有氧运动。

比赛前的最后一周通常称作**高峰周**。在这最后一周内，参赛者通常会采取极端的方法来大幅度地改变自己的体形，包括减少身体的水分和钠离子 [4]。然而，这些方法可能会让参赛者的体形在比赛日到来的时候看起来更加糟糕 [2]。第 9 章将描述高峰周更加有效地塑造体形的方法。

比赛过后，参赛者迅速增重的情况很常见 [5]。然而，研究表明，体重增加过快会让脂肪过多增加，并减缓激素向正常水平恢复的速度 [6]。因此，第 11 章将讨论如何从比赛中过渡出来、休赛季要做什么以及为什么休赛季很重要。

通过本书所概述的方法，我们的目标是利用我们作为参赛者和教练的经验来提供全面的比赛准备指南。

常见问题：我所在的健身房中的许多参赛者采用了你们不推荐的方法，但是却在比赛中取得了成功。我为什么应该采用本书中讨论的方法，而不采用我所在的健身房中人们的做法呢

一个人在比赛准备期间可以采用多种方法，并且有些方法可能要比其他方法更有效。谁都没有办法判断不同的方法对你们健身房中的参赛者来说是否更加奏效。我们鼓励所有的参赛者试用各种各样的方法来找出最适合自己的方法；然而，我们也鼓励开始时先采用本书所述的基于证据的方法来塑造登台的体形。本书所提供的推荐做法是由我们作为教练及参赛者的经验和科学研究组合而成的。

本章要点

▶ 近年来，由于增加了几个新的男子组别（男子健体和古典健体）和女子组别（形体、比基尼和女子健体），健美比赛的参赛者数量出现了大幅增长。

▶ 研究表明，许多常见的比赛准备做法是不必要的或者是次优的。

第 2 章

划分组别和级别

20 世纪 90 年代末，运动员很容易决定在健美比赛中参加哪个组别。如果你是男性，则参加男子健美；如果你是女性，则参加女子健美。21 世纪初增加了几个新的组别。这种积极的改变为不同偏好和力量的参赛者提供了多种选项，但是却让选择组别变得更加令人困惑。

我们将通过解释每个组别中的 3 个评判标准——肌肉发达程度、肌肉线条、匀称性（释义请参见章节末的标准定义小节）来消除一些困惑。每个组别的理想外形有所不同。

组别索引

名称	页码
男子健美	12
古典健体	14
男子健体	16
女子健美	18
女子健体	20
形体	22
比基尼	24

男子组别

男子可参加男子健美、古典健体和男子健体组别。关于肌肉发达程度、肌肉线条以及匀称性的评判标准，每个组别都不同于其他组别。

男子健美

肌肉发达程度　男子健美组的肌肉发达程度的评判标准很简单：肌肉越多越好。肌肉尺寸是赢得健美比赛的主要因素。

肌肉线条　男子健美组的肌肉线条评判标准是所有组别中最为苛刻的：你应当尽可能地精瘦。然而，不要因追求减脂而牺牲肌肉发达程度。合理的饮食、有氧运动和训练方法能确保最大限度地减脂并最大限度地保持肌肉。

　　匀称性　男子健美组的肌肉匀称性的评判标准是所有的肌群得到均衡的发展。对于构造匀称性来说，理想的外形是具有宽阔的肩膀和细窄的腰。

　　其他的考虑因素　男子健美组的参赛者要穿造型短裤。在如今的比赛中，参赛者身穿可展示出部分臀大肌的短裤。

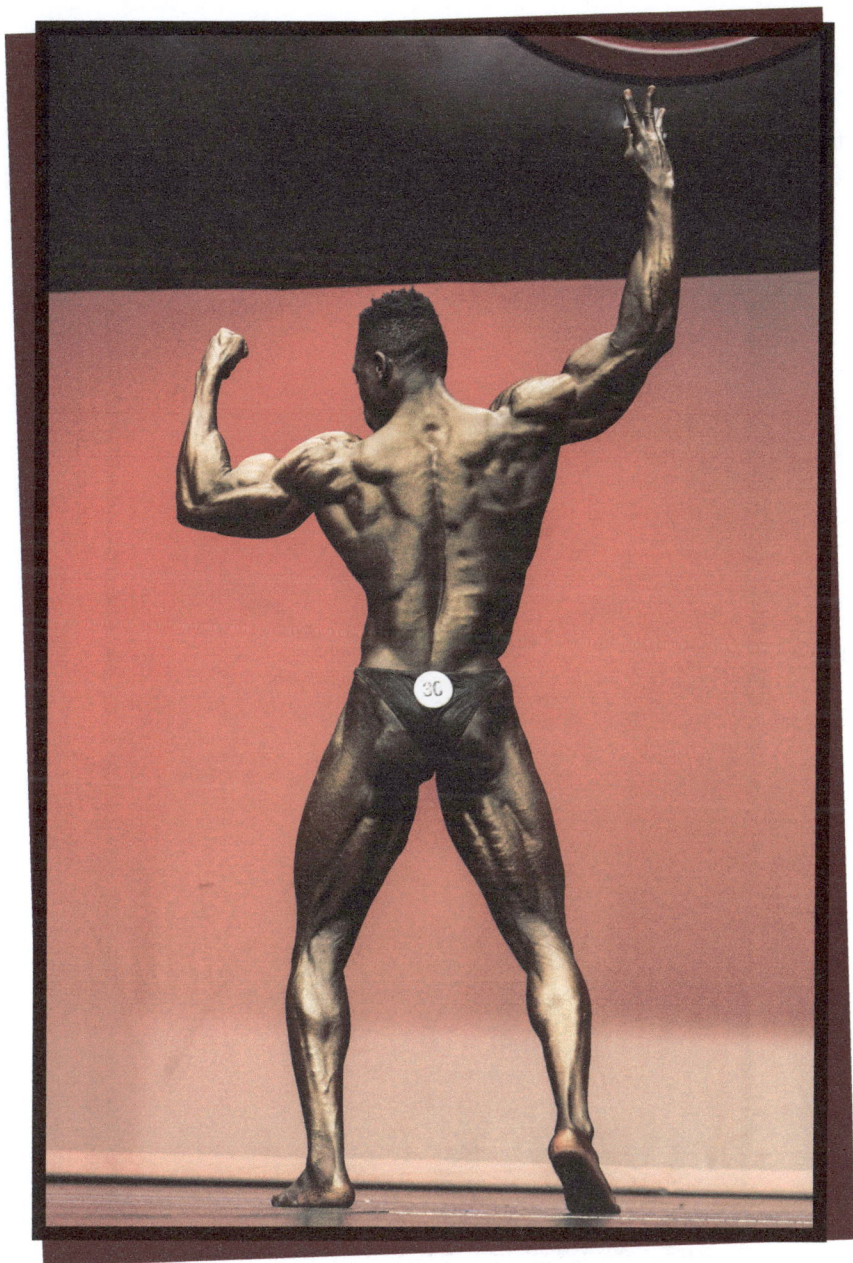

古典健体

肌肉发达程度　对古典健体组的最好描述是需要运动员的肌肉发达程度比男子健美组的略低。但是两位作者都发现，很少能见到男性练就一副被认为对该组别运动员来说肌肉过于发达的外观，所以大部分男性运动员应当以肌肉最发达为训练目标。对于使用 PED 的参赛者来说，如果不小心，肌肉确实会变得过于庞大，所以不要过度训练。

肌肉线条　关于肌肉线条，古典健体运动员要具有一副略微不如男子健美组的那样精瘦的外形。然而，实际上，我们经常会看到精瘦的参赛者名次都较高。但不要练得太精瘦以致牺牲了饱满度。由于臀大肌在古典健体的造型短裤中不会展示出来，所以并没有必要练出呈条纹状的臀大肌。这意味着，如果臀部是最后要变瘦的部位，那么你或许应当在即将练出可见臀部条纹的时候停止锻炼臀部，以保持其他肌群的饱满度。

　　匀称性　男子健美组的肌肉匀称性的评判标准是所有的肌群得到均衡的发展。对于构造匀称性来说，理想的样子是具有宽阔的肩膀和细窄的腰。

　　其他的考虑因素　男子健美组的参赛者必须要穿类似骑行短裤的造型短裤。正如前面所提到的，它们应当遮住运动员的臀部以及股四头肌的顶部。

男子健体

肌肉发达程度   与男子健美组不一样，男子健体组中有可能出现肌肉过于发达的情况。肌肉多发达算过于发达？这是一个挑战。不同的评委和不同的比赛通常对健体运动员的肌肉应该有多发达持有不同的评判标准。通过持续锻炼力争获得更多的肌肉量，大多数参赛者将会取得最好的结果。尽管从技术上讲肌肉有可能会过于发达，但是大多数的参赛者都不会达到过于发达的水平。我们最好的建议是持续训练以获得尽可能多的肌肉；如果评委告诉你，你的肌肉过于发达了，那么你接着便可以减小一点自己的训练量。

肌肉线条   许多许可机构主张男子健体参赛者的肌肉不应当太过于块状化，但真实的比赛中并非总是这样。我们作为教练的经验表明，越精瘦通常会越好，并且许多成功的男子健体参赛者通常几乎与男子健美运动员一样精瘦。我们的推荐做法是，尽可能地变得精瘦，但是在臀大肌上即将出现条纹的时候停止锻炼臀部。

匀称性　在男子健体组中，最好让作为主要评判对象的肌群变得最为发达：腹肌、胸肌、三角肌、背肌、肱二头肌、肱三头肌和小腿肌。没必要充分地开发股四头肌、腘绳肌或臀部肌肉。尽管这些部位的肌肉发达是一件好事，但是没必要追求最大限度的开发，因为它们不是评判的对象。理想的男子健体参赛者同样具有细窄的腰和宽阔的肩膀。

其他的考虑因素　男子健体参赛者身穿类似泳衣的沙滩短裤。它会遮住股四头肌、腘绳肌和臀部，所以这些部位不会被评判。

认为自己肌肉不是非常发达的参赛者可能会觉得自己一定属于男子健体组而不属于男子健美组。然而，情况并非总是这样。在男子健体组中，你打败对手的方式较少，因为只有 4 种造型。而男子健美组有 13 种造型，这意味着有更多有利于你的造型方式。同样，腿部肌肉线条、肌肉发达程度在男子健体组中不是评判对象，所以如果基因让你的身体类型具有不利于在本组别中被评判的特征，那么取得优势的方式甚至会更少。如果你身材较小，但是却拥有肌肉充分开发的双腿，那么为了你的最佳利益，你可以尝试参加男子健美组，以便让你的优势在台上为你加分。

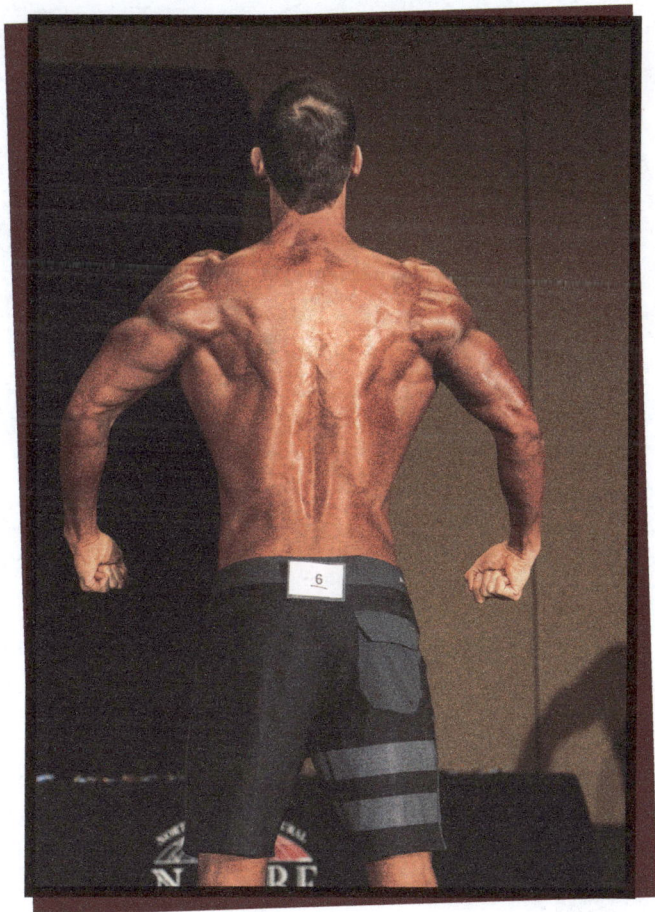

女子组别

女子有 4 个组别：女子健美、女子健体、形体和比基尼。根据肌肉发达程度、肌肉线条以及匀称性，每个组别都具有某种外观。

女子健美

肌肉发达程度 肌肉发达程度的评判标准无非是让肌肉尽可能地发达。就像男子健美组一样，肌肉越多越好。

肌肉线条 女子健美组的肌肉线条要求是所有组别中最为苛刻的，并且目标是尽可能地精瘦。然而，不要因追求减脂而牺牲肌肉发达程度。

匀称性　女子健美组的肌肉匀称性的评判标准是所有的肌群得到均衡的发展。对于构造匀称性来说，理想的外形是具有宽阔的肩膀、纤细的腰和较窄的臀部。

其他的考虑因素　女子健美组和男子健美组的评判标准几乎完全一样。目标是在基因允许的范围内变得尽可能地肌肉发达和精瘦。女子健美组中女子的女性气质、妆容或头发不应当作为评判标准，但是我们有时会遇到这些东西成为评判要素的情况。对妆容和头发要予以一些考虑；许多评委会把这些归并到整体的舞台展示中，尽管他们不应该这样做。

该组别中，女子不穿高跟鞋。通常，女子健美组的服装为一种颜色，并且没有人造水晶或者小亮片（不过你应当核查一下所参加比赛的许可机构的规则）。

女子健体

肌肉发达程度   女子健体组的理想的肌肉发达程度很难确定。如果女子健美组的目标是让肌肉最发达化，那么女子健体组的肌肉发达程度最好描述为略微低于肌肉最发达化的程度。以肌肉最发达化为训练目标，大多数女性都会获得最好的结果。

肌肉线条   尽管女子健体组对体脂程度的要求略微低于女子健美组的要求，但是在实际中，大多数在女子健体组中排在高位的参赛者都实现了最佳的肌肉线条。女子健体参赛者的训练目标应当是尽可能地变得精瘦。

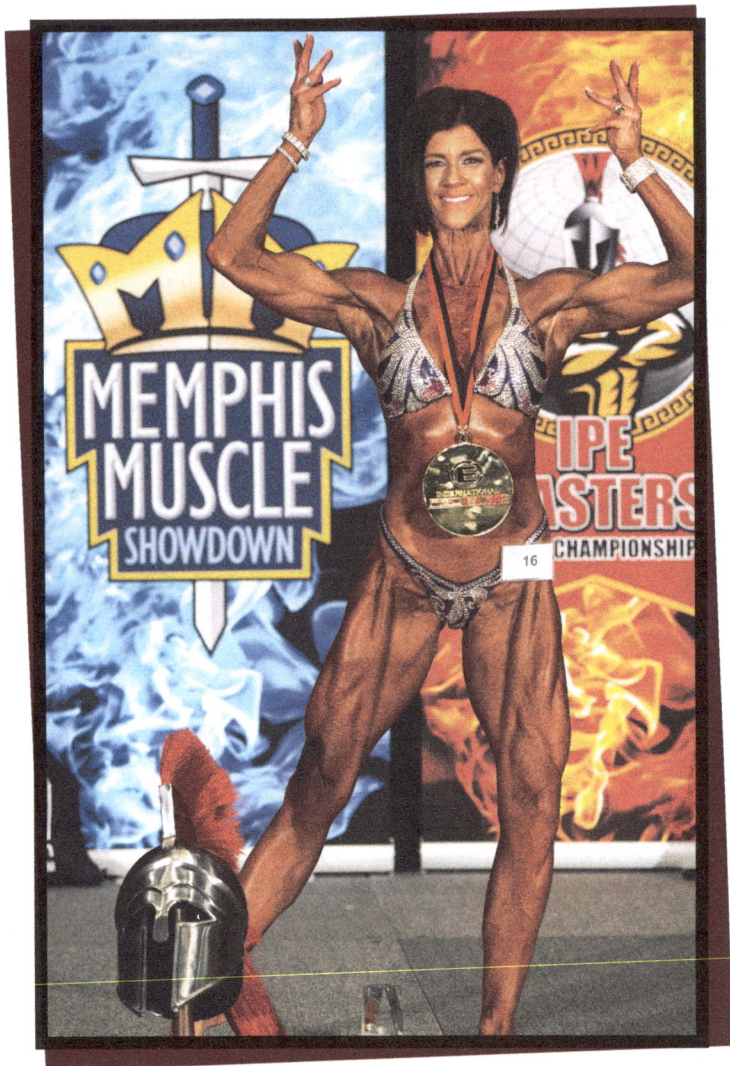

　　匀称性　女子健体组的肌肉匀称性的评判标准基本上与女子健美组的相同。训练目标是让所有的肌群得到均衡的发展。对于构造匀称性来说，理想的外形是具有宽阔的肩膀、纤细的腰和较窄的臀部。

　　其他的考虑因素　有些许可机构要求该组别参赛者穿镶有人造水晶的服装和高跟鞋，而有些则不要求。参赛者在比赛之前务必要同许可机构或者推销商进行核实，以便知道他们的要求。对于该组别来说，头发和妆容通常被当作展示环节的一部分。这并不意味着评委希望你看起来是在参加选美比赛一样，但是要选择适合你的妆容和头发，这一点很重要。

　　对于女子健体组来说，女子健美组和女子健体组之间并不存在太多的差别。然而，女子健体组中的造型更加偏女性化，并且整体上更加女性化一些的体形要比在女子健美组中得到更有利的评判。当在这两个组别之间做选择时必须要考虑这一点。

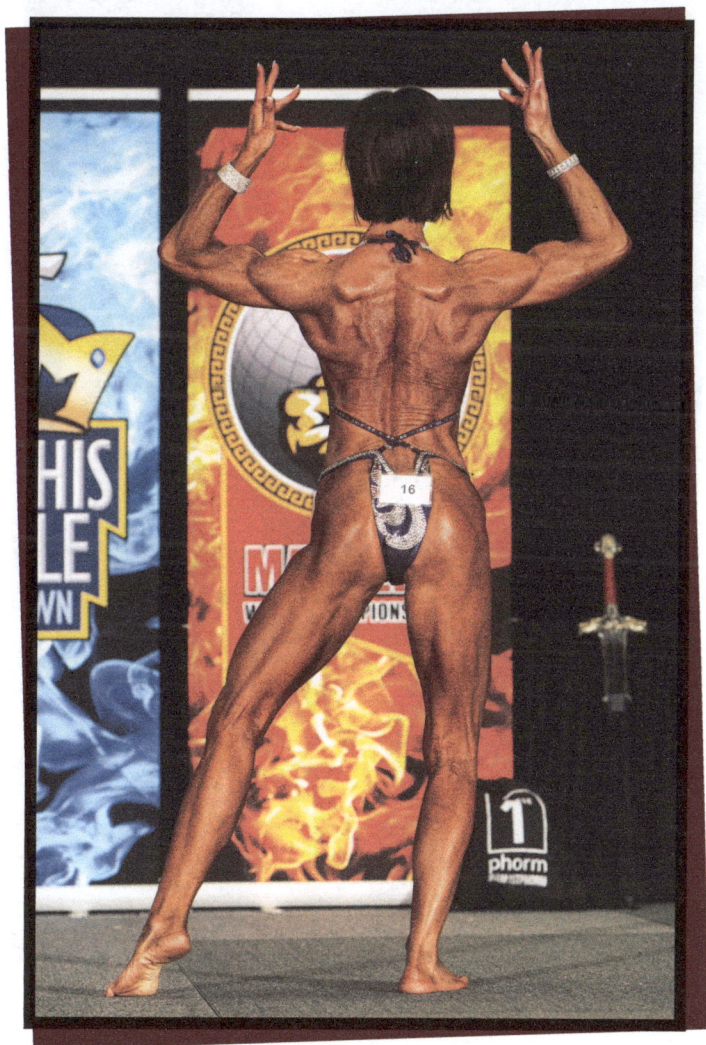

形体

肌肉发达程度   形体组的肌肉发达程度的要求略低于女子健体组。如果女子健美组的肌肉发达程度被描述为最大，那么形体的理想肌肉发达程度则会被描述为中高。

业余与职业水平的比赛之间也存在细微差异，在业余水平的比赛中，评委期待的肌肉发达程度会稍微低一点。

肌肉线条   在形体组中，理想的肌肉线条可能会带一点主观性。训练时力争塑造比女子健美和女子健体组略微柔和一点的外形。理想形体肌群之间的分界线明显，但是不具备条纹状极其明显的肌肉。形体参赛者的臀部不应当有可见条纹。

匀称性　形体组中的构造匀称性甚至要比女子健体组和女子健美组中的更加重要，因为在后两个组别中有很多打败对手的方式（如变得更精瘦一些，或者摆更多的造型来展示肌肉）。然而，由于形体中只有 4 种造型，所以拥有自然宽阔的肩膀和臀部以及自然窄细的腰部会成为一个有力的优势。典型的沙漏形女性身材在该组别中深受喜爱。

与其他组别类似，肌肉匀称性即你应当努力实现所有肌群之间的平衡发展，不过形体组评委偏爱的是肌肉更加发达的肩膀。

其他的考虑因素　在所有的许可机构中，形体参赛者被要求穿着镶有人造水晶的服装和高跟鞋。让专业的人士化妆和做头发很重要，因为展示是评比的一个占比较大的部分。该组别通常被认为要比女子健美组或女子健体组更加女性化——作者（或者大部分评委）没有资格决定哪些是女性化特征哪些不是。但是大多数评判标准都声明参赛者应当展示出肌肉发达却又女性化的体形。

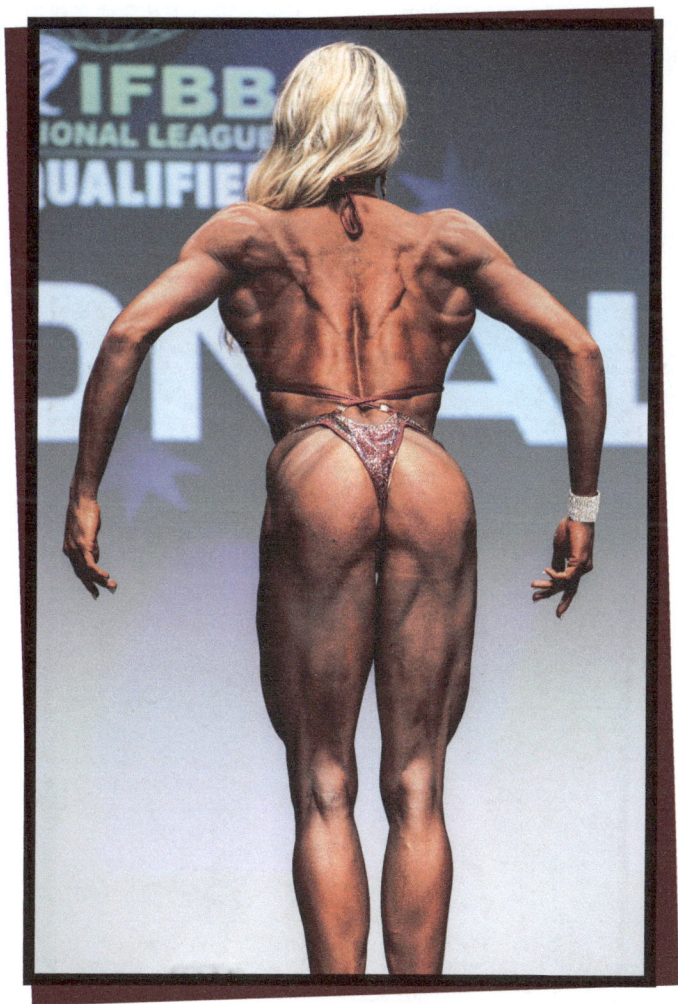

比基尼

肌肉发达程度   正如形体组对肌肉发达程度的要求低于前两个女子组别，比基尼组对肌肉尺寸的要求甚至更低。如果形体组的肌肉发达程度被描述为中高，那么比基尼组的肌肉发达程度则会被描述为适中。比基尼组中的参赛者应当健壮，但是没必要肌肉发达。

肌肉线条   在所有女子组别中，比基尼参赛者还具有最柔和的外形。比基尼参赛者肌肉线条的准确值是热点讨论话题。实际上，根据各自认为的理想标准，不同的许可机构在进行评判时通常会有所区别。根据评选委员会的不同，该标准在相同许可机构内的不同比赛之间甚至都会有所区别。通常，比基尼参赛者应当具有明显可见的腹肌，但是没有深度的分离。理想状态是肩膀和后背上的肌肉轻微分离，但是不要有条纹。

比基尼肌肉线条中的一个关键因素在一定程度上是遗传。人体会将脂肪储存在不同的部位，这意味着有些人在获得理想的比基尼比赛成绩方面具有优势。通常，那些天然腰腹精瘦的人会深受青睐，因为他们可以在其他部位看起来不过于结实或者肌肉不呈条纹状的前提下，获得紧致的腰腹。

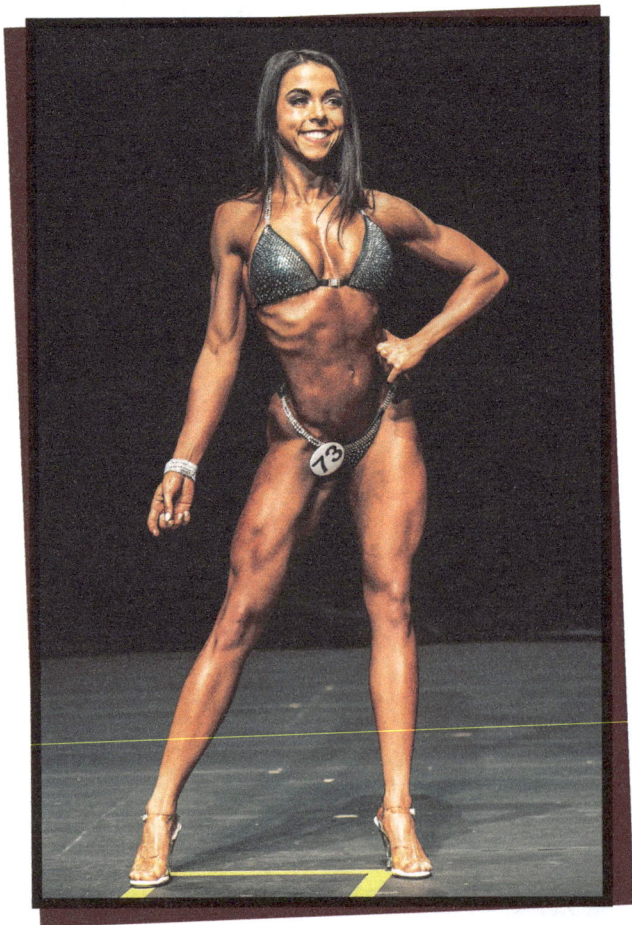

匀称性　正如形体组一样，在比基尼组中构造匀称性很重要。虽然形体组有 4 种造型，但是在大多数许可机构中，比基尼组只有两种造型：前展和后展。拥有充分平衡的构造外观至关重要，因为你没有很多机会来克服任何构造上的缺陷。

臀大肌和三角肌是比基尼肌肉匀称性展示的两个主要部位。当为比基尼组的比赛训练时，要确保将这两个部位放在首位，因为评委会评判这两个部位。参赛者也要相应地均衡训练其他的肌群。

对于比基尼组的比赛，体脂匀称性会在取胜中发挥作用。正如之前所提到的，自然的体脂分布因人而异。有些人会将体脂更加均匀地存储在全身，而有些人则将脂肪存储在个别部位。这在其他组别中通常没有什么影响，因为参赛者需要变得非常精瘦，以致脂肪分布会随时间变得均衡。然而，比基尼组要求更为柔和的外形，并且参赛者的体脂要多于其他组别的参赛者。相比于那些倾向于在个别部位存储脂肪的人，那些体脂分布更加均匀的人会得到更好的结果。

其他的考虑因素　比基尼参赛者应当穿镶有人造水晶或者经过装饰的服装，并且需要在舞台上穿高跟鞋。正如形体组那样，化妆和头发是展示的一部分，且参赛者应该拥有女性化的外表。

相较于其他任何组别，比基尼参赛者会更多地接受展示因素方面的评判，很少会接受体形方面的评判。这意味着你的笑容、走路姿态以及自信的气场都会受到评判。参赛者在选择参加哪种组别时应当考虑到这一点。

常见问题：参赛者在一场比赛中能参加一个以上的组别吗

有些比赛允许参赛者在同一场比赛中参加多个组别。然而，每种组别的理想外形有所不同。这意味着，有助于参赛者在一个组别中排在高位的特征可能会对另一个组别中的名次产生不良的影响。通常，在同一场比赛中很难在多个组别中都排在高位；不过，我们曾经见过这样的事情。

组别评判标准的最后说明

你可能注意到了，对评判标准的描述似乎有点儿模糊，并且每个组别的评判标准没有完全明确的定义。这既是主观性体育运动的麻烦之处，也是它的魅力所在。每个组别不可能定义出绝对完美的外形，因为不同的人有不同的偏好、身材和外形。

参赛者选择组别时，重要的是要意识到，由于遗传原因，在某个人身上看起来最好的东西在你身上看起来未必是最好的，要明白每个组别的理想外形是不固定的。根据选手阵容的整体外形，每场比赛中评委所确定的理想外形都会发生变化，并且每年还会随着潮流的改变而发生变化。不要因你的选择而不知所措；相反，要为了你所选择的组别刻苦训练，并且随着时间持续改进以符合评判标准。

常见问题：我觉得我或许有能力参加一个以上的组别，我该如何选择最适合自己的组别

有时候，参赛者可能会适合多个组别。在这些情况下，我们推荐回看一下以前在你的目标组别中获胜者的体形来确定自己的体形最适合的组别。此外，如果你在犹豫参加哪个组别，那么在选择组别时考虑一下自己想在舞台上展示哪种类型的外形。

级别

一旦确定了自己要参加的组别，下一个要决定的是参赛级别。每个组别通常都会提供几个不同的等级。这对于新的参赛者来说经常是一个困惑点。新的参赛者要理解不同级别之间的区别，以便于选择最适合自己的级别。

按年龄划分的级别

按照年龄，一场给定的比赛中可能会有几个级别。尽管每场比赛在所提供的级别方面会有所不同，但是以下是年龄级别的通用指南。同自己要参加的比赛的主办机构进行确认，以获取具体的年龄指南。

少年级

少年级向19岁及以下的参赛者开放。有些比赛可能还会提供多个少年级（17岁以下，19岁以下等），但大多数比赛只提供一个少年级：19岁及以下。

青少年级

有些比赛会提供青少年级，其最大年龄通常在 22 ~ 24 岁。然而，许多比赛并不提供该级别。

次元老级

该级别向年龄为 35 ~ 39 岁的人开放。许多比赛都会提供该级别，但并非所有的比赛。

元老级

基本上所有的比赛都有元老级。该级别向年龄为 40 岁及以上的参赛者开放；然而，在有些比赛中，元老级的起始年龄为 35 岁。有些比赛还会提供 50 岁及以上的大师级和年龄在 60 岁以上的宗师级。

按经验划分的级别

许多比赛还会根据参赛者比赛的经验或者表现来划分级别。

首秀级或初学级

有些比赛会为以前没有登过台的人提供首秀级。然而，许多比赛都不提供该级别。

新秀级

新秀级的开放对象是那些还没在级别中获胜，或者没在较大级别中排在某个名次以上（通常是前三）的人。该级别中大多数人都刚参加比赛。

公开级

这是竞争最激烈的业余级别，因为它对所有的业余选手开放。每个公开级的获胜者都将会角逐总冠军。

常见问题：为什么同一场比赛内会有多个级别（例如，为什么会有 3 个公开级男子健美级别）

当许多参赛者报名参加一个组别中的相同级别时，推销商可能会决定将参赛者划分成多个级别。这确保每个人都有时间同舞台上的其他参赛者进行公平的对比。

比基尼、形体和男子健体组的级别通常按照身高划分。健美组的级别可能会按照身高或者体重划分，这取决于许可机构。像 NPC、NGA 和 INBF 这样的许可机构通常按照体重来划分健美组的级别，而像 NANBF 和 OCB 这样的许可机构则按照身高划分级别。

当有多个级别的时候，每个级别的获胜者通常会在总比赛中进行对比。例如，如果公开级健美组有轻量级、中量级和重量级，那么每个级别的获胜者会被相互对比以确定总冠军。如果比赛是职业资格赛，那么总冠军会获得一张职业卡。

职业级

该级别只向已经赢得了职业卡的参赛者开放。你可以通过在较大的业余比赛（NPC 国家级比赛）上赢得公开总冠军来获取职业卡。职业级中的参赛者会争夺奖金，但是业余级比赛不设奖金。

常见问题：参赛者能够凭借从职业比赛中赢得的奖金谋生吗

虽然参赛者可以在职业健美比赛中赢得奖金，但是除了 IFBB 内少数顶级的健美运动员之外，其他人的奖金通常不足以其辞掉正职。然而，由于具备职业道德的缘故，许多职业健美运动员在现实生活的工作中也多极有成就。

其他供选择的级别

有些比赛的级别划分是基于其他与经验无关的因素或者情况。为了确保你具有参加其中一个组别的资格，你要同你参加的比赛的主办机构进行确认，以获取具体的指南。

按照职业划分的级别

有时比赛可能会按照参赛者的职业来划分级别。常见的例子是警察级、消防员级或者军人级。

大学级

许多比赛还会为在校的大学生提供大学级。然而，该级别具有年龄上限，所以那些考虑大学级的参赛者应当查阅一下比赛指南。

转变级

有些比赛会向那些为了登台而实现了巨大视觉转变的人提供一个转变级。这个级别通常需要参赛者提交一张在健身之前的照片，并将其与他目前的体形加以对比。

针对有特殊需求个体的级别

大多数比赛通常会为有特殊需求的个体提供级别。这可能包括身体残疾的个体，如瘫痪和认知障碍（如唐氏综合征）等。

常见问题：参赛者可以在比赛中参加一个以上的级别吗

大多数比赛都允许你参加一个以上的级别，前提是你有资格进入每个级别。通常，进入一个以上的级别会被收取交叉费用。可查阅参赛者信息或者联系推销商来获取有关具体比赛中关于参加多个级别的细节。

标准释义

▶ 肌肉发达程度指的是参赛者的肌肉量高低。塑造的肌肉越多，你的肌肉就越发达，并且你的肌肉发达程度就越高。有些组别要求较高的肌肉发达程度，而有些则要求较低的肌肉发达程度。

▶ 肌肉线条与精瘦程度有关。你越精瘦，你可见的肌肉线条也越多。精瘦（具有较少的体脂）可确保发达的肌肉能够适地展示出来。不同组别的理想肌肉线条有所不同。

▶ 肌肉匀称性指的是所有肌群的均衡发展。有些比赛要求某些部位更发达一些，但是通常目标是均衡。

▶ 构造匀称性指的是身体的整体构造效果：你的锁骨有多宽，腰有多细以及手臂有多长等。肌肉匀称性可以通过训练改变，但是构造匀称性却不能改变，因为它是由基因决定的。不过，某些构造可能意味着，相比于其他组别，你更加适合在某一组别中出色发挥。

本章要点

▶ 目前比赛所提供的组别比以往任何时候都要多，并且每个组别的理想外形各不相同。要清楚每个组别的不同标准，这样你便可以选择最适合自己体形的组别。

▶ 同一组别中不同许可机构之间的标准可能会有轻微的差别，甚至相同许可机构的比赛的评判标准都会有差别。如有可能，回看一下曾在你的目标比赛中获胜的体形，并据此确定你的体形可能最适合哪个组别。

▶ 比赛级别的主要划分依据是参赛者的经验和年龄。要了解自己有资格参加的级别，这样你便可以选择最适合自己体形的级别。

第3章

准备的实际情况

为健美比赛做准备其实是需要面对非常多困难的！人们看着自己最爱的参赛者并思忖着"我想看起来像那样"。问题是极少有人驻足自问，需要付出什么才能在比赛中获得成功。

为了乐趣登上健美舞台与以最佳状态登上健美舞台之间是有区别的。在参赛者热切参加比赛的过程中，太多的人在比赛之前没有花时间让自己处于一种好的状态，无论是在心理上还是生理上。让我们看一下需要做什么才能为参赛做好准备。

新的参赛者

为了获得成功，新的参赛者所能做的对比赛最有帮助的两件事情是投入增肌所需的时间和参加比赛来了解该项体育运动的细枝末节。

构筑基础

人们没进行几天负重训练就决定参赛的情况并不少见。训练了不过几个月，他们就向世界宣告他们在为自己的首场健美比赛做准备。结果在比赛那天，他们就感到灰心丧气了，因为他们的名次很糟糕并且他们不知道发生了什么。

这是因为，在一个很大程度上以肌肉发达程度为基础的体育运动中，他们几乎没有给自己留有塑造肌肉所需的时间。要想塑造所需的发达肌肉，你必须要投入大量的时间来刻苦训练和按热量顺差摄入营养。在摄入大量热量情况下训练3年的效果，远不同于以减脂为目标的以热量逆差为主要特点的训练。前者得到的肌肉量要远多于后者。因此，参赛者要给自己足够的时间来训练、摄入营养和塑造新肌肉。

你的基因和打算参加的比赛组别决定塑肌所需的时间。例如，参加比基尼组的人需要的时间要少于参加健美组的人，正如天生体形就健壮的人需要的训练时间要少于天生身材就单薄的人。这似乎看起来不公平，但它的原理就是这样的。虽然这不是硬性的规定，但是我们在表3.1中为你在登上比赛舞台之前应当训练多长时间提供了一个通用的指南。

表 3.1   按组别参赛之前严格训练的推荐年数

组别	年数
比基尼	1 ~ 3
形体	2 ~ 4
男子健体	2 ~ 4
女子健体	3 ~ 5
古典健体	3 ~ 5
女子健美	3 ~ 5
男子健美	3 ~ 5

关于这个时间框架要记住几个因素。第一，基因很大程度上决定你在登台之前需要训练多长时间。正如前面所指出的，有些人的基因决定其有更快增肌的能力，从而需要较少的训练时间。其他人则具有较差的塑肌基因，从而需要较多的训练时间。第二，表 4.1 中所描述的时间是在开始比赛准备之前所需的时间，并且这段时间的绝大部分应当花在按热量顺差摄入营养上面，而不是节食或者努力减脂上面。有关这个时间框架需要考虑的另一个因素是，这通常是为了做好充分的参赛准备所需的时间量。如果你想赢得比赛，那么在登台之前你可能需要训练更多的时间。

参加比赛

尽管在参加比赛之前进行准备并非是绝对必要的举措，但是这可能是一个不错的主意，因为它会让你更清晰地了解你正在努力达到的目标，让你对比赛规则有一个理解并让你了解一场比赛的流程。将这个看作像是在考试之前做的准备工作一样。虽然不做准备工作你仍然可以考得很好，但是如果完成了这项任务，你获胜的可能性就会增加。参加一场比赛并看看比赛是什么样子的，你将会在观赛的过程中获得一些额外的动力和收获。

为了对比赛日所发生的事情有一个全面的认识，预赛和决赛都要出席。然而，如果你只能参加预赛，那么我们鼓励参赛者在预赛（评选的首轮）就要付出全部的体力，比赛中大部分的评比都出现在这一环节；当然我们希望你把整个比赛（决赛）观摩完。

常见问题：作为新的参赛者首次参加比赛时，参加我计划参加的许可机构的比赛对我来说重要吗

许可机构可能会按不同的方式组织比赛。因此，参加你计划参加的相同许可机构的比赛是一个不错的主意。当在比赛之间选择时这一点尤为重要，因为舞台上的理想体形根据组别可能会有显著的不同。为了参赛时在台上更加准确地展示你的体形，可以按照你的计划参加比赛。

有经验的参赛者

对于那些经历过比赛准备过程和参加过比赛的人来说，比赛的准备情况取决于给自己足够的时间从上次比赛中恢复并以符合基因、年龄和经验的速率，为提高下一次比赛的表现做准备。

距离上次比赛已经多久了？

仓促开始准备是一个同样会对有经验的参赛者带来麻烦的错误。通常，人们完成比赛之后，他们会经历两种反应：如果他们名次不错并体验到了成就感和愉悦，他们便迫不及待地要重返舞台以重新获得那种感觉；或者，如果他们名次不佳，他们想尽快地重返舞台以完成自我救赎。

两种反应都会导致他们过快地重返舞台。要在两场比赛之间留点时间，因为肌肉生长需要时间。如果你的目标是每场比赛都变得更加出色（这应当是所有人的目标），那么你需要花大量的时间来按热量顺差摄入营养和塑造肌肉。

比赛之后，你首先必须要从比赛准备中恢复才能开始取得新的进步。研究表明，睾酮、皮质醇、代谢速率、甲状腺激素和肌肉量完全恢复可能需要 2 ~ 6 个月的时间[2, 3]。例如，认为两个月的休赛季足以在赛季之间取得显著进步的这种想法是不切实际的。

典型的改善速率

不同的人在体形上获得明显改善的速率有着显著的差异。基因、年龄和训练经验极大地影响着改善速率。下面是决定应当在两场比赛之间花费多少时间休整时要考虑的一些因素。

基因

正如前面所指出的，有些人增肌的速度要比其他人快，这在科学文献中也有记载[1]。那些能够更快塑肌的人通常会在两场比赛之间留较少的时间，并且仍能取得显著的进步。如果你需要长时间来增加肌肉量，那么要在两场比赛之间留更多的时间以让自己有时间来提高。

年龄

人类合成代谢类激素的自然含量和恢复速率在青少年和二十多岁期间处于巅峰。这个时期是黄金生长年龄，并且大约在 25 岁时，生长潜力会出现持续的衰退。这意味着较年轻的人可能在两场比赛之间需要较少的时间即可取得显著的进步。然而，较年轻的人能够用较少的时间在两场比赛之间取得进步，并不意味着他就应该更加频繁地参赛。两位作者都赞成，如果参赛者真的想最大化长期的潜力，那么较年轻的参赛者不应当浪费自己的黄金成长阶段——将大量的时间花费在为比赛节食上面。

训练经验

我们都见过有的人总是在为比赛节食，但是似乎却逐年变得更魁梧和更健壮。这怎么可能呢？难道这不与我们到目前为止所讨论的一切相悖吗？在这种情况下，如果做一些简单的调查，你往往会发现这个人训练的时间少于 5 年。大多数人在训练的前 5 年会取得最为显著的进步。在这段时间内，人们摄入很低热量并同时进行减脂和增肌的情况并不少见。

当摄入足够的热量时，他们可以迅速地增加肌肉尺寸。某个人经常参加比赛并且仍然不断取得进步，这通常是一种短期效应。该效应可能会持续好几年，但是随着训练经验的增加，这个人的进步速度会减缓并且可能最终退化为两场比赛之间的时间不足以令其取得进步。你训练的时间越长，在两场比赛之间取得进步所需的时间也越长。

你应当在两场比赛之间留有多少时间并没有硬性的规定，但是正常的运动员要在台上获得显著的提高，应当在两场比赛之间至少留 16 ~ 36 周。这段时间的大部分应当花费在按顺差摄入营养上面。

常见问题：你是否会推荐在两场比赛之间时间间隔较短的前提下参加比赛

先前所列的 16 ~ 36 周是我们为了在不同赛季之间获得明显提高而推荐的时间间隔长度。然而，在同一个比赛季内参加多场比赛的情况很常见。我们推荐在 1 ~ 2 个月的时间内选择多场演出，而不要让花费在舞台精瘦级体形上的时间过长。更多关于如何处理参加多场比赛的信息可参考第 11 章。

比赛的准备情况

不管你是新接触该项体育运动还是已经参赛了很多次，每个人都需要具有良好的心态，并增强能力以获得最佳的代谢能力、处理所有现有的伤病、遵守计划并承受进行比赛准备所带来的财务压力和心理影响。

拥有良好的心态

培养良好的心态对于部分人来说是自然而然的，而对其他人来说要历尽艰辛才能实现。当准备好开始进行比赛准备时，经常会听到人们说"胜利是我唯一可以接受的结果"或者"绝对不能失败"这样的话。当人们说这些话时，他们认为是在向其他人和自己表明他们是多么想赢得比赛。然而，作为经验丰富的教练，我们会说，这类言语通常是源于绝望，而不是决心，并且对于未经过训练的人来说，两种心态似乎出奇的类似。

当涉及健美的时候，人们常常专注于目标。他们专注于自己想赢的比赛、专注于想要增加 20 磅肌肉或者专注于转变为职业选手。尽管有目标是好事，但是最良好的心态是将目标当作次要关注点，而将过程当作是主要的关注点。专注于目标对于实现目标完全没有帮助，它只会让你偏离真正有助于你实现目标的事情，而真正有助于你实现目标的是尽可能有效和努力地备赛。

让我们换个说法。假定你在跑马拉松，你的目标是越过终点线并向自己证明你可以做到。但是每跑几米就拿出望远镜看看终点线将毫无意义，它不会帮你更快地到达那里，并且很可能会让你的速度变慢。不要看着终点线，而要专注于身前的脚步，健美完全一样。你的目标很明确：赢得比赛或者尽可能排在高位。然而，专注于目标不会有助于你实现目标，专注于过程将会极大地帮你实现自己的目标。

另一个要考虑的方面是，你必须要培养出不管结果如何都要勇往直前的能力。在目标完成之后内心难过挣扎的经常是那些专注于目标的人，而不是专注于过程的人。专注于目标的人非常像追逐萝卜的驴子，一旦萝卜被移走或者吃掉，他们就变得漫无目的了。你不能太过专注于赢得比赛，以至于失败将会让你陷入沮丧。你也不能太过专注于获胜，以至于如果真的赢了，你会觉得仿佛没有什么可做来证明自己了。最聪明的参赛者始终都知道，每次胜利和失败在下一次胜利或失败之前都只是暂时的。最终，最良好的心态是，专注于过程，仔细分析结果而不纠结于结果，并在改善提高自己的过程中继续前行。

最后，你必须要享受自己正在做的事情。相比于由寻求认可的疯狂需求推动的过程，由乐趣推动的过程要更加易于执行。要找到自己对训练、节食和摆造型热爱之处。如果你这样做了，那么剩下的事情就会更加容易。

最优化代谢能力

你是首次参加比赛还是已经参加了 20 年比赛都没有关系。在开始进行任何比赛准备之前，你必须要确保自己的代谢速率正处于峰值。最优化代谢能力很简单，你尽可能多地摄入食物并尽可能少地做有氧运动，同时仍然保持合理的体脂率。

试着将代谢能力想象成一个油箱。任何能够实现减脂的事情都应当放进这个比喻性的**代谢箱**内。这意味着任何能够增加的有氧运动和任何能够减掉的热量都可以放在这个箱内。如果某个人吃大量的食物的同时几乎不做有氧运动，那么箱子便是满的，因为通过调整热量摄入和锻炼，他会有许多方法来实现减脂。然而，如果某个人每天只摄入 1 000 千卡（1千卡约为 4 185 焦耳，此后不再标注）的热量并且每天都做 45 分钟的有氧运动，那么这意味着他的箱子是空的，在不带来损害的前提下，做更多的有氧运动或者削减更多的热量摄入并不会向箱子里加入任何东西。

用空代谢箱开始比赛准备就好比开着空油箱的车子兜风一样。最终，事情会比在正常情况下更快地停滞。显然，你始终可以通过削减更多的热量摄入和进行更多的有氧运动来实现减脂。然而，如果太极端，将会带来危害。减脂将不会是最理想的，肌肉量将会损失并且恢复速度也将处于最低水平。如果在心理上不先休息一下，你的身体可能会反抗你。这通常会导致更糟糕的效果。

在开始比赛准备之前，确保花足够的时间增加食物摄入和减少有氧运动量，同时与舞台精瘦级体形维持合理的距离。在开始比赛准备之前，要先加满代谢箱。

处理伤病

如果你是一名职业的运动员，那么你很可能在任一时间都有至少一处微小的伤病。若日复一日、穷年累月地举重物，伤病就会出现。然而，时常发生的烦人小伤、肌肉拉伤或者轻微的"抽搐"与使训练显著推迟的较严重伤病之间有着显著的差别。

在比赛准备期间，你将会损失一些肌肉量，并且恢复速度将会降低。如果你的训练能力在比赛准备伊始就受到了抑制，那么这可能并不是良好的开始时机。此时从伤病中恢复的速度将会很慢，如果肌肉由于伤病流失，那么在准备期间肌肉可能不会恢复。

在开始比赛准备之前要确保所有显著的伤病都已痊愈。训练能力和肌肉量在进行比赛准备前都应当达到最高水平。

坚持计划

　　一个成功的比赛准备应该是非常持续的，以至于它近乎无聊。日复一日，你必须要坚持自己的营养计划，做训练和有氧运动，得到充足的睡眠，第二天醒来接着再重复一遍。如果你在心理上不能接受或者由于生活状况无法做到这些，那么你就不应当开始为比赛做准备。

　　我们经常会遇到即便是在5周以后要举行婚礼、必须在7周之后出国、计划在10周后进行结婚周年旅游以及在期间计划了其他一些事项却还试图开始比赛准备的人们。这并不意味着不可能在完成所有这些事项和出行的同时进行比赛准备，但是这通常不是成功的方法。完成所有这类事项并百分之百完成计划是有可能的，但是你需要如实地问自己，你是否在心理上做好了这样的准备。虽然永远都没有完美的参赛时机，但是有些时机却要优于其他时机。

承受财务压力

　　一个经常被忽视的问题是进行一次比赛的花费是极高的！除了常规的食物和健身房会员费用，比赛准备、比赛报名费、许可机构收费、药检费、美黑产品、至少一套造型服装以及高跟鞋和珠宝首饰（如果参加的组别要求穿戴它们的话）都需要花钱。

　　如果参赛者在比赛日需要请专业人士化妆和做头发，或者要使用美黑喷剂服务，那么这些又是额外的开销。此外，如果比赛在城外，出行和住宿可能是一笔不小的花费。更进一步地，如今许多参赛者都要与备赛教练合作。尽管这样做会极其有益，但是它也是一笔额外的开销。最后，如果你要参加附加的级别，那么将会有额外的费用。

　　与比赛准备和比赛日相关开销大致如表3.2所示。在进行比赛准备之前，参赛者需要对与参赛相关的开销有所了解并做好准备。你最不希望发生的事情是，比赛准备进行到半途才发现由于财务原因你其实无法参赛。

表3.2　比赛准备和比赛日的大致开销（美国）

必需的花费	
比赛报名费	100美元
许可机构费	100美元
药检费	50美元
仿晒美黑产品和亮油	50美元
造型服装	（男性）50美元，（女性）300美元以上
高跟鞋（如果参加比基尼或者形体组）	50美元
珠宝首饰（如果参加比基尼或者形体组）	50美元
可选的花费	
专业化妆	50 ~ 100美元
专业发型	（头发造型）50美元以上，（假发）100美元以上
美黑喷剂服务	100 ~ 150美元
出行	（如果开车，油费）20美元以上，（如果坐飞机）300 ~ 500多美元，（如果有租车的需要）每天30美元以上
住宿	每晚100美元以上
备赛教练	每月150美元以上
附加等级费	每个额外的等级20 ~ 40美元

应对心理影响

开启备赛之旅之前要考虑的最后一个因素是该项体育运动带来的心理影响。毫无疑问的是，健美准备会带来心理负担。许多人都不会谈到的是，一旦经历了比赛准备，你可能永远都不会再以相同的方式去看待你的身体或者食物了。

在比赛准备之后，你可能再也无法在用餐时不去考虑它对你体形的影响。即便你没有在积极地为比赛做准备，并且即便是很长时间没有参加该项体育运动了，它可能还是一直潜伏在你的脑海里。你对自己体形上存在的缺陷会有更加深切的认识。尽管大多数人对自己的身体很挑剔，但是你始终会将自己定位在更高的标准上，因为你见过自己在舞台上的状态。因此，你经常会发现，你在对照以前的最佳状态来评判自己的身体。

有些人能够平衡这一切，适应它并且利用它来让自己变得更加出色和快乐。而对于其他人，这种心理影响可以完全地击垮他们。不要轻易地参加该项体育运动，你需要问自己，这些得失取舍对你来说是否值得。

最后，许多人训练和参加健美比赛的原因是他们想改善自己的身体。然而，如果你因为讨厌自己的身体或者与食物有负面关系而进入该项体育运动，它不会解决这些问题。实际上，它可能只会加剧这些问题。比赛准备具有极端性和限制性。我们要将我们的精神和身体推向极限，但是比赛结束后，我们必须努力在一定程度上恢复正常状态（至少是健美运动员自我感觉的正常状态）。这种转变即使对于具有完全健康的身材及良好食物关系的人来说都很困难。

在进行比赛准备之前，你要解决在食物或身材上存在的问题并确保你在精神上处于一种健康的状态。但是即便如此，你最好也要考虑一下参加比赛对你的生活和平衡感的长期影响。

耐心和时间回报

将本章看作是一份核查清单来确定自己是否真正做好了参赛准备。任何人都可以登上舞台并获得一个参与奖杯。然而，表现出耐心并志在拿出自己最好的状态则需要付出更多。并不是每个人都有保持耐心和等待做好准备的意志力。要让自己与众不同，并成为一个愿意投入必要时间的人。

本章要点

▸ 首次参赛的人应当塑造足够的肌肉并在参赛之前出席比赛。

▸ 有经验的参赛者在开始进行下一次比赛准备之前，应当确保休赛季时间足够长。通常，至少16～36个月的休赛季是实现明显进步所必需的。根据基因、年龄和训练经验，每个参赛者所需的具体休赛季时长会有所不同。

▸ 不管比赛经验如何，要想成功，你都需要具备良好的心态和最佳的代谢能力、处理所有现有的伤病、遵守计划并承受进行比赛准备所带来的财务和心理影响。

第 4 章

比赛选择和时机：
准备的秘诀

没有什么能够与看着一年的比赛日程并选择自己要参加的一项或者几项比赛时的感觉相比。接着自己开始感觉像有了目的一样，并且比赛日开始一天天靠近。在前一章中，我们讨论了在真正开始进行比赛准备之前需要处理妥当的所有事项。如果你已经满足了所有要求，那么是时候开始你的备赛之旅了！你要从哪开始呢？

表面看来，选择一场演出似乎很简单。许多人只是简单地选了一个区域性的小的比赛。但是一场比赛可能会决定赛季的成败，所以你必须要选择正确的比赛。

选择正确的比赛

在我们的执教生涯中，我们曾目睹将近 90% 有希望的运动员选择了一场注定要失败的比赛。这个数字极高是因为运动员没有意识到该决定的重要性。即便你做了所有正确的营养摄入调整并且在一周又一周地减重，但是如果你没有花足够的时间来为比赛做准备，那么你就注定要失败。

过去，参赛者通过采用一种完全随意的过程来决定准备的时间长短。多年里，12 周被认为是标准的比赛准备时长。当你决定要参赛时，你需要减掉多少重量并不重要，无论如何，你需要在比赛前 12 周就开始准备。随着健美群体开始意识到准备时间长的益处，标准的准备时长已经变成了 15 ~ 20 周。但即使是这样的时长可能对许多参赛者来说都不够。

准备时长不应该有一个通用的标准。我们不会向每个人都提供相同的饮食，所以我们为什么要向每个人给定相同的准备时长呢？合适的准备时长应当根据个人情况进行确定，而不是直接给定一个"标准"周数。试图在 20 周内减掉 20 磅和在相同的时间内减掉 40 磅之间存在很大的区别，这两种情况需要不同的准备时长。

让我们换种方式看待它，并将类似的情况应用到深蹲目标中。如果两个人的目标都是深蹲 400 磅，并且其中一人目前可以深蹲 390 磅，而另一个人目前可以深蹲 185 磅，你会为两人都给定 5 周时间来让他们实现目标吗？绝对不会！这就像确定比赛准备的时长一样，始终都要记住，情境决定一切。

常见问题：对我来说，开始比赛准备的最佳时机是什么时候

开始为比赛节食并没有最佳的时机。许多等待最佳时机的人最后永远都不会参加比赛，因为生活中总会发生一些意外。类似地，许多参赛者（主要是男性）要等到他们觉得自己"足够庞大"才会去参加比赛。然而，这些人经常最后都未能登上舞台。

归根结底，生活中有些时候要比其他时候更加易于或者更加难以为比赛节食。你的生活中可能始终都有事情在发生，并且你必须要在比赛准备期间去处理这些事情。生活不会因为你在为比赛节食而停止，你也不应当拿比赛准备作为不去生活的借口。

合适的减重率

关于理想的比赛准备你需要知道的第一件事情是，你应当保持一个稳定但缓慢的减重率。研究表明，你每周减重的范围应当是体重的 0.5% ~ 1%[8]。**减重率（ROL）**——为了在比赛日之前做好准备，你必须要维持的减重速率——要快到足以保持比赛准备的推进，但是要慢到足以在推进过程中更好地保持肌肉量。

对男性参赛者的案例研究数据表明，每周减掉体重的 0.5%[15] 要比每周减掉 0.7%[9] 或者 1.0%[12] 保持的肌肉量更高。这意味着可能最好坚持每周减掉体重的 0.5%，尤其是在准备的后期，此时运动员极其精瘦并且最容易损失肌肉。

如果你是男性，这意味着你的目标应该是平均每周减掉 0.75 ~ 1.5 磅。女性参赛者应当争取每周减掉 0.5 ~ 1.25 磅或者更少。

尽管这与传统的 12 周准备方法相比减重率较慢，但是由于某些原因，它却是理想的。最为显著的是，较慢的减脂能够实现以下内容。

▶ 保持更高的肌肉量[5, 6]。

▶ 在训练表现和恢复方面负面反弹更小[3, 13]。

▶ 减少或者减缓代谢抑制[10]。

▶ 形成一种更加合理的精神状态。

减重率越快，在减少的体重中肌肉组织所占百分比就越高，并且训练中出现的负面效应也越多。尽管在试图减掉几磅或者几千克的时候，这个微小的影响可能不是大问题，但是你节食的时间越长，变得越精瘦，肌肉损失就越多。当体脂储量低时，身体在需要能量的时候会越来越倾向通过分解肌肉组织的方式来维持脂肪储量。你减重得越缓慢，这种情况就越不会发生。

常见问题：为了实现舞台精瘦级体形，我需要减重吗

对于想实现舞台精瘦级别的体脂量又不想让身体尺度减小的参赛者来说，肌肉增加的速率需要与体脂减少的速率相同。由于大多数参赛者要在比赛之前的 4 ~ 6 个多月减掉 15 ~ 30 磅的体脂，这意味着同时需要增加相似量的肌肉来防止身体尺度的减小。

如果某人是有经验的举重选手（如果在为比赛节食，他便属于此类）、女性、极其精瘦、处于能量逆差状态或者同时具有其中几种情况，那么肌肉增加的速率明显会更慢。

此外，参赛者在变得越来越精瘦的过程中，不利于肌肉生长的激素变化会随之出现 [15]。即便是成功的运动员，这也会导致肌肉的流失 [9, 15]。尽管减少的不全是肌肉，但是其中至少有一些是由相应的力量降低导致的（当一个人极其精瘦时，在比赛准备期间通常会出现这种力量降低的情况）。

综合来看，该数据表明，几乎对于每个接受训练的运动员来说，体重要降低才能变为舞台精瘦级状态，因为肌肉量的增加不可能快到足以弥补体脂的减少。

比赛准备时间较长的益处

减重率要较慢，你的比赛准备时间就应长于传统的 12 周。然而，较长的比赛准备时间有几项益处。

肌肉保留的提高

较长的比赛准备时间可以让参赛者以较慢的速率节食。正如之前所讨论的，缓慢的减重率与肌肉保持有关。这是因为，对比赛准备来说，实现较慢减重率所必需的方法没有典型的旧式快速减脂所必需的方法那样极端。

因此，由于减重的速率较慢，你可以在吃更多食物和做更少有氧运动的同时，仍然实现减脂目标。在比赛准备期间，这会使你在健身房中有更出色的表现、更高的恢复速率和更多的力量（和肌肉）保持。肌肉保留在任何组别的准备过程中都很关键，因为评判你的依据是比赛日所展示出的肌肉量，而不是休赛季结束时你骨架上的肌肉量。

更精瘦的体形

该益处不言自明。如果你的节食时间越长，那么你变精瘦的时间就越长。通过给自己更多的节食时间，你将能够保留更多的肌肉，并有时间为自己参加的组别变得足够精瘦。

补充碳水化合物和节食中断

比赛准备时间较长的另一个巨大优势是，你的准备不必一直坚持到结束。有了额外的时间，你可以让某些天的热量更接近甚至略高于维持现状所需的热量。

在健美圈中，热量摄入量较高的一天通常被称作**补碳日**。这一天中的额外热量通常都

来自碳水化合物，因为相比于过度食用脂肪或者蛋白质，过度食用碳水化合物对甲状腺素和瘦素等激素的增加具有更大的影响[1, 14]。

我们将会在第 5 章中更加详细地讨论要在补碳日做什么，但是就目前来说，你要了解的是，缓慢地节食可以让你增加一些特殊的日子，在这些日子摄入的热量（和碳水化合物）被增加到了更接近维持现状所需的热量摄入量。这样做的好处在于，由于糖原储量的增加，补碳日当天或者后一天的运动表现会提高。补碳日最大的益处可能是，它会让你的精神从热量逆差中解脱片刻，而这有助于你坚持节食。

补碳日通常只是在 1 ~ 2 天增加摄入量，而节食中断的时间可能是一周到几周不等。在节食中断期间，摄入的热量接近维持现状所需的热量，减脂基本上停止了。我们在第 5 章中还会更加详细地讨论节食中断。相比于单个补碳日，较长的节食中断会对健身房中的表现、激素水平和心理产生更大的影响。此外，相比于单个补碳日，节食中断会对节食期间的代谢适应性产生更加显著的影响。实际上，有关节食中断的初步研究已经发现，进行节食中断没有对减重不利的影响[18]，甚至还会促进减重[4]。

尽管我们在第 5 章中讨论如何实施这两种技巧之后，这些概念会变得更加清晰，但是我们希望你能领会到在比赛准备期间加入补碳日和节食中断可能会大有好处。安排较长的比赛准备时间，你可以加入这些热量更高的日子，并且仍然能够实现自己的目标身体成分。

及早做好准备

12 周准备方法的提倡者通常会提到不应过早地使身体达到最佳状态。虽然你不应该提前几个月就做好准备，但是提前几周就做好准备会有好处，因为随着比赛日期的临近，你可以开始增加食物摄入并逐渐地减少有氧运动量。如果做得保守，这将不会造成体脂的增加，并且还会促使肌糖原储量的增加。存储的每克糖原，都将会有 3 ~ 4 克的水被储存到肌肉中[11]。从观感上讲，这意味着肌肉将具有更加饱满的外观，所以肌肉看起来更大且更加突出。此外，更多的糖原储量意味着更出色的训练表现，并且有助于肌肉量的保持。

及早做好准备还可以让你模拟高峰周，这样你便可以调整目前在做的准备以实现自己的目标。当采用一种更加激进（和冒险）的峰化规程时，提前测试一下它而不是盲目地进入紧要的最后一周，这绝对不是一个坏主意。我们将会在第 9 章中讨论峰化规程。

减少压力

健美比赛赛前准备既有生理压力也有心理压力。节食使体脂水平过低会导致多种激素水平、月经周期和整体情绪出现显著的改变[7, 15, 16]。

尽管有这些问题，但参赛是你应当享受的事情；它理应提升你的生活质量，而不应该让你备感压力。通常，如果你享受过程，你将会锻炼得更努力，并且状态更加持久，因此，准备过程会进展得更加顺利。较长的准备时间还会让你更加从容地应对压力，以使压力水平处于受控状态。

确定所需的准备时间

当涉及确定比赛准备的合适时长时，减重率就是一切！下面是估计比赛准备所需时间的步骤。

步骤 1：测量目前的体重

这一步很简单。只要站到体重秤上就可以了。

步骤 2：知道自己预计的参赛体重

这一步比较棘手，并且你必须要对自己极度地诚实。如果以前参加过比赛，那么你应当会有一个要实现的估计值。如果你是首次参赛的选手，那么这将会比较困难。我们发现，大多数首次参赛的选手都将理想的参赛体重高估了 8 ～ 15 磅。相比于定较高的目标而不得不在随后降低，你最好将目标定低，并且最好不需要奋力实现该目标。

步骤 3：确定总共需要减重多少

这是一个用来确定你在比赛准备期间必须要减掉多少重量的简单公式。你用目前的体重（CW）减去预计的参赛体重（SW），计算结果就是你要减掉的重量（PTL）。

$$CW \sim SW=PTL$$

步骤 4：确定每周要减重多少

这是另一个用来确定目标减重率的简单公式。你用步骤 3 中确定的 PTL 除以参赛前的周数（WTS），计算结果就是你所需要的减重率。

$$PTL \div WTS=ROL$$

理想的减重率因人而异。你越容易减脂，你能够轻易维持的减重率理应越高。虽然理想的减重率没有硬性规定，但是我们推荐以下指南（极少有较高的减重率）。

▶ 男性每周 0.75 ～ 1.5 磅。
▶ 女性每周 0.5 ～ 1.25 磅。

如果必需的减重率高于该指南，那么要放慢减重速度并选择稍晚一些的比赛。相反，如果你所需的减重率低于该指南，那么你应该加快减重速度。

常见问题：我需要在开始比赛准备之前选择比赛吗

你不需要在比赛准备开始的时候选择比赛。实际上，这样可能会对你有好处。随后在准备过程中选择比赛并根据自己的进展选择比赛，你能确保自己在登台的时候真正做好了准备。

为了方便理解，我们提供了一个如何确定减重率的示例。假定我们有一位男性参赛者，他目前的体重是 200 磅，目标参赛体重是 170 磅，他想参加 25 周之后的一场比赛。现在我们将这些数据带入到公式中。

$$200（CW）\sim 170（SW）=30（PTL）$$
$$30（PTL）\div 25（WTS）= 每周 1.2 磅$$

对于这场比赛，我们的健美运动员所需的减重率处于可接受的减重率范围内。他需要维持每周 1.2 磅的减重率才能及时为自己的比赛做好准备。

现在这位健美运动员面临相似的情形，因为他在考虑参加 17 周之后的一场比赛。

$$200（CW）\sim 170（SW）=30（PTL）$$

$$30（PTL）\div 17（WTS）= 每周 1.76 磅$$

正如你所看到的，对这位健美运动员来说，参加 17 周之后的比赛所需的减重率将会高于理想的减重率。虽然他可以加快减重速率并确实在比赛日到来时实现那个体重，但是这样做他可能无法处于最好的状态。相反，他最好选择一场稍迟点的比赛。

比赛准备期间的减重率不呈线性变化。比赛准备期间由于几种原因会出现代谢适应 [17]，这将在之后的小节中更加详细地加以讨论。这会导致**减重停滞期**——丝毫不会减重的几周。

例如，如果你开始比赛准备时的目标是在 20 周内减重 20 磅，那么你需要以每周 1 磅的平均速率减重。根据我们之前的讨论，这对于男性或者女性参赛者来说都处于可接受的减重率范围内。

现在，假如你的比赛准备进行得很顺利，并且在前 4 周实现了目标减重率。你减掉了4 磅，但是接着你会遇到自己的第一个停滞期，在第 5 周没有减重。现在你只有 15 周的时间来减掉 16 磅了，这将使你的目标减重率略有提高。

你做出了必要的调整，并且在还剩 11 周时候，你要减掉 12 磅的重量。然而，第 10周出现了一些预料之外的事情，并且你重了 1 磅。可能是你生病了，也可能是你受伤了，或者可能是你出现了疏漏并且没有遵循自己的饮食计划。不管怎样，现实生活中会出现这些阻碍，所以忽略它们是愚蠢的做法。现在你只有 10 周的时间来减掉 13 磅，这意味着在演出之前你需要平均每周减掉 1.3 磅才能做好准备。对于女性参赛者，该减重率刚好高于目标范围的上限值，并且这可能会以流失肌肉为代价才能做好准备。此外，时间安排如此紧凑，男性或女性参赛者将没有时间进行节食中断或者提前测试一下峰化规程等事项了。

留给自己的时间始终要多于你自认为必需的时间。这可以让你应对准备期间发生的预料之外的事情，并且仍然能够在不流失过多肌肉的前提下塑造出舞台精瘦级的体形。这样做的一种简单方法（如果可能的话）是根据做好准备的时间来选择要参加的比赛。开始比赛准备时脑海中要先考虑几场比赛。随着这些比赛的临近，你可以根据做好准备的时间来选择具体的比赛。如果准备进展得非常好，并且你提前做好了准备，那么你可以参加其中较早的比赛，但是如果事情花的时间比预期长（通常是这种情况），你可以参加其他较晚举办的比赛。这可确保你不必改变自己的目标减重率，并且在登台时处于最好的状态。

正如你所看到的，选择一场比赛并不是指着日历并选择一个日期那样简单。要考虑许多因素才能找到合适的比赛。这个重要的决定要么会让你们走向舞台中央，要么会让你站到旁边，并想着要是给自己更多的时间准备就好了。

常见问题：我可以在少于你们推荐的时间内实现舞台精瘦级的体脂吗

你可以在少于我们推荐的时间内实现舞台精瘦级的体脂，并且许多参赛者经过较短时间的比赛准备就登上了舞台。但你很可能无法以最佳状态登上舞台。较短的准备时间将需要更快的目标减重率。这将会需要更少的食物摄入、更多的有氧运动或者二者兼备来形成更大的热量逆差。结果将会是锻炼的质量更低和更多的肌肉流失。比赛准备期间肌肉流失量的增加还意味着，在相同的体脂率下，你的舞台体重要低于以更慢速率节食时的舞台体重。

本章要点

▶ 比赛准备期间对于肌肉保持来说，理想的周减重率是每周减去体重的 0.5% ~ 1%，并且最好是该范围的中下段。作为一个大致的起点，男性每周应当减掉 0.75 ~ 1.5 磅，而女性每周应当减掉 0.5 ~ 1.25 磅。这意味着用传统的 12 周准备法，大部分参赛者已经无法实现舞台精瘦级的体形了。

▶ 较长的比赛准备时间会带来几种益处，包括肌肉保留量的增加、更多用以变得更精瘦的时间、有节食中断的时间、可补充碳水化合物、有测试峰化规程的能力以及整体上不太有压力的比赛准备过程。

▶ 当确定比赛准备的时长时，要包含额外的周数以容纳停滞期，并为自己留有进行节食中断和练习高峰规格等事项的时间。

▶ 如果有可能，根据你做好准备的时间来挑选比赛，而不是从比赛准备的一开始就瞄准具体的比赛。这会减少压力，并确保你在登台时真正地处于自己的最佳状态。

第5章

为比赛准备向体形供能

大多数人想到健美饮食时，脑海中都会浮现出一套除了从餐盒中吃干鸡胸肉和西蓝花之外别无他物的限制性膳食计划。毫无疑问，营养摄入是实现舞台精瘦级体脂的关键，并且参赛者的饮食绝不是不加限制的。然而，通常与该项体育运动相关的有些饮食方法可能不是必要的，并且在有些情况下可能会对比赛准备的进展不利。本章略述了比赛准备期间一种有效的营养摄入方案，包括关于如何在比赛准备期间做出营养调整来维持目标减重率以及如何每次都将最好的一面带到舞台上！

能量平衡

在我们深入了解具体的营养摄入推荐方法之前，重要的是要理解能量平衡这一重要概念。**能量平衡**是能量摄入与能量消耗之间的差值。如果摄入的热量多于消耗的热量，你的体重就会增加，但是如果摄入的热量少于消耗的热量，你的体重就会减少。这意味着，在比赛准备期间你需要处于能量逆差才能实现目标减重率。

能量摄入

表面上看，这似乎相当地简单。由于人类无法像植物那样通过光合作用产生所需的能量，所以能量摄入只能来源于所吃的食物。然而，有关能量摄入的几个重要细节可能会影响参赛者的体重。例如，饮食中的**常量营养素**（蛋白质、碳水化合物和脂肪）配比可能会影响增重或减重的类型。此外，摄入足够的**微量营养素**（维生素和矿物质）对于整体健康至关重要。参赛者们需要精确地追踪能量摄入，并按照可以让他们长期坚持的计划吃自己喜欢的食物。我们将会在本章谈到与能量摄入相关的因素。

能量消耗

能量平衡方程的另一边是能量消耗。这看起来也很简单。然而，**每日能量消耗总量**是**基础代谢率**（基本的生理功能所需的热量）、**食物热效应**（摄入热量的 10% 左右被用来消化和吸收食物）、锻炼活动以及**非锻炼活动**（一个人一天中在健身房之外进行的所有其他运动）之和。我们将会在第 6 章中讨论锻炼和非锻炼活动的推荐做法。

让方程这一边复杂化的是，许多能量消耗部分都按照能量逆差和减重进行了相应的改动，从而减少了每日总能量消耗量并引发了减重停滞期 [30, 49]。知道在比赛准备期间出现减重停滞期时如何调整是保持目标减重率的关键，所以本章将讲解调整这些变量的方式。

热量摄入量

在深入讨论比赛准备的热量摄入量之前，我们将要先回顾一下合理的减重率。最终，设置的热量摄入量要能够实现目标减重率。

正如第 4 章中所讨论的，参赛者最常犯的错误之一是，没有给自己留有足够的时间来为比赛节食。这导致在比赛准备中体重减少得过快（从而流失了肌肉），或者参赛者在比赛日不够精瘦，或者二者兼有。

有关自然健美比赛准备的综述推荐，为了最优化肌肉量的保留，参赛者应该平均每周减去体重的 0.5% ~ 1% [21]。我们深入研究自然运动员为比赛做准备的案例后发现，与减重率每周分别为体重的 0.7% [24] 和 1% [36] 的节食运动员相比，那些减重率为每周减去体重的 0.5% 左右的节食运动员 [19, 39] 所减重量中肌肉的占比更低。尽管在这一主题上还需要更多的探索，但是这些研究与我们在实践中的观察表明，较慢的减重率更有利于比赛准备期间的肌肉保持。

这意味着，最大化肌肉保留的最佳减重率对于女性来说可能为每周 0.5 ~ 1.25 磅，对于男性来说为每周 0.75 ~ 0.15 磅。为了获得具有舞台竞争力所需的肌肉状态，要给自己大量的时间来完成一个更长、更循序渐进的比赛准备。

确定合适的热量摄入量

一旦你为比赛节食留足了时间，下一步便是确定要摄入多少热量。尽管有许多方程来帮助计算维持现状所需的热量摄入量，但是我们发现，当用于现实生活中的情况时，其中许多方程都是不精确的，并且相当没必要。为了有效、方便地确定热量摄入量，你必须首先要知道自己目前摄入的热量多少以及自己的身体对目前的摄入量反应如何。如果你目前正在追踪常量营养素或者热量摄入量，那么这很简单，因为你已经有数据了。即便你正在遵守一套膳食计划，你也可以将该计划导入到营养追踪应用程序中来清楚地估算目前的热量摄入量。

然而，如果你不知道自己目前的热量摄入量，那么至少要追踪一周内你所吃或所喝的所有东西。有些人刚开始追踪自己所吃的东西就开始做出改变，而这可能会对确定合适的热量摄入量产生影响。持续正常地进食，并且不要改变自己的饮食，这样你就会对自己目前的热量摄入量有一个准确的了解。注意一下自己的体重是如何变化的。例如，如果你的体重在增加，那么你的热量摄入量便高于维持现状所需的热量摄入量，而如果你的体重在减少，那么你的热量摄入量便低于维持现状所需的热量摄入量。如果你的体重一直保持相对稳定，那么你目前的热量摄入量便是维持现状所需的热量摄入量。这很简单。

一旦你了解了维持现状所需的热量摄入量，你便需要将热量摄入量降到该水平以下，以形成能量逆差并实现减重。所有的饮食、营养或食物种类都遵循这一原理。许多时尚饮食、健美饮食和饮食方案都曾试着不遵循该原理，但是冰冷残酷的事实依然是：如果你不处于热量逆差，你就不会减重。就这么简单明了。

　　下一步是确定要减掉多少热量摄入量才能形成能量逆差。许多人认为，由于 1 磅体脂大约是 3 500 千卡的热量，每周减掉 1 磅体脂需要每天 500 千卡的热量逆差。这是一个不错的起点，但是由于代谢适应性的差异，实际的情况可能并非总是如此。有些人需要减少更多的热量摄入量才能实现减重，而有些人减少量很小或许就能成功。这曾导致研究人员对 "3 500 千卡热量等于 1 磅体脂" 的规定产生了质疑[48]。

　　如果你已经为自己留足了为比赛节食的时间，那么通常起初的热量逆差宁可要小一点。之后，你可以对热量摄入量做出小幅的调整，并实现合理的减重率。保持尽可能高的热量摄入量意味着健身房中的运动表现很好，这将有助于你保留更多的肌肉。此外，假如（或者）在过程中出现停滞期时，这种方法会为在代谢方面做出额外的调整留有余地。

　　相反，时间紧迫的参赛者起始的热量摄入量减少的幅度需要更大才能确保实现减重和按时完成减重。如果你要大幅度地减少热量摄入量，那么最好在比赛准备的早期这样做，这样你便可以处于超前状态，使最后阶段热量摄入量的减少幅度可以更小一些，因为这时你更加精瘦，并且更容易流失肌肉。无论哪种情况，在整个比赛准备过程中都要不断调整热量摄入量来实现目标减重率，这一点依然很重要。

营养摄入追踪的准确性

　　参赛是一个极端的目标，并且要是没有极端的努力和方法，极端的目标很少能够实现。相比于不太极端的目标，它需要更多的努力、精力和牺牲。虽然这适用于比赛准备的许多方面，但是在精确地追踪营养摄入时，参赛者几乎没有出错的余地。

　　我们提到过，人们倾向于在追踪营养摄入时改变自己的饮食，但是即便是不改变，人类不擅长追踪热量摄入量的事实也是众所周知的。在大型的营养摄入调研中，某些小组中热量摄入量的平均低报率高达 70%[29]。这显示了估计的摄入量和真正的摄入量之间的显著的差别。低报热量摄入量最经典的例子可能是在 20 世纪 90 年代发表在《新英格兰医学期刊》上的一项研究中[28]。在该研究中，研究人员招募了超重和肥胖的中年妇女，她们声称自己每天摄入 1 200 千卡或者更少的热量却无法减重。在为期 14 天的研究中，妇女们称自己每天摄入的平均热量刚刚超过 1 000 千卡，但是当研究人员测量她们的实际热量摄入量时，发现她们每天的热量摄入量却超过了 2 000 千卡。这意味着这些妇女并没什么 "异常"，并且她们体重不减的真正原因是她们摄入的热量数几乎是她们自认为的两倍。

　　在这一点上，你可能会认为自己对热量摄入量的追踪要比包括上述研究中的那些人在内的大多数人更准确。虽然这可能是真的，但即便是受过训练的营养师也会出现低报的情况。相比于非营养师，营养师更加擅长估计热量摄入量，但是研究发现，即便是受过训练的营养师对每天的热量摄入量都会平均低报 200 千卡以上[13]。

　　未追踪到的热量通常有几个来源。许多人都没有计算水果和蔬菜的热量；然而，这些并不是 "无热量" 的食物，它们确实具有热量。追踪热量摄入时经常还会出现与重量测量和体积测量相关的错误。例如，用量杯测量的 1/4 杯花生酱的重量可能并不是 2 盎司（1 盎司约为 28.35 克，此后不再标注），并且食物标签上的常量营养素值的测量根据的是重量，而不是体积。出于该原因，我们推荐测量重量而不是体积。类似地，人们在测量方面经常给自己留了太多的自由空间。例如，如果1/4杯的花生酱堆得满满的，而你认为它"足够接近"2盎司，那么你可能额外摄入了不少的热量。佐料、饮料、维生素、添加剂和其他具有热量的食物或饮料都可能是未追踪的热量来源。

要找到追踪过程中的误差来确保你在比赛准备期间估计的热量摄入量是准确的，这一点至关重要。一般来说，你食用或饮用的任何东西的热量都必须被追踪。

常见问题：如果我某一天未遵循营养计划，我该怎么办呢

第二天要回到正轨上！参赛者们经常通过进一步减少食物摄入或做额外的有氧运动来惩罚自己。在大多数情况下，这是没有必要的，并且可能会使参赛者在该过程中产生胡吃海喝和不遵守计划的行为。然而，如果这一天离比赛很近，那么你可能需要更加努力，吃更少的食物，做更多的有氧运动。最坏的情况是你可能需要参加稍晚一些的比赛。

通常，当某人由于生理饥饿而吃得过多时，他可能会偶尔多吃几口，但是如果你随心所欲的胡吃海喝，那么这通常有情感因素的影响。回想一下在胡吃海喝时自己感受到了什么样的情绪并寻找情绪的触发源，这样当压力源再一次出现时你就可能更好地处理它，而不是用食物发泄。如果胡吃海喝的问题频繁出现，那么最好先暂时搁置比赛，先处理好与食物相关的潜在问题，再为比赛节食。

常量营养素

常量营养素是食物中含有能量的部分，并且是你决定自己的饮食时要重点考虑的因素。你可以从这些东西中获得热量。3种主要的常量营养素是蛋白质、碳水化合物和脂肪。

蛋白质

每克的蛋白质与提供4千卡的热量，其作用是帮助修复和构造肌肉组织。此外，在维持整体健康的多种过程中都涉及蛋白质，如器官组织的更新、激素的生成、抗体的生成以及全身上下营养素和激素的运输。因此，充足的蛋白质摄入量对于最大化与体形相关的目标和整体健康来说都至关重要。

常见的食物源

蛋白质由20种氨基酸组合而成。蛋白质根据氨基酸的组成分为完全型和非完全型。包含所有20种氨基酸的蛋白质属于**完全蛋白质**，而那些缺少一种或多种氨基酸的蛋白质被归类为**非完全蛋白质**。通常，动物蛋白质属于完全蛋白质，而植物蛋白质属于非完全蛋白质。然而，该规则有例外的情况。例如，昆诺阿藜和黄豆的蛋白质是完全蛋白质。

要为比赛做准备，参赛者必须摄入足量的所有种类氨基酸；因此，素食主义者必须搭配食用补充性的蛋白质源以防止氨基酸的缺乏。蛋白质含量高的食物有肉类、鱼类、蛋类、奶制品、黄豆、某些谷类（如昆诺阿藜）、蛋白质棒和蛋白质奶昔等。

推荐的摄入量

目前推荐的蛋白质日摄取量（RDA）是每天每磅体重摄入0.36克的蛋白质。这对于习

惯每天每磅体重摄入至少 1 克蛋白质的读者来说似乎极其地低。然而，要记住的是，RDA 是支持惯于久坐的健康成年人组织更新所需的蛋白质量。RDA 与接受阻力训练的运动员最优化肌肉修复和生长所需的蛋白质量不一样。关于接受阻力训练的年轻女性的一项研究发现，那些每天每磅体重摄入的蛋白质刚刚超过 1 克的女性增加的肌肉量要显著地多于摄入量刚刚超过 RDA 的女性 [12]。此外，另一项研究表明，对于年轻的健美运动员，蛋白质摄入的估计平均需求量可能高达每天每磅体重 1 克蛋白质 [6]。有些科学文献表明，蛋白质摄入量高于 RDA 可以最大化运动员的肌肉生长，而这些研究对这类科学文献做出了补充。

越来越多的证据表明，对于处于能量逆差状态、极度精瘦和努力训练的人来说，其蛋白质需求量甚至会更高。实际上，一篇关于自然健美比赛营养准备的同行评审文章推荐，精瘦体形的人每天每磅体重的蛋白质摄入量为 1 ～ 1.4 克 [21]。大多数为比赛做准备的参赛者体脂极低，这意味着每天每磅体重摄入 1 克以上的蛋白质对于他们在比赛准备期间的肌肉保持来说可能是最优的。此外，有初步的证据表明，相比于过度摄入碳水化合物和脂肪，接受阻力训练的运动员过度摄入蛋白质可能会使脂肪积累得更少 [27]。因此，我们有理由相信摄入更多的蛋白质更佳。

高蛋白质饮食的另一个好处是蛋白质会增加减重期间的饱腹感，这意味着它们有助于在比赛准备期间消除饥饿感 [52]。在我们的执教生涯中，我们曾指定精瘦健美运动员的蛋白质摄入量高达每天每磅体重 1.3 ～ 1.8 克，并取得了巨大的成功。正如我们将会在个体性部分中见到的一样，这在有的情况下可能并没有必要。

不管怎样，在比赛准备期间，参赛者可在 3 种常量营养素之间分配的热量摄入量是有限的。因此，过度食用蛋白质可能会限制碳水化合物或脂肪（或者二者兼有）的摄入量，从而对结果产生潜在的负面影响。

为了最大化肌肉的保留，我们推荐以每天每磅体重 1 克（或者稍微多一点）的蛋白质摄入量开始。该方法为参赛者留了足够的热量缺口来摄入足量的碳水化合物和脂肪。如果你觉得自己可以在较高热量摄入量的同时维持目标减重率，那么将蛋白质摄入量增加到每磅体重 1 克以上可能会更好，前提是你仍然能摄入足量的碳水化合物和脂肪以支撑训练中的表现和激素的生成。然而，如果你要减掉大量的脂肪，那么为了在保持处于能量逆差状态的同时，还摄入足量的碳水化合物和脂肪，你需要摄入的蛋白质量可能要低于每天每磅体重 1 克。

膳食脂肪

脂肪参与人体内的多种过程，包括组成细胞膜和神经周围髓鞘的绝大部分、能量存储、提供身体热量和激素分泌（这可能是健美运动员最关心的一点）。因此，为了防止比赛准备期间激素水平下降，摄入充足的脂肪是关键。

常见的食物源

每克膳食脂肪含有 9 千卡的热量，并且人们通常根据其化学结构来对膳食脂肪进行分类。饱和脂肪酸不含双键，而不饱和脂肪酸含有双键。根据双键的个数，可以将不饱和脂肪酸进一步分类成单不饱和脂肪酸或多不饱和脂肪酸。双键具有特定化学结构的脂肪酸称为反式脂肪酸。

根据脂肪对健康的影响，其通常被归为"良性"或"恶性"。然而，我们通常很难对个体的营养素和健康进行研究，因为人类不止吃一种食物或者摄入一种营养素。摄入更多

的不饱和脂肪 [20, 32] 和更少的反式脂肪 [14] 似乎对健康有利。然而，有关饱和脂肪酸的信息却不太明确。人们历来认为饱和脂肪会引起心血管疾病；然而，研究表明，饱和脂肪酸不会引发心血管疾病或提高死亡率 [14, 43]。该领域需要进一步的研究。

脂肪存在于多种食物中，包括坚果、种子、油类、多脂鱼（如三文鱼）、肉类、蛋黄和奶制品。

推荐的脂肪摄入量

对于为比赛做准备的自然健美运动员来说，为了使身体分泌充足的激素，推荐的脂肪摄入量为脂肪热量占每日热量的 20% ~ 30%[21]。一段时期内将脂肪摄入量降至 15% 以提高碳水化合物和蛋白质的摄入量是必要的，但是为了使身体分泌充足的激素，我们推荐在比赛准备期间使保持极低脂肪摄入量的时间最短。

此外，尽管脂肪是一种至关重要的营养素，但是个人应当考虑一下自身真正需要多少脂肪。当开始比赛准备时，蛋白质对于肌肉保留很重要，碳水化合物对于健身房中的表现很重要，而脂肪对于适量的激素生成至关重要。然而，如果某个人的热量摄入量较高，那么就没必要使摄入脂肪的热量占总热量摄入量的 20% ~ 30%。所以在这种情况下，在总热量摄入量较高时最好摄入占比较低的脂肪，而在总热量摄入量较低时最好摄入占比较高的脂肪。

脂肪摄入量应该被设置为一个满足基本的需求的水平，并且在整个比赛准备期间内应当始终保持在这个水平附近。在大多数情况下，当需要减少热量摄入时，碳水化合物应当是被减少的主要常量营养素。例如，如果参赛者每天摄入 2 000 千卡的热量和 55 克的脂肪，脂肪热量将大约占总热量摄入量的 25%。然而，如果总热量摄入量最终降到了每天 1 700 千卡，但是每日脂肪摄入量仍为 55 克，脂肪热量将大约占总热量摄入量的 29%。尽管百分比增加了，但是在比赛准备的过程中，我们推荐将脂肪摄入量保持在一个具体的水平附近。

然而，应当指出的是，在某一时刻，为了将热量摄入量维持在个体可实现目标减重率的水平，膳食脂肪可能需要降低。如我们将会在个体差异部分中讨论的一样，并不存在通用的各种常量营养素摄入标准。

常见问题：高蛋白质的饮食安全吗？

在我们编写本书的时候，没有证据显示高蛋白质摄入量对健康个体的健康有害。实际上，一项关于接受阻力训练的健康男性的研究发现，持续一年每天每磅体重摄入 1.2 ~ 1.5 克的蛋白质并不会对任何健康测量指标产生不利的影响[4]。这项研究将一组研究对象的实验时间延长到了两年，也没有观察到受试者健康受到负面影响[3]。

科学文献中现有的数据似乎并没有显示，蛋白质摄入量超过目前推荐值的做法会有任何的危害。然而，在比赛准备期间最好谨慎采用保持极高的蛋白质摄入量的做法，因为在保持热量递差的同时，你可能会占用可分配给碳水化合物和脂肪的热量。若摄入的碳水化合物或者脂肪不足，你可能会流失大量的肌肉和无法取得最大的进展。因此，在保持总热量摄入量不变的同时，比赛准备期间增加的蛋白质摄入量需要与碳水化合物和脂肪相平衡。

碳水化合物

碳水化合物是在阻力训练以及高强度、短时间型有氧运动期间所使用的主要能量源。此外，碳水化合物以糖原的形式储存在肌肉中，而糖原在锻炼期间用来提供能量。比赛准备期间充足的碳水化合物摄入还有助于保留肌肉和减少氨基酸降解。

常见的食物来源

每克碳水化合物含有 4 千卡热量，并且通常根据其化学结构中链接在一起的糖分子数对碳水化合物进行分类。单糖（葡萄糖、果糖和半乳糖）是单个的糖分子，双糖（乳糖、蔗糖和麦芽糖）包含两个链接在一起的糖分子，低聚糖包含 3 ~ 9 个糖分子，而多糖则包含 10 个或更多的糖分子。

常见的碳水化合物来源有谷类、水果、蔬菜、豆荚类、奶制品以及添加糖（如蔗糖和蜂蜜）。

常见问题：我在比赛准备期间应当注意糖的摄入量吗

在每天摄入的常量营养素都满足需求的前提下，没有证据显示吃糖会影响减脂。没有证据表明相比于果糖（存在于水果中的糖）含量低的饮食，果糖含量高的饮食会影响减重[7]。类似地，也尚未有研究表明奶制品（乳糖）占比高的饮食会阻碍减脂[1]。

然而，添加糖含量高的食物通常体积更小且热量更高。由于食物的体积小，从添加糖中获取大量的热量可能会使人更容易感到饥饿。此外，许多添加糖含量高的食物都缺乏微量元素；因此，为了满足微量元素的需求，我们推荐饮食中80% ~ 90%的食物为营养密集的食物。

对于碳水化合物摄入量低（即每天 100 ~ 150 克或者更少）的参赛者来说，我们建议最好每天只吃一份水果。这不是因为水果影响减脂；而是因为来自水果中的果糖主要以糖原的形式储存在了肝脏中，而肌糖原的形成需要葡萄糖。果糖含量高、碳水化合物摄入量低的饮食可能会进一步导致肌糖原耗尽，使参赛者在健身房训练时的表现下降。因此，如果你的碳水化合物摄入量较低，那么将果糖的摄入限制在某一水平下对你最为有利。

推荐的碳水化合物摄入量

一篇关于健美比赛准备营养建议的综述表明，若蛋白质和脂肪的摄入满足了需求，所摄入碳水化合物的热量应当组成能量份额的剩余部分[21]。在实践中，我们发现在比赛准备初期，这对大部分人来说是一个不错的做法。

例如，如果一名 180 磅的男子每天摄入 2 200 千卡的热量，那么他首先应该确保自己每天每磅体重摄入至少1克的蛋白质；如果热量份额允许，最好稍微多摄入一些。在本例中，我们将他的蛋白质总摄入量设定为每天 220 克。为了支持激素生成，他应当将脂肪总摄入量保持在占每天热量摄入量的 20% ~ 30% 的范围内，所以他应将脂肪总摄入量设定为每天 55 克。这为碳水化合物留了 825 千卡的热量空间，碳水化合物每天摄入量大约为 205 克。

综合来看，我们的参赛者起始的每日常量营养素摄入量为 220 克蛋白质、205 克碳水化合物和 55 克脂肪。尽管个体的需求可能会有所不同，但对于大部分男性参赛者来说，在比赛准备初期这应该是一个不错的方法。

常量营养素需求的个体差异

虽然建议每个人实现热量逆差并顺其自然很简单，但是事情未必总是那样简单。任何接触健美时间相当长的人都会注意到，人们会对饮食的反应不同。我们在开始自己的执教生涯后不久就意识到了这一点，如果我们将相似的饮食方案提供给两个身高和体重都相等的个体，可能会出现完全不同的结果。

弄清楚个体饮食的差异要借助经验和反复试验。然而，多年以来，我们注意到了一些反复出现的共同点。我们接触该项体育运动的时间加起来已逾 30 年，让我们一起来看一下我们在这些年内观察到的几种趋势。

性别

讨论个体性时，最好先谈谈男性与女性之间的差异。女性在静息状态时燃烧的热量确实要少于男性。研究表明，女性的代谢率往往要比男性的代谢率低 5% ~ 10%[15]。虽然这可能看起来差异并不大，但是每磅体重的代谢率较慢且体重较轻意味着许多女性需要低得多的热量摄入量。当考虑到在比赛准备期间代谢率低是正常情况时，这可能会导致到比赛准备结束时的热量摄入量非常低。这种情况完全正常。

对于大多数女性来说，减重可能更加困难，但是我们注意到，女性参赛者在比赛准备期间往往会保有更多的肌肉。虽然我们不能完全确定原因，但是我们假定这与女性的肌肉量与睾酮关联性更小这一事实有关。在比赛准备期间，男性其睾酮会出现显著的下降，这可能会引起肌肉的流失[39]。然而，女性在开始比赛准备时睾酮就已经很低，所以她们不会在比赛准备期间出现肌肉流失。因此，相比于男性，女性可以对自己的饮食和有氧运动更加苛刻，且不会流失那么多的肌肉。因为女性需要更少的热量，我们发现，她们对较低蛋白质摄入量的反应要优于男性。如果蛋白质摄入量设定得过高，那么每日热量摄入总量将难以维持减脂所需的较低水平。

种族

关于饮食和健美的种族差异的讨论不是很多。然而，当你从实际的角度来看，如果环境的差异久而久之会造成身体特征上的差异，那么环境久而久之也可能会影响代谢，这完全合乎情理。根据我们的经验，大多数非裔美籍和西班牙裔美籍的参赛者可以耐受更低的碳水化合物摄入和更高的蛋白质及脂肪摄入。这可能是由于这些种族群体内具有更高的胰岛素抵抗率[18]。因为胰岛素敏感性更低，相比于高加索人，非裔美国人整体上静息代谢率更低[46]。结合这些因素来看，非裔美国人减脂似乎要比高加索人更加困难。

尽管对于非裔美籍的参赛者来说实现舞台精瘦级的体形可能更加难，但是根据我们的经验，与我们针对女性参赛者所做的讨论非常类似，许多非裔美籍的参赛者在低体脂水平非常低的同时可以维持较高水平的肌肉量。有了这些知识之后，如果热量摄入总量需要变得非常低，那么蛋白质摄入量不应当设定得过高，否则减脂过程可能会变长。

减重史

最后但同样重要的是，你可以从某个人的减重史中了解到许多个体性的信息。作为教练，我们知道搜集参赛者的减重史是了解该单独个体的一个环节。通常，如果某个人曾经历过减重艰难的时期，那么他可能在未来还会遇到更艰难的时期。根据我们的经验，具有"艰难"减重史的那些人会对碳水化合物较低、蛋白质较高的计划做出更好的反应。

男性的常量营养素示例

当看着主要的个体差异时，我们可以列出几个事例来说明为了满足具体的需求该如何设置膳食计划。让我们首先以 180 磅的高加索男性参赛者为例，他具有正常的代谢率和 2 200 千卡的热量摄入量。在之前摄入量推荐部分的示例中，我们的设置如下。

▶ 蛋白质：220 克。
▶ 碳水化合物：205 克。
▶ 膳食脂肪：55 克。

这位 180 磅的高加索男性参赛者会如何设置每日膳食计划来达成这些常量营养素摄入目标的示例参见表 5.1。然而，有许多种设置膳食计划的方式来达到这些常量营养素摄入目标，而这只是其中的一种。根据常量营养素的需求、日程和食物偏好，你的每日膳食计划都会与此不同。

以这个 2 200 千卡热量摄入量的示例为基础，如果这是一名重 180 磅的非裔美籍参赛者，我们便可成功地将常量营养素的比例调整如下。

▶ 蛋白质：250 克。
▶ 碳水化合物：140 克。
▶ 膳食脂肪：70 克。

表 5.2 为这位 180 磅的非裔美籍参赛者如何满足每日大量营养素配额的膳食计划示例。

要注意的是，所列膳食计划只是一个示例，它们可能并不是最适合你的。根据常量营养素的需求、日程和食物偏好，你的具体膳食计划将会与表 5.1 和表 5.2 有所不同。

常见问题：精确测量我自己的食物摄入量的最佳方法是什么

量杯和量匙的尺寸各异，并且未必是符合标准的。测量物的疏密程度会进一步导致误差。此外，不同品牌的产品之间可能存在巨大的差异。尽管这些偏差看起来可能不大，但是每天进行多次的不精确测量将会使偏差越来越大，并导致热量高报或者低报。最好的方法是参照每种食物的营养成分标签，并用称对每种食物单独称重。

表 5.1 膳食计划样本 A

食物	数量*（未经烹饪）	蛋白质（克）	碳水化合物（克）	膳食脂肪（克）
膳食 1				
燕麦片（传统的）	20 克（1/4 杯）	2.5	13.5	1.5
蛋白	300 克（约 10 个蛋白）	33	2	0
低脂芝士	28 克	7	0.5	2
萨尔萨辣酱	28 克（1 汤匙）	0	2	0
蓝莓	100 克（1/2 杯）	1	14.5	0
膳食 2				
低脂干酪	150 克（2/3 杯）	18	4.5	2
什锦坚果	28 克（1/4 杯）	5	6	15
香蕉	100 克（中等大小的1根）	1	23	0
膳食 3（锻炼前）				
鸡胸肉（只有肉）	200 克（切碎的 1 杯）	45	0	5
糙米（长粒）	75 克（约 1/3 杯）	5.5	57	2.5
西蓝花	200 克（2 杯）	5.5	13	1
锻炼后				
乳清蛋白粉（奶昔）	40 克（1 ~ 2 勺）	27	7	3
膳食 4				
罗非鱼	150 克	30	0	3
甘薯	150 克	2.5	30	0
卷心莴苣	100 克（2 杯）	1	3	0
清淡沙拉酱（色拉调味汁）	28 克（1 汤匙）	0	1	2
膳食 5				
瘦牛排	150 克	33	0	12
红甜椒（切碎）	100 克（1/2 杯）	1	6	0
低脂巧克力冰激凌	60 克（约 1/2 杯）	2	20	4
总计				
合计值		220	203	53
目标值		220	205	55

*该列小括号中的常用单位前的数值是近似值；为了精确起见，我们推荐使用公制重量。更多的信息参见之前的常见问题。

表 5.2　膳食计划样本 B

食物	数量*（未经烹饪）	蛋白质（克）	碳水化合物（克）	膳食脂肪（克）
膳食 1				
蛋白	400 克（约 13 个蛋白）	44	3	0
低脂芝士	28 克	7	0.5	2
萨尔萨辣酱	28 克（1 汤匙）	0	2	0
蓝莓	100 克（1/2 杯）	1	14.5	0
鳄梨	100 克（半个去果核鳄梨）	2	9	15
膳食 2				
低脂干酪	150 克（2/3 杯）	18	4.5	2
什锦坚果	28 克（1/4 杯）	5	6	15
袋装（水浸）金枪鱼	74 克（1 袋）	17	0	1
膳食 3（锻炼前）				
鸡胸肉（只有肉）	200 克（切碎的 1 杯）	45	0	5
糙米（长粒）	75 克（约 1/3 杯）	5.5	57	2.5
西蓝花	200 克（2 杯）	5.5	13	1
锻炼后				
乳清蛋白粉（奶昔）	40 克（1 ~ 2 勺）	27	7	3
膳食 4				
罗非鱼	170 克	35	0	3
甘薯	60 克	1	12	0
卷心莴苣	100 克（2 杯）	1	3	0
清淡沙拉酱（色拉调味汁）	28 克（1 汤匙）	0	1	2
膳食 5				
瘦牛排	150 克	33	0	12
红甜椒（切碎）	100 克（1/2 杯）	1	6	0
杏仁奶油（无盐）	10 克（2 茶匙）	2	2	6
总计				
合计值		250	140.5	69.5
目标值		250	140	70

*该列小括号中的常用单位前的数值是近似值；为了精确起见，我们推荐使用公制重量。更多的信息参见常见问题。

女性的常量营养素示例

在之前的示例中，我们看到了将热量摄入量设定为每天每磅体重约 12.25 千卡的男性参赛者。蛋白质摄入量被设定为每天每磅体重 1.2 克（膳食计划样本 A）和每天每磅体重 1.4 克（膳食计划样本 B）。让我们一起来看看体重 115 磅的女性参赛者该如何设置膳食计划。

由于女性的代谢率低至 10%，所以我们需要将其热量摄入量调整至每天每磅体重约 11 千卡。这意味着我们的女性参赛者每天需要大约 1 265 千卡的热量。一起来看看我们可能会如何为这位高加索女性参赛者设置膳食计划。

▶ 蛋白质：125 克。

▶ 碳水化合物：101.25 克。

▶ 膳食脂肪：40 克。

要注意，我们将这位女性参赛者的蛋白质摄入量设置得稍微低了一些，大约为每天每磅体重 1.1 克。这是为了使蛋白质的热量占所需热量总量的比例较低。现在让我们看看一位重 115 磅、每日消耗 1 265 千卡热量的非裔美籍女性参赛者的膳食计划。

▶ 蛋白质：138 克。

▶ 碳水化合物：70.25 克。

▶ 膳食脂肪：50 克。

在该示例中，膳食计划变化不是很大，但是它更有可能为非裔美籍女性参赛者产生持续的结果。顺便说明一下，若每日碳水化合物摄入量跌至 100 克以下，我们推荐至少其中 40% ~ 60% 的碳水化合物来自各种各样的蔬菜。这不仅能确保满足营养需求，还有助于产生饱腹感。

用来解释说明个体性的膳食计划调整方式几乎是无限的，虽然这些示例只不过是冰山一角，但是它们却展示了如何设置各种常量营养素比例来帮助不同的群体。这并没有硬性的规定。尽管一种群体也许"更加可能"有具体的需求，但总会有例外。因此，我们推荐将自己的个体需求和减重史看作设置大量营养素比例的主要依据。

膳食纤维

膳食纤维是一种不会被人体酶分解的碳水化合物，相反它会被大肠中的细菌发酵。高膳食纤维的饮食有许多好处 [2]。对健美运动员来说，膳食纤维最大的好处是增加饱腹感。因此，相比于低膳食纤维的食物，食用高膳食纤维的食物会让你感到更饱。任何练出舞台精瘦级体形的人都会告诉你，在比赛准备期间摄入的热量较低时，应对并减轻饥饿感对更好地坚持计划和获得成功大有帮助。

膳食纤维在大肠内被发酵会产生许多副产物，包括短链脂肪酸，它可以被身体吸收并用来提供能量。因此，根据膳食纤维的组成，膳食纤维具有的热量值估计为每克 1.5 ~ 2.5 千卡。其热量要低于碳水化合物（每克碳水化合物含有 4 千卡的热量）。为了避免混淆，人们一般将膳食纤维与其他摄入的碳水化合物算在一起，并且力争维持较高的膳食纤维摄入量。

美国医学研究所建议，成年人每摄入的 1 000 千卡热量中至少要摄入 14 克的膳食纤维。这意味着，在比赛准备期间每日摄入 2 500 千卡热量的人应当力争每天摄入至少 35 克的膳食纤维。当比赛准备期间碳水化合物的摄入量较低时，这样高的膳食纤维摄入量可能无法维持。在这种情况下，每摄入 1 000 千卡热量，力争获得 10 克膳食纤维，这种做法可能更加切实可行。

因为参赛者会食用更大体积、更少热量的食物来消除饥饿感，所以比赛准备期间参赛者提高膳食纤维摄入量的情况很常见。然而，高膳食纤维摄入量可能会引起肠胃（GI）不适。如果你出现了因食用高膳食纤维而产生的 GI 症状，那么要将膳食纤维摄入量降低到一个更加可承受的水平。

维生素和矿物质

在为比赛做准备时，健美运动员历来不会碰几种食物，甚至是整类食物。对 20 世纪 80 年代和 90 年代的健美运动员进行的一些较早的案例研究显示，由于担心会影响减脂而不吃水果、奶制品、糖、蛋黄甚至红肉的情况很常见 [22, 26, 47]。结果，这些参赛者普遍缺乏诸多种维生素和矿物，其中包括钙元素，因为完全不摄入奶制品也是一种普遍的做法 [22, 25, 26, 40]。

除非你出于医学原因，否则在比赛期间没有必要剔除任何食物、营养或者食物类别。如果剔除了一些，那么该方法导致的维生素和矿物质缺乏可能会对比赛结果产生负面的影响。没有食物或食物类别会阻碍减重。当处于能量逆差状态时，人们完全可以吃任何想吃的食物，并且仍然能实现减重，只要他们始终处于能量逆差状态。

一项研究对比了两种膳食的急性影响，一种由麦当劳的巨无霸汉堡、薯条和根汁汽水组成，另一种是含有相同量的常量营养素的自制有机汉堡，研究结果显示，食用两种膳食的人体内的胰岛素、葡萄糖、游离脂肪酸、血脂和饥饿激素水平都没有差别 [9]。此外，人们还做了几项有趣的案例研究来试图推翻食物种类对减重的影响比能量平衡更大的这一主张。约翰·西斯纳是一名高中科学老师，他只吃来自麦当劳的食物却减掉了大量的体重，因为他处于热量逆差状态，并且一直进行锻炼。

美国堪萨斯州立大学的营养学教授马克·豪布主要吃夹心蛋糕等来自便利店的食物。豪布教授减掉了大量的休重，因为他每天都处于能量逆差状态。除了这些例子，每年有数千名健美运动员在不剔除任何食物或食物类别的前提下塑造出了舞台精瘦级的体形。尽管这些研究还没有发表在同行评审期刊上或者经过同行评审的审查，但是它们清晰地表明，帮助减重的是能量平衡，而不是食物种类。

在将麦当劳或者夹心蛋糕作为下一顿比赛准备餐的主食之前，你需要记住一些事情。第一件事情是，你仍然是人类，这意味着你需要满足身体的维生素和矿物质需求。此外，在你节食的时候，饥饿感将会增加。吃一个夹心蛋糕来获取 30 克碳水化合物所得到的饱腹感不如吃大约两杯半清蒸西蓝花来获取 30 克碳水化合物所得到的那样强。因此，为了健身房中的表现、肌肉的保持、膳食计划的坚持和整体的健康，要吃所有的食物类别中的各种各样的食物来满足常量营养素的需求。此外，力争吃多种颜色的水果和蔬菜来摄入各种各样的微量营养素。

再次说明，除非你确诊的医学疾病要求你不吃某种食物或食物类别（如乳糖不耐受和乳糜泻），那么要让你的常量营养素需求持续地得到满足，就没有理由不吃任何食物。

有些人可能觉得，在比赛准备期间每天都采用一个不同的膳食计划比较容易坚持，而其他人则可能会觉得，提前准备好一周的膳食，从而每天都采用相同的膳食计划。对于那些每天采用相同膳食计划的人来说，每周吃不同的食物可能会对你们最为有利。例如，这一周让西蓝花作为蔬菜，下一周让胡萝卜作为蔬菜。

营养密集型食物与其他想吃的食物组合进行食用也会有所帮助。一种很好的方式是采用

80/20 或 90/10 法，即你所吃的食物大部分为营养密集型食物（至少 80% ~ 90%），适量地吃自己想吃的食物（如一份冰激凌）。然而，随着热量摄入量的降低以及你越来越接近舞台精瘦级体形，该比例可能要开始调整为 95/5、99/1 甚至是 100/0，因为营养密集型食物通常更能填饱肚子，并且有助于将饥饿感保持在受控水平。归根结底，这种可以让你在满足身体常量和微量营养素需求的同时又能持之以恒的方法对你最为有效。

常见问题：我在比赛准备期间可以摄入人工甜味剂吗

人工甜味剂是具有甜味但热量值却低于糖的糖替代品。研究表明，人类一般食用的人工甜味剂数量是安全的 [31]。然而，（并不是所有的人工甜味剂都是不含热量的。）因此，要将任何热量都计算在每日热量配额之中。如果计算了其热量，那么没有证据显示，人工甜味剂会影响减脂 [37]。

在整个比赛准备过程中，参赛者使用越来越多的人工甜味剂来抵抗饥饿的做法很常见。然而，大量的人工甜味剂（或者糖醇）会引起 GI 不适。如果你经历了因食用人工甜味剂而引起的 GI 不适，那么要减少食用量。

进餐频率

健美运动员历来每天就餐更频繁、膳食的分量更小。实际上，以前有关为比赛做准备的健美运动员的案例研究曾报道过一天就餐次数多达 10 次的情况 [47]。与此完全相反的是，间歇性禁食已经在健身团体中流行了起来。使用间歇性禁食方法的个体每天在特定的时间内摄入食物。据传闻，曾登上舞台的参赛者声称采用两种方法都取得了成功，那么科学文献怎么说呢？

在每日摄入足够热量的情况下，许多关于进餐频率和减重之间关系的研究并没有观察到就餐频率对减重的影响 [11]。此外，也未有研究显示间歇性禁食要比较为传统的模式更胜一筹 [42]。因此，如果热量摄入量低到足以引起体重降低，那么一天中进餐的次数似乎不会对减重产生影响。从一个更加实用的角度来说，这意味着你的进餐频率应当基于你的日程、偏好以及可以让你每天的常量营养素摄入量保持一致的因素。

然而，有关进餐频率的科学文献大部分是针对减重干预疗法期间的超重和肥胖个体所做的研究。相比于要通过节食使体形变得极度精瘦的健美运动员，这是一类明显不同的群体。健美运动员同时也要高度关注肌肉保持，而不仅仅是减重。

蛋白质摄入时机

食用含有蛋白质的食物会刺激肌肉蛋白质合成（MPS），即为了修复和塑造肌肉组织，肌肉组织中新蛋白质的生成速率。然而，MPS 的提高是短暂的 [8]。因此，健美运动员历来就坚信，要保持较高的 MPS，进餐次数越多越好。然而，有证据表明，如果两餐之间隔得太近，那么第二次进餐对 MPS 的提高程度可能与第一次进餐不一样 [8]。因此，一篇关于健美比赛准备期间营养指南的文章推荐了一种更为折中的进餐频率，即每天 3 ~ 6 顿含有蛋白质的膳食，以最优化肌肉修复和生长 [21]。我们认为这对于大多数参赛者来说是一个不错的初始方法。

还有证据表明，蛋白质（膳食）的摄入在某些时候可能要更加关键。众所周知，健美运动员在锻炼之后会立即食用蛋白质奶昔，这样他们便不会错过"合成作用的机会窗口"。此时正是锻炼与营养结合起来促使 MPS 升高的好时机。然而，研究表明，该窗口至少要持续 24 小时，并且在锻炼后的前 3 个小时内可取得最佳效果 [33]。因此，我们推荐在锻炼后的一两小时内食用含有蛋白质的食物。

若每日蛋白质摄入总量满足需求，一项专门考察锻炼之后食用蛋白质奶昔的作用的综合分析未发现其能使肌肉尺寸或力量增益有显著的统计学差异 [41]。不过，锻炼之后食用蛋白质奶昔有细微的效果。对于寻求任何可能的微小优势的健美运动员来说，这也许足以作为在锻炼之后食用蛋白质奶昔的依据了。如果蛋白质含量适配每日的常量营养素摄入量，那么将不会有任何的负面影响。

有证据显示，睡觉之前食用蛋白质可能有利于肌肉修复和生长 [34]。因此，我们推荐在临睡前吃一些含有蛋白质的食物。虽然只是基于传闻，但是我们还发现，对某些参赛者来说在睡觉之前吃一顿大餐可能有助于改善其睡眠质量，尤其是在他们的身体成分达到极限的时候。

碳水化合物摄入时机

在健身房中维持力量是整个比赛准备期间保持肌肉量的关键。阻力训练期间的主要能量源是碳水化合物。这类碳水化合物大部分来自**肌糖原**（碳水化合物在肌肉中的储存形式）。研究表明，相较于在锻炼前食用碳水化合物，在糖原耗尽的状态下举重会降低力量和增加疲劳 [16]。因此，在锻炼前 1 ~ 3 小时吃碳水化合物含量高的食物可能会提高运动表现。

在实践中，锻炼前摄入的精确碳水化合物的最佳量因人而异。有些人吃完一顿碳水化合物含量高的大餐之后健身房中的表现会有所提高，而有些人在吃完相同的食物之后可能想要小憩一会。对于后者，最好根据个人的耐受性和运动表现调整一下锻炼前的碳水化合物摄入量。

人们针对有氧耐力运动员在锻炼期间和之后的碳水化合物摄入开展了广泛的研究。研究显示可快速消化的碳水化合物能提高表现和降低疲劳 [23]。阻力训练不像有氧耐力锻炼那样会耗尽糖原 [35]；然而，有理由相信，一个以低热量、低碳水化合物的膳食来为比赛节食并且变得非常精瘦的人可能在阻力训练中耗尽糖原。因此，在锻炼中食用少量可快速消化的碳水化合物（如葡萄糖）可能会改善运动表现。在实践中，许多人都表示他们觉得这种做法有助于提高在其健身房的表现，尤其是在比赛准备进行了较长时间的时候。与锻炼后食用蛋白质奶昔一样，只要将碳水化合物算在每日常量营养素的配额之中，锻炼中食用的碳水化合物就不会对减重产生负面影响。

关于碳水化合物的摄入我们采用了一种行之有效的策略，但是该策略与常见的健美传统做法截然不同。一直以来，许多健美运动员在晚上都不会摄入碳水化合物以减脂。然而，针对热量摄入未超量的人，我们曾经成功地在睡觉前增加了含有大量的碳水化合物的一餐。

少量的研究表明，这可能有利于进行更大幅度地减脂[45]。如果确实如此，那么很有可能是由于睡眠质量的提高。由于健美运动员在比赛准备期间的睡眠质量通常很低，在临睡前摄入碳水化合物可以作为改善睡眠的好方法，从而促进体力恢复和减脂。应当再次说明的是，该策略只适用于那些在饮食中碳水化合物摄入量未超过标准的人，并且应优先选择在训练前摄入碳水化合物，而不是在睡觉前摄入碳水化合物。

　　总而言之，我们推荐每天食用4～6顿含有蛋白质的餐食。最好在锻炼后的1～2个小时内（可能作为锻炼后奶昔）吃一顿并在临睡前吃一顿。锻炼前碳水化合物的摄入应当根据个体的耐受性和表现。此外，若能量摄入和体脂低，在锻炼期间摄入可快速消化的碳水化合物可能有助于维持运动表现。归根结底，你的饮食结构和就餐频率应当可以让你每天都能摄入足量常量营养素，因为如果不这样做，比赛准备进展将无法达到最佳。

补充碳水化合物

　　参赛者在一周内循环摄入碳水化合物或热量的情况很常见。许多人坚信这样有助于将代谢率维持在较高状态；然而，只有少数证据显示，一个高碳水化合物日或者高热量日对代谢率具有显著的影响。只要每周的热量和常量营养素摄入量达标，已发表的数据并未表明，复杂的碳水化合物循环计划对减重的促进效果要比整周的碳水化合物摄入量保持不变更胜一筹。

　　但是在比赛准备计划中设置一个补碳日可能有一定好处。在低热量和低碳水化合物摄入期间，肌糖原储量会被消耗殆尽。肌肉中的糖原是训练期间的能量来源，它的消耗殆尽意味着训练中的运动表现会降低。然而，补碳日可以增加糖原储量并提高艰苦锻炼期间的运动表现[17]。因此，将锻炼最为艰苦的一天（或者前一天）设置为补碳日可能对你最为有利。

　　补碳日的另一个好处是，它可以让你吃你所渴望的其他食物。这种饮食灵活性可能会降低你胡吃海喝的风险，从而帮助你坚持执行计划[44]。即使其他人声称补碳水化合物的好处（如对代谢率的影响）并不属实，但从实用的角度来看，这种精神上的放松是补碳日最大的一个益处。

结构化的补碳日还是欺骗日？

　　为比赛节食的参赛者通常将补碳日当作"欺骗日"或"欺骗餐"，他们在这一天不加节制地吃任何自己想吃的食物。然而，由于一些原因，这对于减脂来说可能并不是最优的，如果你要安排一个补碳日，采用结构化的补碳日会更好。

　　没有证据显示任何一种食物会导致增重或者阻碍减脂。因此，对于健康的参赛者来说，在比赛准备期间不必从饮食中剔除任何一种食物。相反地，参赛者应吃各种营养密集型的食物，在不超过每日热量摄入标准的前提下，适量地食用营养不太密集的食物。

　　另外在欺骗日摄入的热量也应进行计算。如果整周摄入的热量低于整周消耗的热量，那么比赛准备期间你的体重每周都会降低。然而，如果你在欺骗日摄入的大量热量抵消了本周其他几天中形成的热量逆差，那么减重将陷入停滞。

　　如果在欺骗日随心所欲地胡吃海喝，你的节食模式可能看起来像饮食失调，即在一周的大部分时间内限制食物摄入，却在欺骗日胡吃海喝。参赛的目的之一应当提高而不是降低生活质量；因此，在比赛准备期间，你应当尽力与食物保持健康的关系。

不节制的欺骗日还可能会让调整变得很困难。正如之前所提到的，停滞期是减重的一个正常阶段，并且在整个比赛准备期间都会发生。当它出现时，热量摄入量的减少或者活动量的增加是继续减重所必需的。然而，如果你设置了欺骗日，那么那天的热量摄入量可能难以估算。不同欺骗日的热量摄入量可能会有所不同，并且随着参赛者变得越来越精瘦和越饥饿，欺骗日的热量摄入量还会增加，因而在停滞期出现时，参赛者难以做出有效的饮食调整。

许多提出的有关节食期间设置高热量日的好处都要归因于碳水化合物摄入量的增加。过量摄入碳水化合物对影响代谢率的激素（如瘦素和甲状腺激素）的影响要远远强于过量摄入蛋白质或者脂肪 [5, 38]。因此，为了充分地利用高热量日，要在欺骗日增加碳水化合物的摄入量，并且没必要像许多人那样增加脂肪摄入量，这样可能对你最为有利。

补充碳水化合物的推荐做法

对于在比赛准备中设置补碳日的个体来说，一个好的方式是每隔 4 ～ 10 天将碳水化合物摄入量提高至正常摄入量的 1.5 ～ 2 倍。尽量让补碳日与你最艰苦的锻炼相对应，这样你便在锻炼最艰苦的前一天或者当天补充碳水化合物来最优化运动表现。如果热量摄入量低，并且你在补充碳水化合物之后体重飙升，那么你可能还应当在补碳日适量地减少蛋白质和脂肪摄入量。

多个补碳日

正如之前所提到的，补碳日对代谢率或者激素没有显著的持续影响。然而，一些初步证据显示，每周设置一天以上的补碳日或者高碳日可能会对减脂产生更大的影响 [51]。尽管还需要进一步的研究支撑，但是在实践中，一些参赛者已经开始设置连续两天，甚至是三天的补碳日，并取得了成功。

然而，每周的热量摄入量和能量平衡仍然决定着体重的变化。因此，你设置的补碳日越多，其他天需要减少的热量摄入量就越高。

例如，如果你是一位每周需要摄入 10 000 千卡热量才能成功减脂的女性，那么你一周的平均日摄入量大约为 1 430 千卡。如果你设置一个 1 700 千卡的补碳日，那么其他天里的热量摄入量需要降至大约 1 380 千卡才能维持一周的热量逆差。然而，如果你设定每周连续三天都为补碳日且每天摄入 1 700 千卡的热量，那么其余的 4 天只能摄入 1 225 千卡的热量才能维持一周的热量逆差。

随着补碳天数的增加，到一定程度，你可能会发现减脂变慢，此时你在除补碳日之外的时间里的热量摄入量如此之低，以至于它对健身房中的表现和恢复产生了负面影响。如果你决定要设置多个补碳日，那么一定要记住这一点。

节食中断

与其名不符的是，节食中断并不是不加限制的。相反，节食中断可以看作是补碳过程的延长。补碳是在为期 1 天、2 天或 3 天的时间里维持较高的热量摄入量，而节食中断通常是在为期 1 周或几周的时间里将热量摄入量维持在现有水平。相比于补碳，节食中断可能会对激素水平和代谢率产生更大的影响。此外，它可能会有利精神放松，让你从热量逆差中摆脱出来，而这可以提高减重积极性并增强节食的毅力。

节食中断的目标不是实现减重，而是使体重保持稳定。然而，初步研究发现，节食中断不会影响减重[53]，甚至可能会对减重进程产生有利的影响[10]。

因此，对于那些比赛准备期较长的参赛者来说，定期进行节食中断可能并不是一个糟糕的主意。定期节食中断可能有助于参赛者坚持节食，并且会抑制比赛准备期间出现的激素和代谢率衰减。

然而，在体形十分接近舞台精瘦级体形时，我们要谨慎进行节食中断，因为这本质上会延长你处在无法维持目前体脂水平以及受比赛准备负面影响的时间。如果你要进行节食中断，那么要在比赛准备最后冲刺阶段之前进行，因为此时你无法维持目前的精瘦状态。

监测进展

有各种各样的策略可以监测参赛者在比赛准备过程中的减脂进展。最直观的方法是在过程中称量体重并拍摄照片，也可以使用监控力量水平和测量体脂的方法。

体重

为了达到舞台精瘦级别的体脂水平，参赛者必须要维持自己的目标减重率。显然，这意味着称重是监测进展的一种方法。我们建议每天称体重来监控体重随时间的变化趋势和平均值，而不是只在一个特定的日子测量体重。

即便是每天都在吃相同的食物，两天之间体重的波动高达 3 ~ 5 磅（有些人甚至更高）也是完全正常的。造成两天之间体重波动的因素有几个，包括睡眠质量、排便、饮水量、出汗、压力、激素、进食与称量体重的时间间隔以及盐分摄入。然而，所有这些因素的共同之处是，体重变化是体内水分含量或者肠道食物量变化的结果，而不是组织重量变化的结果（肌肉或脂肪）。

这正是为什么要在较长的一段时间内（即数周或者数月）观察体重变化，而不是隔天观察体重变化的原因。评估减脂进展时要考虑体重平均值，因为这有助于消除某些日常波动。我们推荐评估每周平均体重的变化。如果每周的平均体重减少量符合目标减重率，那么事情可能在朝着正确的方向发展。

如果你发现自己因两天之间的体重变化而倍感压力，那么可考虑降低称重频率。但是，每周称重的次数要保持一次以上，这样你的调整便不是基于每周单次的称重，因为基于每周单次的称重会产生很大的误差。归根结底，如果降低对体重秤上数字的焦虑会增加你减脂过程的愉悦感，那么它也会增加你持续减脂和实现目标的可能性。

常见问题：女性如何处理月经引起的体重波动

许多女性的体重在月经的前一周或者当周会增加。这种波动是由于水分重量增加，而不是组织重量增加。如果你是一位女性参赛者，每月出现这种波动的时候都要注意，以便你在评估自己减脂进展的时候将其考虑在内。当你的体重因月经而增加时，通常最好继续遵循计划，并观察月经后体重的稳定值。通常，你们会很高兴地看到，月经期间坚持执行计划使月经后减重可观。

进展照片

尽管体重可以作为短期内减脂进展的重要指标，但是处于舞台精瘦级状态并不是秤上的具体数值；它是一种外形。因此，进展照片是评估减脂进展的关键。

然而，要如实地拍摄自己的减脂进展照片。在这个社交媒体上的所有照片都以完美角度、最佳光线和专门滤镜（并且通常也会有良好的肌肉泵感）拍摄而成的时代，你的进展照片上不应该出现这些东西。你需要如实地表现在要参加的比赛组别的灯光下摆造型时的全身外形，该外形可能并不是"最佳的"。我们不建议在镜子前将进展照片拍成"自拍"照，相反，每组照片都应在相同的灯光和环境中拍摄。

此外，我们建议不要频繁地拍照，尤其是在比赛准备的早期，因为目标减重率较低时外形取得改善还需要时间。因此，在比赛准备早期每隔 2 ~ 4 周拍摄进展照片，并随着比赛的临近将拍照频率提高至每隔 1 ~ 2 周拍摄 1 次，这样可能对你最为有利。

力量

力量损失在比赛准备期间很常见。然而，参赛者的目标应当是在比赛准备期间尽可能多地保持力量。监控力量水平可以作为一个评估减脂进展的好方法，因为如果体重在下跌，而力量得以保持，那么这是一个好的迹象，它表明你在减脂的同时保持住了肌肉量。花足够的时间并做出充分的改变，应当能塑造出你所渴望的外形，你的进展照片也会体现出该种变化。

体脂测试

处于舞台精瘦级体脂水平的参赛者经常会被问到，"你的体脂率是多少？"实际上，体脂率并不重要，因为你登台时，评委并不会拿出皮脂卡尺（或者称）测量。我们发现那些到处标榜自己体脂率的参赛者的体脂率并不是那么低。如果他们的体脂率确实很低，他们便没必要四处宣扬。因为那将会显而易见。

如果你在比赛期间测量自己的体脂，那么我们建议对测量结果持怀疑态度。研究表明，健美运动员测量的体脂率存在不小的误差，该误差要大于大部分参赛者所认为的值（尤其对于参赛者常用的方法，如生物电阻分析法）[50]。这意味着，测试得到的数值可能与你真实的体脂率相差很大。这也意味着，你将需要使前后测量值之间相差很大才能确保测得的体脂减少量是真实的体脂减少量，而非随机的测量误差。为了使体脂测量的误差最小，可使用更加精确的测量技术，如双能 X 线吸收法（DEXA）。

不管使用哪种技术，都要在同一的时间点和相同的条件下进行测量。通常，最简单的是，在早上吃饭之前、衣服穿的最少且膀胱排空的时候，进行体脂测量。同样最好的是，不要将测量的前一天设为补碳日，以使由水分和糖原的重量改变引起的体脂波动最小。

尽管测试方法的标准化会降低测量的误差，但是所有的测量都会有误差。如果你在比赛准备期间进行身体成分的测量，不要仅根据体脂测量数值就将比赛准备标定为成功或者失败。要将结果与体重、视觉效果和力量变化结合起来，才能全面地评估比赛准备期间的情况。

停滞期

停滞期是减脂过程的一个正常阶段。在比赛准备期间，你可能会遭遇不止一个停滞期。

停滞期是由身体对几种因素变化的代谢适应性引发的，如减重、肌肉的减少、健身房以外自发性和非自发性运动的减少（亦称 NEAT，非运动性生热反应）、激素水平的降低（如瘦素、甲状腺激素、睾酮和雌激素）、线粒体效率的增加以及胃肠道中微生物对营养素吸收的增加[30, 49]。

做出调整

如果你的体重没有降低，那么为了再次形成能量逆差，你需要减少热量摄入量，增加活动强度，或者二者同时进行。核查自己是在始终如一地坚持计划。这包括始终满足身体对常量营养素的需求，并进行各种有氧运动和锻炼。或许要核查的最重要的事情是，你是否在准确地追踪自己的营养摄入量，并且没有低报热量，因为低报的情况非常常见[28, 29]，即便是受过训练的营养师也会出现这种情况[13]。出于该原因，要确保你准确地核算了自己所吃的所有食物，这一点极其地重要。如果你发现自己没有坚持计划，那么保持计划不变，并且首先专注坚持计划，再决定是否有必要对计划做出调整。

如果你计算了自己所摄入的一切食物，保持常量营养素摄入量不变，并进行了所有的锻炼，但仍然减重失败，那么为了重新回到能量逆差状态，你便需要减少热量摄入量，增加活动强度，或者二者同时进行。在第 6 章中，我们会讨论针对锻炼活动和非锻炼活动要做的调整。然而，目前我们主要关注能量摄入量的变化。

每次进入停滞期，运动员常犯的错误是做出大幅的调整。然而，经常只需要进行小幅的调整（每天 50 ~ 150 千卡）即可顺利推进减重进程。要减小碳水化合物（如有可能，减少脂肪）的摄入以减少热量的摄入，同时还要保持高蛋白质摄入量来防止肌肉的流失。

归根结底，你的目标应当是保持尽可能高的热量摄入量，同时仍然实现所需的减重率。这样，中途如果出现或者当出现额外的停滞期时，你能有做出进一步调整的空间。在进入停滞期时，始终都要有可以拿来用的后备方案，这将确保你可以持续地减重，并朝着在登台时体形看起来最棒的目标迈进。

本章要点

▶ 以平均每周减少体重的 0.5% ~ 1% 为目标，如有可能，保持在该范围的下限。在确保该减重率的同时，摄入尽可能多的热量。

▶ 每天每磅净体重摄入 1 ~ 2 克的蛋白质，总热量摄入量的 20% ~ 30% 应来自脂肪，剩余的每日热量配额来自碳水化合物，同时每 1 000 千卡的热量至少摄入 10 ~ 14 克的纤维。这对于许多人来说是一个不错的方法，但却未必是通用的，并且有些参赛者可能需要不同的常量营养素配比才能取得最佳的进展。

▶ 没有必要不吃任何的食物、食物种类或者常量营养素，除非因有确诊疾病的医学原因需要这样做。相反，要吃各种各样食物来防止维生素和矿物质缺乏。

▶ 每天吃 3 ~ 6 顿富含蛋白质的饭，并且要特别关注锻炼后和临睡前的蛋白质摄入。根据自身耐受性和健身房中的表现来确定锻炼前和锻炼期间的碳水化合物摄入量。

▶ 考虑每隔 4 ~ 10 天设置一个补碳日，以提高艰苦锻炼期间的表现，并提供精神上的放松。比赛准备期间，设置连续多个高碳日或者周期性地进行节食中断可能还会有潜在的好处。

▶ 停滞期是减重过程的一个正常阶段。当进入停滞期，只需小幅地降低热量摄入量（多数情况下主要从碳水化合物和脂肪中减少），同时要消耗尽可能多的热量，来达到每周的目标减重率。

第6章

为比赛准备微调体形

正如前面所提到的，为了维持比赛准备期间的目标减重率，你需要处于能量逆差状态，即能量摄入低于能量消耗。在第 5 章中，我们讨论了如何在比赛准备期间调整营养计划来降低能量摄入量，同时尽可能地保持肌肉量。在本章中，我们将要讨论能量消耗的方式：锻炼活动和非锻炼活动。我们还会重点讨论如何制订有效的阻力训练计划来使比赛准备期间的肌肉流失最小。

增加能量消耗

在试图形成能量逆差时，重要的是要考虑能量的消耗，而不是只考虑热量摄入量的降低。一套在健身房内外都燃烧热量的计划将会有利于你健美，助你塑造出梦寐以求的精瘦外形。每日的能量消耗中，最易于调整的两个方式是锻炼活动和非锻炼活动。

有氧训练

增加锻炼能量消耗最常见的方法是增加有氧运动量。以往，健美运动员在开始比赛准备后会大幅增加有氧运动，以形成较大的能量逆差从而实现高减重率。然而，你力争保持的减重率应当要慢于健美运动员历来所保持的减重率；因此，这些极端方式对于大部分参赛者来说可能并非是必需的。本节将概述一个在比赛准备期间增加有氧运动量的方法。

有氧运动量

不借助有氧运动来实现能量逆差是完全有可能的；但是，这对于大部分人来说并不现实，因为它要求保持极低的热量摄入量，这样低的热量摄入量可能会使得健美运动员很难坚持节食。此外，极低的热量摄入量可能会对健身房中的表现和锻炼之间的体力恢复产生不利的影响。因此，对于大部分参赛者来说，进行一定量的有氧运动是必要的。

以往，健美运动员从比赛准备一开始就每天进行长时间的有氧运动，这对于节食时的肌肉保持来说，这个方法可能并非是最佳的方法。实际上，一项研究发现，一个人做的有氧运动越多，对通过举重获得的力量和肌肉尺寸增益的妨碍作用也越大 [44]。这种妨碍作用对于高级运动员来说可能会更为严重（如果在比赛之前给自己留了足够的训练时间，那么大多数登上舞台的人都会被认为是高级运动员）[5]。

综合来看，这表明你应当力争做尽可能少的有氧运动，同时仍然维持自己的目标减重率。这并不意味着你可以不做有氧运动，并且大部分参赛者需要进行有氧运动才能塑造出舞台精瘦级体形。然而，在某些时间段，以尽可能少的有氧运动量实现目标减重率可能对你最有利。如果你可以仅通过热量摄入量的调整就塑造出舞台精瘦级的体形，那么我们也推荐你这样做，但是如果你没有这样幸运，那么你应当在比赛准备期间尽可能地降低有氧运动量。

常见问题：我应该在空腹的状态下做有氧运动吗

早上吃饭前先做有氧运动是健美运动员们常见的做法，因为他们相信这可以实现更大幅度的减脂。然而，一项对比空腹和非空腹状态进行有氧运动的研究显示，两种情况下健美运动员并未在减重量、减脂量或者身体成分上出现差别[28]。因此，参赛者们可以根据个人偏好，自由选择在空腹或非空腹状态下进行有氧运动。

有氧运动的强度

许多人选择做较低强度的有氧运动，因为运动期间会燃烧更多的脂肪；然而，关于高强度和低强度有氧运动的对比研究显示，两种情况下健美运动员一天的燃脂量无差别[20, 27]。这是因为进行较高强度的有氧运动之后身体会燃烧更多的脂肪。此外，高强度的有氧运动对力量和肌肉尺寸增加的妨碍作用较小[44]。

在采用专门高强度的有氧运动计划之前，要考虑其他的因素。进行高强度的有氧运动与较低强度的有氧运动相比身体更加难以恢复。在处于热量逆差状态时，身体恢复能力可能会有所降低，即恢复能力没有在休赛季时那样高。此外，高强度有氧运动可能会引起先前存在的关节疾病复发，如果进行的高强度有氧运动的活动量超过了恢复能力，甚至可能引发关节或伤病问题。

另一个考虑因素是，正在节食的健美运动员处于能量短缺状态，人们并未针对他们开展高强度有氧运动以及妨碍力量和肌肉尺寸增加等方面的研究。从实际角度来说，高强度的有氧运动对于比赛准备中的健美运动员来说可能有不利影响。人体进行剧烈阻力训练时的主要能量来源是糖原。糖原也是高强度有氧运动时人体的主要能量来源。因此，进行高强度的有氧运动会使阻力训练时能量不足。在休赛季，当健美运动员吃得足够饱时，这并不是问题。然而，在比赛准备期间，当热量和碳水化合物摄入受限时，这可能是一个大问题。另外，恢复能力在比赛准备期间已经受到了抑制，而高强度的有氧运动会加剧这种情况。相反，行走30分钟后几乎不需要恢复。

由于高强度的有氧运动会消耗应用于阻力训练的能量，从而妨碍身体从阻力训练中恢复，我们建议十分节制地进行高强度的有氧运动，并且随着比赛准备的进行以及热量摄入量的降低，尽可能地减少有氧运动量或者停止有氧运动。每周只安排一两个高强度的间歇性训练环节而不影响表现的情况并不少见。之后，你应当增加低强度的有氧运动来满足额外的有氧运动需求。许多人可能并不适合高强度的有氧运动，相反地，他们可能需要坚持进行中低的有氧运动强度。

常见问题：如果我在同一堂锻炼课中进行阻力训练和有氧运动，我应该先做哪个

有时在比赛准备期间，可能有必要在同一环节中进行有氧运动和阻力训练。在这种情况下，先做阻力训练再做有氧运动可能会对你最为有利。研究显示在阻力训练前进行有氧运动会降低力量增益 [25]。与在剧烈的有氧运动之后进行阻力训练相比，在阻力训练之后进行有氧运动会降低伤病风险。例如，想象一下在高强度的间歇性冲刺环节之后试图举杠铃深蹲的情形。

要将使用相同肌群的高强度有氧运动与阻力训练分开进行，这一点很重要。例如，我们建议，在进行负重深蹲的前一天，不要在动感单车上做高强度的间歇性有氧运动。

非锻炼活动生热作用

在讨论增加能量消耗的方法时，大多数人只会想到"有氧运动"。然而，非锻炼活动可以在产生能量逆差和维持目标减重率方面发挥重大的作用。NEAT 是你在健身房之外做的所有其他运动，这包括自发性活动，如工作、打扫卫生、购物、娱乐活动或者遛宠物，以及非自发性活动，如颤搐和坐立不安。

人与人之间在 NEAT 上存在着巨大的差异 [17]。大部分差异是职业的不同造成的。显然，仅仅因为健美比赛节食而改变自己的职业并不现实，并且你无法改变自己坐立不安的程度；然而，在不在健身房的时间里，你可以有意识地努力做更多运动。

NEAT 在健美中的作用

在比赛准备期间，当你极其精瘦并且能量摄入量低的时候，NEAT 将会降低来减少能量消耗 [13]。NEAT 降低是代谢适应性和节食过程中出现减重停滞期的一大诱因 [18, 40]。对于那些已经具有舞台精瘦级体形的人来说，这可能完全正常。你可以关联一个事实，即当处于舞台精瘦级状态时，你会运动得更少，因为你感觉疲劳和乏力。然而，这只会减少每日的能量消耗总量。因此，参赛者应在健身房之外保持活跃状态，并且在比赛准备期间要保持高 NEAT。

在比赛准备期间增加 NEAT

增加 NEAT 的一个有效方法是监测每日的步数 [3]，这可以通过利用高级手表、手机应用、甚至是廉价的旧式计步器来实现。不管使用哪种监测方法，你首先需要了解自己每日活动的基准水平。如果你从事活跃性的工作，你每天的平均步数可能在 10 000 步以上。从事久坐不动工作的人每日步数通常在 5 000 ~ 7 000 步，而在家从事久坐不动工作的人每日平均步数可能会低至 2 000 ~ 4 000 步。

一旦了解了自己的每日平均步数，你需要设置每日步数下限。最好的是将最低步数设置得略高于目前的每日步数而又不过高。这会使你的初期可完成每日最低步数，使你的能量消耗有所增加，并留有在整个比赛准备期间按需增加 NEAT 的空间。例如，如果你目前每天的平均步数是 6 700 步，那么一个初期最低步数最好是每天 8 000 步左右。

你需要想办法增加每日活动来达到这个标准。散步、去商店、遛宠物、陪孩子玩耍、打扫房子、在更远的地方停车、走楼梯或者一天中进行其他类型的活动都可帮助实现目标。

不过，这样做的目标是通过较低强度的活动来达到目标步数来保持高水平的 NEAT 的同时不影响在健身房中的表现。

NEAT 的好处

在比赛准备期间监测 NEAT 有一些好处。一个好处是，它是一种增加能量消耗来帮助维持减重率的方法。NEAT 还可以随时随地进行，让运动员不需要在健身房锻炼更长时间。对于忙碌的人来说，这是一个很大的好处。

NEAT 的强度还低于正式的有氧运动，并且理论上不会像在健身房锻炼中的那样降低表现和减缓体力恢复。例如，你可能无法在一周内进行一次或两次以上的高强度间歇性训练后可以完全恢复好。不过，你却可以每天多走几千步，这几乎不会对健身房中的表现产生影响。

最后，通过监测步数和增加活动量，你可以使比赛准备期间降低的 NEAT 有所回升。这并不能完全防止停滞期的到来，停滞期仍然是节食过程的一个正常阶段。不过，你可以限制引发减重停滞期的一个主要因素。

形成能量逆差的调整

正如之前所讨论的，停滞期的出现有若干个原因[40]。当它们出现时，你需要做出调整来形成能量逆差，并维持自己的目标减重率。一种形成能量逆差的方法是像在第 5 章中所概述的那样降低热量摄入量，也可以通过增加有氧运动和 NEAT 来增加能量消耗。

通常，你在比赛准备期间的目标应当是，在吃尽可能多的食物和做尽可能少的有氧运动或者其他活动的同时，仍然保证减重进度。因此，我们推荐在调整时，每次只增加少量的有氧运动。在降低热量摄入量来保持健身房表现和体力恢复速率尽可能高之前，你可能还应该暂时先不要增加有氧运动。

此外，在增加有氧运动量之前，先提高每日步数可能对你最为有利，因为较低强度的活动（例如，行走）要比增加的有氧运动更加易于体力恢复。通常，每日步数增加 1 000 ~ 2 000 步可能就非常有效，再减少每天热量摄入量即可形成能量逆差和提高减重率。

然而，我们提醒大家，不要仅仅为了能够吃更多的食物而过量增加步数或者有氧运动。虽然这可能会帮助形成能量逆差和减重，但是它可能会降低健身房中的表现和减缓体力恢复。此外，有证据显示，当活动强度已经极高的时候，你从增加的活动量中获得的益处会较少[24]。大家认为，这是由于为减少热量消耗 NEAT 非自发性部分会减少。它还意味着，当活动强度极高时，每周增加 30 ~ 60 分钟的有氧运动或者每天再增加 1 000 ~ 2 000 步带来的好处可能并没有活动处于更加合理的强度时那么多。

最后，有氧运动和每日步数是可以用来形成能量逆差的工具。然而，与任何工具一样，它们需要被合理地使用才能产生最好的结果。按需增加有氧运动和每日步数，但是不要为了吃更多的食物而滥用这些工具。否则到头来你可能会损害自己的恢复能力和力量，并最终在比赛准备期间流失肌肉量。

阻力训练

尽管阻力训练消耗的热量不如有氧运动多，但是举重应当作为参赛者在健身房内锻炼时的重点。举重帮助在比赛准备期间维持肌肉量。在比赛准备期间，参赛者们常犯的一个错误是在健身房中松懈，这会导致肌肉流失。因此，重要的是，要了解设计训练计划时要考虑的变量，以及如何设计出一个有效的阻力训练计划。

计划设计的变量

阻力训练计划中的每个因素都会对身体以及执行计划的结果产生具体的影响。阻力训练的总体目标是使你的身体逐渐能承担更大的负荷，即所谓的**渐进式超负荷**策略。增加负荷会持续对身体造成新的、更大的刺激，身体随后必须做出相应调整。在比赛准备期间，渐进式超负荷应当始终被当作阻力训练计划的重点。可以通过几种方法来取得进步，如增加重物的重量、增加动作的重复次数、接近力竭，甚至是采用更好的技巧以相同的组数和重复数举重量相同的重物。然而，关键是你逐渐以在锻炼的某些方面取得进步为目标。

对于大多数人来说，不可能在处于舞台精瘦级体形的同时增加力量。实际上，大多数参赛者在比赛准备期间力量会减弱 [26]。然而，在健身房中锻炼的目标应当是举起尽可能重的重物，同时运用合适的技巧，并力争在力所能及的地方取得进步。

以下几段分别描述了计划设计的变量，综合考虑这些变量便能制订一个全面有效的阻力训练计划。

锻炼选择

制订训练计划时第一个考虑因素是确定你打算进行的锻炼项目。这可能因人而异。然而，由于你以理想的体形为目标，因此只要你在训练每个肌群，那么就没有非做不可的锻炼项目。杠铃后蹲、杠铃硬举和杠铃卧推都是很棒的运动；不过，你不一定非要同时进行这些项目才能取得进步。但在完全排除某项锻炼之前，最好先核实一下自己的疼痛或者伤病是否是由技巧缺陷导致的。

假设姿势没有问题，你总是可以为引起疼痛的运动找到一个类似的替换运动。你做杠铃后蹲的时候背部会疼吗？疼没关系，因为你可以做不会造成疼痛的单腿哑铃负载深蹲和弓步运动、腿举、哈克机深蹲、腿屈伸、臀冲、俯卧弯腿和其他下半身运动。你甚至可以用较轻的杠铃和更高的重复次数做杠铃深蹲。但是如果一个锻炼项目会引起疼痛，那么就不要做它。

此外，你应该以关节活动范围允许的良好姿势进行锻炼。这会强化肌肉形状和力量，并且最终降低伤病风险 [19, 38]。在采用大负荷训练之前，先确保你可以采用良好的技巧在关节活动范围内做某项运动。

你还应当做各种各样的运动，以从不同的角度锻炼特定的肌群。实际上，一项研究发现，一个包含深蹲、腿举和弓步的锻炼要比只用深蹲进行相同练习组数的锻炼更能使肌肉的生长均衡 [8]。为了使肌肉均衡生长，应针对每一肌群进行几个不同种类的运动。

锻炼选择的最后一个因素是**专项性**原则。这意味着你必须针对自己的目标进行专门训练。如果你的目标是改善某些肌群的发育，那么你的锻炼应当尽可能地针对这些肌群。例如，虽然俯身杠铃划船会让三角肌后部负重，但是它并不是该锻炼中受到训练的主要肌群。如果你希望专门锻炼三角肌后部，那么你需要进行以该肌群为主要训练对象的锻炼，如俯身哑铃侧平举或者反式蝶机飞鸟。在选择锻炼时，要始终明确自己的目标肌群，接着再针对这些目标肌群进行专门训练。

常见问题：我听说过的念动合一是什么

乍一听，在健美中提到念动合一像是在鼓吹某种巫术魔法。然而，这种旧式的理念还是得到了一些新的科学依据作支撑。念动合一背后的理念是，你在锻炼肌肉的时候应当能够"感受"到它在工作。无意识地将重物从 A 点移到 B 点并再次返回还不够。你应当在锻炼肌肉的时候，专注于感受目标肌肉的运动并收缩它。这称作意念训练。

虽然念动合一数十年来很大程度上只是一个轶事性的观察结果，但是一些新研究表明，意念集中的训练确实会增加肌肉生长[35]。事实证明，老派健美运动员一直以来都是对的！可根据以下几个因素合理利用念动合一。锻炼选择确实很重要。你应当做你能够感觉到肌群活动的运动，而不做不能提供感受或者引起知觉的运动。你应当始终力争改善自己的技巧，以更大限度地感受目标肌群。另一个因素是，在举重的过程中要收缩目标肌肉来承受重量，并且在训练肌肉的过程中注意力集中在主动肌。总之，一个有效的经验法则是，如果在训练肌肉的时候感觉不到它的活动，那么你可能并没有以最佳的方式激活它。

频率

一旦你确定了自己将要在健身房中进行的锻炼，下一个要考虑的变量便是你要以怎样的频率做动作或者训练特定的肌群。健美界中每周对每个肌群进行一次训练的做法很常见；然而，这并不是锻炼的唯一方法。

科学研究表明，人体在锻炼后的 36 ~ 48 小时（最多），肌肉蛋白质合成率都处于升高状态[23]。这意味着，身体修复和肌肉组织生长的速率在你训练每个肌群后的 36 ~ 48 小时内会提高。根据这些结果，为了保持蛋白质合成率更长时间地处于升高状态，最好每周对肌群训练一次以上。实际上，研究已经发现，即便是每周的训练量已经达到要求，每周对每个肌群至少进行两次训练对于肌肉生长来说也要更为理想[31]。

然而，在利用这些原理为每天进行全身训练做出解释之前，有一些其他的考虑因素。该研究中的研究人员没能发现每周对肌群训练两次以上的其他好处。有证据显示，相比于肌肉组织更新，肌腱更新是一个更长的过程。虽然肌肉中的蛋白质合成水平在锻炼后36 ~ 48 小时内回落至正常水平，但是在锻炼后的 72 小时肌腱蛋白质合成速率仍处于高水平[21]。这意味着，肌腱从阻力训练中恢复所需的时间要长于肌肉组织。因此，极高的训练频率可能会增加过度使用性损伤风险。因此，我们为受训个体推荐的训练频率是每周 2 ~ 3 次[41]。

增加训练频率的同时，要保持每周的训练量不变。例如，如果你正常每周做一次 10 组的胸部锻炼，那么调整时要以每周做两次 5 组的胸部锻炼开始，而不是每周做两次 10 组的胸部锻炼。没有必要将每周的训练量翻倍，这反而会增加伤病风险。因此，在保持每周锻炼量不变的同时增加训练频率对你最为有利。

常见问题：我一周应该在健身房中锻炼几天

你每周需要在健身房中锻炼几天并没有一个标准。你每周进行锻炼的天数要依达成自己的目标训练量和有氧运动量而定。另外，还要确保你每周的日程安排都基于自己在训练后的恢复能力以及训练计划外的个人日程安排。比赛准备不应该是忽略现实生活中所有其他事务的借口。

训练量

训练量是某人针对给定的练习或者锻炼所执行或者所举重的组数、重复数与重量的乘积。在健美界，有关肌肉生长的最佳训练量有大量的理论，有的主张每周每个肌群训练一次，有的主张人们应在健身房中锻炼 3 ~ 4 小时直至筋疲力尽。

一项考察训练量和肌肉生长之间关系的研究分析总结道，对于肌肉生长来说，多组的训练要比单组的训练更为有益[15]。这意味着单组训练到力竭的老式高强度训练规程并不是最利于肌肉生长的。此外，一项分析发现，对于肌肉生长来说，每周每个肌群进行 10 组及以上的训练要比每周进行少于 10 组的训练更加有益[30]。

尽管这充分说明了训练得越多总是越好，但是这只针对训练量在一定的程度内的情况。随着训练量的持续增加，你从中得到的好处将越来越小。如果你将训练量增加得足够多，那么你可能不会从中获得任何的好处。此外，如果你将训练量进一步增加到了一个自己体力无法恢复的程度，那么你能取得的进步将更少；更加严重的是，你可能会受伤。因此，在恢复能力允许的范围内增加运动量，你获得的好处才会越多。

这也有一些科学证据[1]。一项研究对每项锻炼进行 5 组和 10 组的两种情况进行了对比，研究发现，在 6 周的时间内，进行 5 组训练的参与者在肌肉尺寸和力量等多个量度上实现了更大幅度的增加。这可能是由于进行 10 组训练让参与者们体力难以恢复。

你应当根据个人的恢复能力调整训练量，并且要记住，在摄入量较低、有氧运动量较高以及体脂较低的比赛准备阶段，恢复能力可能会进一步地降低。在评估训练量时，要注意你在健身房中的感受、恢复和进展情况。

锻炼顺序

一旦确定了在特定的一天想要做的运动项目，并且知道了自己的目标训练量是多少，你便需要确定进行这些锻炼的顺序。在锻炼的前期，你可以增大训练量[37]。因此，除了增加针对薄弱环节的训练频率和训练量之外，你或许应该在精力饱满并且能够完成更大训练量的时候，先在锻炼中安排针对薄弱环节的训练。

重复范围

人们通常认为重复 1 ~ 5 次最适合力量增长，重复 6 ~ 12 次或者 8 ~ 15 次最合适肌肉增长，重复 15 次以上最适合耐力增长。因此，许多健美运动员只在 6 ~ 12 次或者 8 ~ 12 次的重复范围内进行训练。

然而，重复次数在多个范围内都可促进肌肉生长。实际上，几项研究已经观察到，当达到训练量负荷（组数 × 重复次数 × 重量）时，6次或者更少的重复次数比8 ~ 12次重复次数的训练组更有利于肌肉生长[4, 14, 34]。此外，保持重复次数在25 ~ 35的区间内执行让人精疲力竭的训练与重复次数为8 ~ 12次时的肌肉生长量大致相同[22, 32]。另外，当采用各种各样的重复次数区间时可能会实现更多的生长[8, 29]。

因此，为了使肌肉生长量最大，要专注于用各种各样的重复次数来取得进步，这样可能对你最为有利。这可以通过几种方法实现，如在一周的早期用较低的重复次数训练肌群，并在一周的后期用较高的重复次数，或者在锻炼的早期用较低的重复次数训练动作，并在锻炼的后期用较高的重复次数训练动作。

休息时长

我们经常会看到能增大肌肉的锻炼中有30 ~ 60秒的短暂休息时间，这可能是因为在训练组之间休息较短的时间会导致激素（如生长激素）的迅速增加。然而，没有证据表明，锻炼期间在激素方面出现的急剧生理变化与肌肉生长相关[42]。以使急剧的激素变化最大化为目标设计锻炼的这种做法不会促进肌肉生长。

此外，关于休息时间和肌肉增大的一篇报告总结称，如果训练量足够，那么休息时间长短不会对肌肉增长产生影响[11]。一项研究发现，相比于3分钟的休息时间，在1分钟的休息时间的情况下肌肉生长量更小[33]。这种情况的出现可能是因为更长的休息时间能够帮助增大训练量。例如，对于某个进行3组、每组10次的杠铃后蹲并按需进行休息的人来说，如果休息时间减少到了1分钟，那么他或许在3组训练中只能够分别进行10、7和5次杠铃后蹲。短时休息的情况下总共重复22次动作与长时休息的情况下总共重复30次动作相比，长时休息的情况下训练量更大、肌肉生长量更高。

尽管有时或有些场合中，在训练计划中只能安排较短休息时间，但是一般来说，最好在训练组之间留足够长的时间来恢复，并且在下一组训练组中取得优异的表现。这可以让你免受伤病困扰并不断进步。

常见问题：我需要训练到力竭吗？如果需要，我在每个锻炼中都应该这样做吗

形体运动员训练到力竭的情况很常见。虽然训练到力竭会增大肌肉生长量，但是它也会增加伤病风险、使运动员更加难以从中恢复并且也不是肌肉生长所必需的[43]。一项分析训练到力竭与肌肉生长之间关系的研究发现，训练至力竭与未至力竭情况之间肌肉增长量无区别。实际上，现有的文献表明，训练未至力竭的情况下肌肉的增长量可能要略多于训练到力竭[6]。

这并不意味着训练到力竭毫无用处。它是一种方法，并且与任何方法一样，它可能在适当的情况下运用才会有效。当训练到力竭的时候，要明智地选择运用该方法的时间和方式。最好主要在孤立锻炼（如腿屈伸）中训练主力竭，而不要包含在全身性复合运动（如下蹲）中训练主力竭，以预防伤病并有助于体力恢复。

重复节奏

非常缓慢的训练在20世纪80年代和20世纪90年代很受欢迎。如今，有些健美运动员仍然在这样做。然而，除了用于肌腱康复之外[16]，进行极慢离心训练的健美运动员并不多。相比于运动离心部分大约用时 1 ~ 3 秒的传统重复节奏，超慢的训练已经被证实会导致较少的肌肉激活[7]、代谢应激[7]、训练量[10]、力量增益[12]和肌肉生长[36]。

与训练至力竭非常相似，缓慢的离心训练在某些情况下可能是一种有用的工具；然而，总是使用极慢的重复节奏也不好。这并不意味着你的姿势应当马虎随意。实际上，有证据显示，恰当的姿势会提高肌肉活跃度[38]。不良的姿势和凌乱的重复节奏会增大伤病风险。在举重的时候，你应当在整个关节活动范围内控制重量，但是无须所有的训练的重复都非常缓慢。

锻炼时长

由于担心"转变为分解代谢"，许多人都将锻炼限定在了一定时间内。然而，没有证据显示会出现这种情况。实际上，一项考察锻炼期间激素变化与肌肉生长之间相关性的研究发现，皮质醇的增加与肌肉生长之间存在轻微的正相关[42]。这可能是因为艰苦的训练使肌肉生长速率和皮质醇急剧增加——未必是因为皮质醇的增加导致了肌肉生长。不过，本研究的要点是，你需要多少时间来完成训练量就用多少时间。无须限定锻炼的时长，但是重要的是要将训练量保持在自己的恢复能力以内。

计划设计总结

设计初期训练计划时一个不错的方法是，针对每个肌群每周至少进行 10 组训练。要确保你能够从自己的训练中恢复，并增加针对薄弱肌群的训练量，减少针对强壮肌群的训练量。将每个肌群的训练量分为每周 2 ~ 3 次完成。采用各种各样的重复数进行训练，如果你决定要在自己的计划中运用诸如训练至力竭、短时休息、较慢重复以及其他强度技巧等方法，以有组织的方式运用它们。

其他的考虑因素

前文中的推荐做法为制订阻力训练计划提供了一个通用的循证架构；然而，你需要考虑其他几个实际变量才能充分利用自己的计划。

乐趣

乐趣是一个在设计训练计划时经常被忽略的因素。如果你试图执行一个理论上"最适合"你的计划，但是你却没有乐在其中，那么你很可能不会努力地锻炼或者坚持计划。因此，你可能实现不了自己的目标。然而，如果你（在合理的范围内）做一些自己喜欢做的事情，加上理应有助于你取得最大进步的方法，你可能会更加享受执行该计划并且会更努力地锻炼。

灵活性

在锻炼中，健美运动员在偏好的数量安排方面有巨大的差异。你喜欢将每一个细节（组数、重复数、重量、休息时间和节奏等）都计划好吗？或者这种想法让你相当害怕去健身房？

那些喜欢将每个细节都计划出来的人应当那样做。那些更喜欢留更多灵活性的人如果为自己的主要训练项目设置了进展要求，并为辅助训练设置了少量训练项目或者较小的训练量，那么他们可能会发现这是一个不错的折中方法。

归根结底，如果你看着自己的计划并害怕到健身房中去实施它，那么你将不会努力地锻炼。在计划中你为自己留一些所需的灵活性来保持理智，但是要确保计划仍然具有一定的结构性，以便于你随时间取得进步。

生活压力源

有时候，人们会尝试进行远远超出自己的日程或者恢复能力允许范围的锻炼。这可能会导致更难坚持计划、更少的增益以及最坏的情况——伤病。

你的工作是体力活吗？如果是这样，那么你或许应当考虑保持较低的训练量，以便于你恢复体力。

你在承受巨大的压力，并且得不到充足的睡眠吗？如果是这样，那么你或许应当考虑保持较低的训练量，因为压力水平高可能会妨碍从锻炼中恢复的速度，并使随时间取得的进步更小[2, 39]。

你实际上每周只能在健身房中待3天吗？即便不将训练分为5天进行，你仍然可以取得巨大的进步。

在你设置计划的过程中，要确保你考虑到了现实生活中的日程安排以及生活中的其他压力源，这样你便能恢复并朝着自己的目标迈进。

监控对恢复的需求

正如所讨论的，在比赛准备期间，当参赛者处于热量逆差状态时，他的恢复能力并没有休赛季时那样高，尤其是在有氧运动多并且体脂低的情况下。因此，要了解指示超负荷状态的症状，并为训练计划做出必要的调整，如减负。

应对超负

健美运动员训练得很努力；然而，在某些时候，随着来自训练的疲劳开始累积，你的恢复能力将不够。你可能会发现自己在健身房中没有那么活跃了，小伤病开始出现，你也睡不着觉了，力量没有像计划中的那样增加或者你根本就在健身房中感觉体力没有恢复。这就是**超负**，它在计划设计合理的情境中可能有好处。

在超负荷出现时，要采取措施应对，而不要硬撑到出现重大损伤或者变为过度训练的地步。从过度训练状态中恢复所需的时间要远远长于从超负中恢复所需的时间，因此要留意自己在健身房中的表现，以及在出现超负时解决它所需的恢复方式[9]。

减负

解决超负最简单的方法是开展一个减负周。在这段时间内降低训练量或者强度（或者两者）。如果你感到疲惫，那么在减负周内不去健身房、休息几天也可能是一个好主意；相比于做轻负荷的锻炼，你在完全不去健身房的时候往往恢复得更快。

然而，即便是训练量较低，在该周内也不要降低自己的热量摄入量。在减负周内降低热量摄入量可能会对恢复速度产生负面影响。

在健身房中必要时要放弃而不要硬撑。比赛准备将会困难重重——没理由让它变得更加困难，并且也没理由因顽固不化而牺牲比赛结果。

训练计划样本

在本章中，我们讨论了许多在设计训练计划时要考虑的变量。有无数种将这些变量组织成有效训练计划的方法。我们总结了3种组织训练方法。然而，与第5章中的膳食计划样本非常相似，最适合你的计划取决于本章前面所涵盖的因素。

力量模块分期计划

力量模块分期是大重量深蹲、卧推和硬拉的传统力量举重型锻炼（力量举重日）与采用较高重复数的传统健美型锻炼（模块训练日）混合体。它是一个一周 5 天的计划，并且以一个重复数较低的全身性力量日开始一周，一周后几天有 4 个针对不同肌群的高重复数锻炼日（表 6.1）。

每天要进行的具体锻炼参见表 6.2。在本例中，所有的肌群都得到均衡的锻炼。同时，该计划方便调整，你可以根据你的弱项对计划方便地进行修改，并且可以轻松地调整力量举重日所执行的辅助锻炼。另一个选择是在模块训练日针对弱项多进行几组训练，在强项环节少进行几组训练。

表 6.1　力量模块分期训练划分样本

周	第 1 天	第 2 天	第 3 天	第 4 天	第 5 天	第 6 天	第 7 天
1	力量举重日	休息	腿部、肩部	背部、斜方肌、肱二头肌	胸部、肱三头肌、腹肌	腿部、肩部	休息
2	力量举重日	休息	背部、斜方肌、肱二头肌	胸部、肱三头肌、腹肌	腿部、肩部	背部、斜方肌、肱二头肌	休息
3	力量举重日	休息	胸部、肱三头肌、腹肌	腿部、肩部	背部、斜方肌、肱二头肌	胸部、肱三头肌、腹肌	休息

表 6.2　力量模块分期计划样本

力量举重日	模块训练日		
	腿部、肩部	背部、斜方肌、肱二头肌	胸部、肱三头肌、腹肌
深蹲：	哈克机深蹲：4 组	T 杠划船：4 组	上斜哑铃卧推：3 组
2 × 5@70%*	腿举：2 组	引体向上：5 组	器械卧推：4 组
2 × 3@80%	腿屈伸：4 组	器械划船：4 组	拉力器夹胸：4 组
1 × 1@90%	俯卧弯腿：3 组	硬拉：2 组	拉力器下压：4 组
卧推：	弓步行进：2 组	哑铃耸肩：3 组	肱三头肌过顶伸展：4 组
2 × 5@70%	提踵：4 组	哑铃弯举：4 组	腰腹训练：3 组
2 × 3@80%	哑铃过顶推举：3 组	斜托弯举：2 组	
1 × 1@90%	侧平举：3 组	锤式弯举：2 组	
硬拉：	哑铃俯身侧平举：3 组		
2 × 5@70%			
2 × 3@80%			
1 × 1@90%			
以 90% 的 1RM 完成尽可能多的组数和重复次数：			
哑铃卧推：2 ~ 3 × 4 ~ 6			
器械划船：2 ~ 3 × 4 ~ 6			
俯卧弯腿：2 ~ 3 × 4 ~ 6			
提踵：2 ~ 3 × 4 ~ 6			

＊"@70%"表示以 1RM 的 70%，以此类推。

力量举重日

当开始执行该计划时，要知道自己深蹲、卧推和硬拉的单次最大负重（1RM）或者至少估计 1RM 的数值。一旦你确定了这些数值，从自己的 1RM 中减去 20 ~ 25 磅，并用计算结果作为计划的起始最大负重。这可以让你用几周的时间逐渐蓄积动力。例如，如果你可以深蹲 300 磅，那么开始该计划时的 1RM 可以为 275 磅。

在深蹲、卧推和硬拉的最后一组，要在不力竭的同时尝试完成尽可能多的重复次数。如果你在最后一组能完成 3 次及以上，那么在接下来的一周将 1RM 增加 5 磅。如果你在最后一组未能重复完成 3 次，在接下来一周保持 1RM 不变。如果你连续两周在最后一组未能重复完成 3 次，那么将下一周的 1RM 降低 20 磅。这是一个持续的循环。

模块训练日

对于模块训练日，每隔 3 周按照以下要求调整重复次数区间。

▶ 1 ~ 3 周：5 ~ 7 次。
▶ 4 ~ 6 周：8 ~ 10 次。
▶ 7 ~ 9 周：10 ~ 15 次。
▶ 10 ~ 12 周：15 ~ 30 次。

我们还建议在完成为期 12 周的该计划之后，即在第 13 周进行减负。另外，如果你在该计划的执行过程中感到疲惫，那么要确保及早地开展减负周。

血量最大化超负荷计划

该计划更像是大多数人在想到"健美"训练计划时会想到的东西。计划包括较多的重复次数和较多的泵感锻炼，但是也包括了一些较重的负载训练。6 项锻炼（表 6.3）将会按照 3 天锻炼、1 天休息、2 天锻炼、1 天休息的模式轮流进行，这样你在每周的同一天都不会训练相同的肌群。

表 6.3　血量最大超负荷训练计划样本

锻炼 1	
背部和斜方肌（超负荷）	硬拉 3 × 4 ~ 7
	引体向上 3 × 4 ~ 7
	高滑轮下拉 3 × 4 ~ 7
	T 杠划船 3 × 4 ~ 7
	低位器械划船 3 × 4 ~ 7
	杠铃耸肩 2 × 4 ~ 7
三角肌（血量）	哑铃侧平举 4 × 14 ~ 20，哑铃过顶推举超级组 4 × 14 ~ 20
	三角肌后部机械飞鸟 3 × 14 ~ 20，直立划船超级组 3 × 14 ~ 20
锻炼 2	
腿部（血量）	腿屈伸 4 × 14 ~ 20，腿举超级组 4 × 14 ~ 20
	俯卧弯腿 4 × 14 ~ 20，哈克机深蹲超级组 4 × 14 ~ 20
	杠铃臀冲 2 × 14 ~ 20
	哑铃提踵 2 × 14 ~ 20，负重提踵超级组 2 × 14 ~ 20
腹部（血量）	仰卧起坐 3 × 14 ~ 20
	拉力器卷腹 3 × 14 ~ 20

续表

锻炼 3	
胸部（超负荷）	卧推 3×4～7
	下斜卧推 3×4～7
	哑铃上斜卧推 3×4～7
	蝴蝶机夹胸 3×4～7
肱二头肌（血量）	锤式弯举 3×14～20，杠铃弯举超级组 3×14～20
	宽握哑铃弯举 3×14～20，拉力器弯举超级组 3×14～20
肱三头肌（血量）	V 杠拉力器下压 3×14～20，哑铃臂屈伸超级组 3×14～20
	俯身哑铃后举 3×14～20，器械肱三头肌伸展超级组 3×14～20
锻炼 4	
三角肌（超负荷）	哑铃硬推举 3×4～7
	哑铃侧平举 3×4～7
	反式蝶机飞鸟 3×4～7
	杠铃直立划船 3×4～7
背部和斜方肌（血量）	中性握法拉力器划船 4×14～20，立定哑铃划船超级组 4×14～20
	器械划船 4×14～20，中性握法高滑轮下拉 4×14～20
	哑铃耸肩 4×14～20，直杠拉力器耸肩 1×14～20
锻炼 5	
腿部（超负荷）	下蹲 3×4～7
	腿屈伸 3×4～7
	哑铃后屈腿 3×4～7
	直腿硬拉 3×4～7
	哑铃弓步行进 1×7～10（每条腿）
	髋部外展 2×10
	髋部内收 2×10
	负重起踵 2×10
腹部（超负荷）	负重仰卧起坐 3×4～7
	器械卷腹 3×4～7
锻炼 6	
胸部（血量）	哑铃飞鸟 4×14～20，哑铃卧推超级组 4×14～20
	蝴蝶机夹胸 4×14～20，锤式上斜推举 4×14～20
肱二头肌（超负荷）	杠铃弯举 3×4～7
	锤式弯举 3×4～7
	器械斜靠弯举 3×4～7
肱三头肌（超负荷）	直杠拉力器下压 3×4～7
	哑铃臂屈伸 3×4～7
	哑铃过顶伸展 3×4～7

血量锻炼

　　血量锻炼的目标是使尽可能多的血液进入肌肉。这可通过较多的重复次数、超级组训练以及肌肉的恒定张力来实现。在血量锻炼期间，要缓慢地执行，即应该用整整 3 秒的时间来举起重物，并用整整 3 秒的时间放下重物。处在肌肉收缩姿势时，你应当非常用力地收缩肌肉。在超级组中的锻炼之间休息时间不要超过 10 秒，超级组之间可休息 1 ~ 1.5 分钟。如果你无法执行规定的重复次数，那么要降低重量。这种类型的训练应当让人感觉极其地痛苦。如若不然，那么要增加重物重量或者放慢重复的速度。

超负荷锻炼

超负荷锻炼的主要目标是使体形变得更加强壮和打破个人纪录。每一个练习组都应当在 1 ~ 2 次动作内达到力竭。在该计划的前两周，不要达到力竭。在第 3 周，让每个身体部位做完一个训练组达到力竭，在第 4 周，让每个锻炼的最后一组都使身体达到力竭。在确定重物重量的时候，要选择一个你可以至少重复执行 4 次但是不能超过 7 次的重物。一旦你可以用给定的重量重复执行 7 次动作，那么要在下一个锻炼中增加重物的重量。休息时长应当为 2 ~ 4 分钟。

比基尼组训练计划

先前的锻炼计划样本都专注锻炼所有的肌群。然而，如前所述，有些训练组别更加注重锻炼某些肌群。例如，比基尼组更加注重锻炼下半身、臀部、背部和肩部。表 6.4 到表 6.6 所示的计划样本是一个说明如何组织针对这些具体肌群的训练示例。一个针对弱项和不注重强项的方法可供努力强化薄弱肌群的参赛者使用。

比基尼训练计划样本中，低重复次数（4 ~ 8 次）、中重复次数（6 ~ 15 次）和高重复次数（15 ~ 30 次）的锻炼交替进行。计划也按照 3 周为一周期，共 3 周期的方式加以组织。每个周期的训练量都会增加，并且每隔 3 周动作重复次数范围会减小（负荷会相应地增加）。完成了 9 周的训练之后，我们建议在第 10 周进行减负。

表 6.4　比基尼训练计划样本：第 1 ~ 3 周

	练习	第1周	第2周	第3周
第1天				
背部（L）	硬拉	3×6	4×6	5×6
	杠铃划船	3×6 ~ 8	4×6 ~ 8	5×6 ~ 8
	引体向上	2×6 ~ 8	3×6 ~ 8	4×6 ~ 8
	哑铃划船	2×6 ~ 10	3×6 ~ 10	4×6 ~ 10
臀部（M）	哑铃弓步	每条腿 3 ~ 4×8 ~ 12	每条腿3 ~ 4×8 ~ 12	每条腿3 ~ 4×8 ~ 12
	臀冲	2 ~ 4×10 ~ 12	2 ~ 4×10 ~ 12	2 ~ 4×10 ~ 12
	负重背部伸展	2 ~ 3×10 ~ 15	2 ~ 3×10 ~ 15	2 ~ 3×10 ~ 15
腹部	拉力器卷腹	2 ~ 4×10 ~ 15	2 ~ 4×10 ~ 15	2 ~ 4×10 ~ 15
第2天				
胸部（M）	哑铃卧推	2 ~ 4×8 ~ 12	2 ~ 4×8 ~ 12	2 ~ 4×8 ~ 12
肩部（M）	哑铃过顶推举	2 ~ 4×10 ~ 12	2 ~ 4×10 ~ 12	2 ~ 4×10 ~ 12
	坐姿侧平举	2 ~ 4×10 ~ 15	2 ~ 4×10 ~ 15	2 ~ 4×10 ~ 15
手臂（M）	双杠臂屈伸	2 ~ 4×8 ~ 12	2 ~ 4×8 ~ 12	2 ~ 4×8 ~ 12
	站姿简易杠铃弯举	2 ~ 4×8 ~ 12	2 ~ 4×8 ~ 12	2 ~ 4×8 ~ 12
	过顶拉力器伸展	2 ~ 3×10 ~ 15	2 ~ 3×10 ~ 15	2 ~ 3×10 ~ 15
	绳索弯举	2 ~ 3×10 ~ 15	2 ~ 3×10 ~ 15	2 ~ 3×10 ~ 15

续表

	练习	第 1 周	第 2 周	第 3 周
第 3 天				
下半身（L）	下蹲	3×6	4×6	5×6
	罗马尼亚硬拉	3×6	4×6	5×6
	腿屈伸	2×6~10	3×6~10	4×6~10
	俯卧弯腿	2×6~10	3×6~10	4×6~10
臀部（H）	后跨步哑铃弓步	2~4×15~20	2~4×15~20	2~4×15~20
	髋屈伸训练	2~4×15~25	2~4×15~25	2~4×15~25
	弹力带臀冲	2~4×20~30	2~4×20~30	2~4×20~30
腹部	卧姿抬腿	2~4×10~15	2~4×10~15	2~4×10~15
第 4 天				
肩部（L）	哑铃过顶推举	3×6	4×6	5×6
	单臂立定侧平举	3×6~10	4×6~10	5×6~10
	直立划船	2×6~10	3×6~10	4×6~10
	单臂支撑俯身侧平举	2×6~10	3×6~10	4×6~10
背部（H）	Moto 划船	2~4×15~20	2~4×15~20	2~4×15~20
	胸部支撑划船	2~4×15~20	2~4×15~20	2~4×15~20
	直臂拉力器下压	2~3×20~30	2~3×20~30	2~3×20~30
第 5 天				
臀部	臀冲	3×6	4×6	5×6
	保加利亚式箭步蹲	每条腿 3×6~8	每条腿 4×6~8	每条腿 5×6~8
	相扑腿举	2×6~10	3×6~10	4×6~10
腿部（H）	哈克机深蹲	2~3×15~20	2~3×15~20	2~3×15~20
	腿屈伸	2~3×20~30	2~3×20~30	2~3×20~30
	俯卧弯腿	2~3×20~30	2~3×20~30	2~3×20~30
	负重起踵	2~4×15~25	2~4×15~25	2~4×15~25
腹部	俄罗斯转体	每侧 2~4×8~12	每侧 2~4×8~12	每侧 2~4×8~12
第 6 天				
背部（M）	反握滑轮下拉	3~4×8~12	3~4×8~12	3~4×8~12
	地雷管划船	2~4×10~12	2~4×10~12	2~4×10~12
	宽握拉力器划船	2~3×10~15	2~3×10~15	2~3×10~15
臀部（H）	单腿臀冲	3~4×15~20	3~4×15~20	3~4×15~20
	臀部后踢腿	2~4×20~25	2~4×20~25	2~4×20~25
	器械外展	2~3×20~30	2~3×20~30	2~3×20~30
肩部（H）	拉力器侧平举	4~6×20~30	4~6×20~30	4~6×20~30
第 7 天				
休息日				

注：L= 低重复次数；M= 中重复次数；H= 高重复次数。

表6.5　比基尼训练计划样本：第4～6周

	练习	第4周	第5周	第6周
第1天				
背部（L）	硬拉	3×5	4×5	5×5
	杠铃划船	3×5～7	4×5～7	5×5～7
	引体向上	2×5～7	3×5～7	4×5～7
	哑铃划船	2×6～8	3×6～8	4×6～8
臀部（M）	哑铃弓步	每条腿3～4×6～10	每条腿3～4×6～10	每条腿3～4×6～10
	臀冲	2～4×8～10	2～4×8～10	2～4×8～10
	负重背部伸展	2～3×8～12	2～3×8～12	2～3×8～12
腹部	拉力器卷腹	2～4×10～15	2～4×10～15	2～4×10～15
第2天				
胸部（M）	哑铃卧推	2～4×6～10	2～4×6～10	2～4×6～10
肩部（M）	哑铃过顶推举	2～4×8～10	2～4×8～10	2～4×8～10
	坐姿侧平举	2～4×8～12	2～4×8～12	2～4×8～12
手臂（M）	双杠臂屈伸	2～4×6～10	2～4×6～10	2～4×6～10
	站姿简易杠弯举	2～4×6～10	2～4×6～10	2～4×6～10
	过顶拉力器伸展	2～3×8～12	2～3×8～12	2～3×8～12
	绳索弯举	2～3×8～12	2～3×8～12	2～3×8～12
第3天				
下半身（L）	下蹲	3×5	4×5	5×5
	罗马尼亚硬拉	3×5	4×5	5×5
	腿屈伸	2×6～8	3×6～8	4×6～8
	俯卧弯腿	2×6～8	3×6～8	4×6～8
臀部（H）	后跨步哑铃弓步	2～4×15～20	2～4×15～20	2～4×15～20
	髋屈伸训练	2～4×15～25	2～4×15～25	2～4×15～25
	弹力带臀冲	2～4×20～30	2～4×20～30	2～4×20～30
腹部	卧姿抬腿	2～4×10～15	2～4×10～15	2～4×10～15
第4天				
肩部（L）	哑铃过顶推举	3×5	4×5	5×5
	单臂立定侧平举	3×6～8	4×6～8	5×6～8
	直立划船	2×6～8	3×6～8	4×6～8
	单臂支撑俯身侧平举	2×6～8	3×6～8	4×6～8
背部（H）	Moto 划船	2～4×15～20	2～4×15～20	2～4×15～20
	胸部支撑划船	2～4×15～20	2～4×15～20	2～4×15～20
	直臂拉力器下压	2～3×20～30	2～3×20～30	2～3×20～30

续表

	练习	第 4 周	第 5 周	第 6 周
第 5 天				
臀部	臀冲	3 × 5	4 × 5	5 × 5
	保加利亚式箭步蹲	每条腿 3 × 5 ~ 7	每条腿 4 × 5 ~ 7	每条腿 5 × 5 ~ 7
	相扑腿举	2 × 6 ~ 8	3 × 6 ~ 8	4 × 6 ~ 8
腿部（H）	哈克机深蹲	2 ~ 3 × 15 ~ 20	2 ~ 3 × 15 ~ 20	2 ~ 3 × 15 ~ 20
	腿屈伸	2 ~ 3 × 20 ~ 30	2 ~ 3 × 20 ~ 30	2 ~ 3 × 20 ~ 30
	俯卧弯腿	2 ~ 3 × 20 ~ 30	2 ~ 3 × 20 ~ 30	2 ~ 3 × 20 ~ 30
	负重起踵	2 ~ 4 × 15 ~ 25	2 ~ 4 × 15 ~ 25	2 ~ 4 × 15 ~ 25
腹部	俄罗斯转体	每侧 2 ~ 4 × 8 ~ 12	每侧 2 ~ 4 × 8 ~ 12	每侧 2 ~ 4 × 8 ~ 12
第 6 天				
背部（M）	反握滑轮下拉	3 ~ 4 × 6 ~ 10	3 ~ 4 × 6 ~ 10	3 ~ 4 × 6 ~ 10
	地雷管划船	2 ~ 4 × 8 ~ 10	2 ~ 4 × 8 ~ 10	2 ~ 4 × 8 ~ 10
	宽握拉力器划船	2 ~ 3 × 8 ~ 12	2 ~ 3 × 8 ~ 12	2 ~ 3 × 8 ~ 12
臀部（H）	单腿臀冲	3 ~ 4 × 15 ~ 20	3 ~ 4 × 15 ~ 20	3 ~ 4 × 15 ~ 20
	臀部后踢腿	2 ~ 4 × 20 ~ 25	2 ~ 4 × 20 ~ 25	2 ~ 4 × 20 ~ 25
	器械外展	2 ~ 3 × 20 ~ 30	2 ~ 3 × 20 ~ 30	2 ~ 3 × 20 ~ 30
肩部（H）	拉力器侧平举	4 ~ 6 × 20 ~ 30	4 ~ 6 × 20 ~ 30	4 ~ 6 × 20 ~ 30
第 7 天				
休息日				

注：L= 低重复次数；M= 中重复次数；H= 高重复次数。

表 6.6　比基尼训练计划样本：第 7 ~ 9 周

	练习	第 7 周	第 8 周	第 9 周
第 1 天				
背部（L）	硬拉	3 × 4	4 × 4	5 × 4
	杠铃划船	3 × 4 ~ 6	4 × 4 ~ 6	5 × 4 ~ 6
	引体向上	2 × 4 ~ 6	3 × 4 ~ 6	4 × 4 ~ 6
	哑铃划船	2 × 5 ~ 8	3 × 5 ~ 8	4 × 5 ~ 8
臀部（M）	哑铃弓步	每条腿 3 ~ 4×6 ~ 8	每条腿 3 ~ 4×6 ~ 8	每条腿 3 ~ 4×6 ~ 8
	臀冲	2 ~ 4 × 6 ~ 10	2 ~ 4 × 6 ~ 10	2 ~ 4 × 6 ~ 10
	负重背部伸展	2 ~ 3 × 8 ~ 10	2 ~ 3 × 8 ~ 10	2 ~ 3 × 8 ~ 10
腹部	拉力器卷腹	2 ~ 4 × 10 ~ 15	2 ~ 4 × 10 ~ 15	2 ~ 4 × 10 ~ 15
第 2 天				
胸部（M）	哑铃卧推	2 ~ 4 × 6 ~ 8	2 ~ 4 × 6 ~ 8	2 ~ 4 × 6 ~ 8

续表

	练习	第7周	第8周	第9周
肩部（M）	哑铃过顶推举	2 ~ 4 × 6 ~ 10	2 ~ 4 × 6 ~ 10	2 ~ 4 × 6 ~ 10
	坐姿侧平举	2 ~ 4 × 8 ~ 10	2 ~ 4 × 8 ~ 10	2 ~ 4 × 8 ~ 10
手臂（M）	双杠臂屈伸	2 ~ 4 × 6 ~ 8	2 ~ 4 × 6 ~ 8	2 ~ 4 × 6 ~ 8
	站姿简易杠弯举	2 ~ 4 × 6 ~ 8	2 ~ 4 × 6 ~ 8	2 ~ 4 × 6 ~ 8
	过顶拉力器伸展	2 ~ 3 × 8 ~ 10	2 ~ 3 × 8 ~ 10	2 ~ 3 × 8 ~ 10
	绳索弯举	2 ~ 3 × 8 ~ 10	2 ~ 3 × 8 ~ 10	2 ~ 3 × 8 ~ 10
第3天				
下半身（L）	下蹲	3 × 4	4 × 4	5 × 4
	罗马尼亚硬拉	3 × 4	4 × 4	5 × 4
	腿屈伸	2 × 5 ~ 8	3 × 5 ~ 8	4 × 5 ~ 8
	俯卧弯腿	2 × 5 ~ 8	3 × 5 ~ 8	4 × 5 ~ 8
臀部（H）	后跨步哑铃弓步	2 ~ 4 × 15 ~ 20	2 ~ 4 × 15 ~ 20	2 ~ 4 × 15 ~ 20
	髋屈伸训练	2 ~ 4 × 15 ~ 25	2 ~ 4 × 15 ~ 25	2 ~ 4 × 15 ~ 25
	弹力带臀冲	2 ~ 4 × 20 ~ 30	2 ~ 4 × 20 ~ 30	2 ~ 4 × 20 ~ 30
腹部	卧姿抬腿	2 ~ 4 × 10 ~ 15	2 ~ 4 × 10 ~ 15	2 ~ 4 × 10 ~ 15
第4天				
肩部（L）	哑铃过顶推举	3 × 4	4 × 4	5 × 4
	单臂立定侧平举	3 × 5 ~ 8	4 × 5 ~ 8	5 × 5 ~ 8
	直立划船	2 × 5 ~ 8	3 × 5 ~ 8	4 × 5 ~ 8
	单臂支撑俯身侧平举	2 × 5 ~ 8	3 × 5 ~ 8	4 × 5 ~ 8
背部（H）	Moto 划船	2 ~ 4 × 15 ~ 20	2 ~ 4 × 15 ~ 20	2 ~ 4 × 15 ~ 20
	胸部支撑划船	2 ~ 4 × 15 ~ 20	2 ~ 4 × 15 ~ 20	2 ~ 4 × 15 ~ 20
	直臂拉力器下压	2 ~ 3 × 20 ~ 30	2 ~ 3 × 20 ~ 30	2 ~ 3 × 20 ~ 30
第5天				
臀部	臀冲	3 × 4	4 × 4	5 × 4
	保加利亚式箭步蹲	每条腿 3 × 4 ~ 6	每条腿 4 × 4 ~ 7	每条腿 5 × 4 ~ 7
	相扑腿举	2 × 5 ~ 8	3 × 5 ~ 8	4 × 5 ~ 8
腿部（H）	哈克机深蹲	2 ~ 3 × 15 ~ 20	2 ~ 3 × 15 ~ 20	2 ~ 3 × 15 ~ 20
	腿屈伸	2 ~ 3 × 20 ~ 30	2 ~ 3 × 20 ~ 30	2 ~ 3 × 20 ~ 30
	俯卧弯腿	2 ~ 3 × 20 ~ 30	2 ~ 3 × 20 ~ 30	2 ~ 3 × 20 ~ 30
	负重起踵	2 ~ 4 × 15 ~ 25	2 ~ 4 × 15 ~ 25	2 ~ 4 × 15 ~ 25
腹部	俄罗斯转体	每侧 2 ~ 4 × 8 ~ 12	每侧 2 ~ 4 × 8 ~ 12	每侧 2 ~ 4 × 8 ~ 12

续表

	练习	第7周	第8周	第9周
第6天				
背部（M）	反握滑轮下拉	3 ~ 4×6 ~ 8	3 ~ 4×6 ~ 8	3 ~ 4×6 ~ 8
	地雷管划船	2 ~ 4×6 ~ 10	2 ~ 4×6 ~ 10	2 ~ 4×6 ~ 10
	宽握拉力器划船	2 ~ 3×8 ~ 10	2 ~ 3×8 ~ 10	2 ~ 3×8 ~ 10
臀部（H）	单腿臀冲	3 ~ 4×15 ~ 20	3 ~ 4×15 ~ 20	3 ~ 4×15 ~ 20
	臀部后踢腿	2 ~ 4×20 ~ 25	2 ~ 4×20 ~ 25	2 ~ 4×20 ~ 25
	器械外展	2 ~ 3×20 ~ 30	2 ~ 3×20 ~ 30	2 ~ 3×20 ~ 30
肩部（H）	拉力器侧平举	4 ~ 6×20 ~ 30	4 ~ 6×20 ~ 30	4 ~ 6×20 ~ 30
第7天				
休息日				

注：L= 低重复次数；M= 中重复次数；H= 高重复次数。

本章要点

▶ 增加锻炼和非锻炼活动都可以形成能量逆差。然而，在实现目标减重率的同时，要努力执行尽可能少的正式有氧运动。活动的强度要根据你的恢复能力和伤病史而定。

▶ 在比赛准备期间监测步数可以让你在日常生活中处于活跃状态，并且有助于防止健身房外能量消耗的减少。

▶ 在比赛准备全程都维持训练强度对于肌肉保持很关键。在整个比赛准备期间始终贯彻渐进式超负荷策略。

▶ 如果不超过你的恢复能力，那么增加训练量会促进肌肉的生长。相比于每周对每个身体部位进行一次针对训练，将该训练量分成每周2 ~ 3次完成可能会带来更大的进步。

▶ 肌肉生长没有"最佳"的动作重复次数范围。相比于一直执行相同的动作重复次数，采用各种各样的重复次数进行训练可能更有利于肌肉生长。

▶ 为了体力恢复，要按需开展减负周，即不去健身房、休息几天。当感到沮丧的时候，硬撑没有任何的好处。即便有好处，进度也会减慢并会增加伤病风险。

▶ 你应当在健身房中做自己喜欢的锻炼，只要它有助于实现你的目标。如果你喜欢自己正在做的锻炼，那么你可能会更加努力、更可能坚持计划并取得更大的进步。

第 7 章

摆造型的艺术

　　健美运动长期以来一直被看作是艺术与科学的组合。摆造型更多地属于该项体育运动的艺术层面，但初级和高级参赛者都经常对这一点有误解。大部分参赛者想到摆造型，他们很快就想象到在台上表演时尽可能用力地挤压和收缩肌肉，以展示肌肉发达程度和肌肉线条。虽然这确实是摆造型的一部分，但是摆造型的重点是有效地展示你的身体。评委只能评判他们所能看到的东西。你展示体形的方式决定了比赛的输赢。如果你没有将自己的体形潜力充分地展示出来，那么多年的训练和数月的节食努力可能就白费了。

　　要参加各种的健美比赛，到了摆造型环节时，你很快就能看出谁做了准备工作。当参赛者站上舞台，有些人的体形令人印象深刻，而有些人的体格则平常无奇，这种情况并不少见。当他们开始摆造型时，有些参赛者的体形几乎令全场沸腾，而其他人却黯然失色。原因就在于是否有效地摆造型。

　　在这一章，我们将会讲解有效摆造型的所有注意事项，以及有效练习和为比赛日摆造型做准备的方法。

造型索引

续表

组别和造型名称	页码
女子健体	
正面自然站立	140
侧面自然站立	141
背面自然站立	142
前展双肱二头肌	144
女子健体	
伸腿侧展胸部	146
伸腿侧展肱三头肌	148
后（背）展双肱二头肌	150
双手抱头前展腹部（或前展腹部和大腿）	152
形体（女子）	
前展造型	154
侧展造型	156
后展造型	158
比基尼（女子）	
前展造型	160
后展造型	162

健美（男子和女子）

　　参加健美组的男子和女子要参加两个评比回合：自然站立造型和规定造型。

回合 1：自然站立造型

　　在预赛中，评委首先会对你的**自然站立造型**进行评判。不要被它的名称欺骗，自然站立造型完全不会令人感到放松！健美比赛刚兴起的时候，评委确实想看一下处于放松状态的参赛者。不可避免地，有些参赛者会试着略微收缩肌肉来为自己带来优势。多年以来，评委们在自然站立回合中允许参赛者更多地收缩肌肉，如今他们已允许这种做法。

　▶ 正面自然站立 • 侧面自然站立 • 背面自然站立

回合 2：规定造型

　　在自然站立造型之后，评委会让你再次面向前方。这时他们在为规定造型做准备并将喊出具体造型的名称。你和其他参赛者要一直摆造型，直到评委下令放松为止。接着你应摆出第一回合中的自然站立造型。在舞台上的任何时刻，你都不应当真正地放松和不摆造型。

▶ 前展双肱二头肌·前展背阔肌·侧展胸部·侧展肱三头肌·后背展双肱二头肌·后背展背阔肌·双手抱头前展腹部（或前展腹部和大腿）

全身肌肉表现造型

最后的造型是全身肌肉表现造型。全身肌肉表现造型有多种，我们会讲解每种造型。

▶ 双手搭髋全身肌肉表现造型·蟹式全身肌肉表现造型·双手紧握全身肌肉表现造型

古典健体（男子）

参加古典健体组的男子要参加两个评比回合，就像男子健美组和女子健美组一样。

回合 1：自然站立造型

▶ 正面自然站立·侧面自然站立·背面自然站立

回合 2：规定造型

▶ 前展双肱二头肌·侧展胸部·后（背）展双肱二头肌·双手抱头前展腹部（或前展腹部和大腿）·最喜欢的古典造型

男子健体

男子健体组的造型要远远少于健美或者古典健体。正如之前所讨论的，这也意味着，相比于健美或者古典健体，你打败对手的方式会更少。

转体 1/4 周

在该组中，你只有一个回合做对比造型，但是你要用转体 1/4 周的方式将每个造型做好几次。

▶ 前展造型·侧展造型·后展造型

女子健体

与男子古典健体组一样，女子健体组有两个评比回合且有几个特有的造型。

回合 1：自然站立造型

▶ 正面自然站立·侧面自然站立·背面自然站立

回合 2：规定造型

▶ 前展双肱二头肌·伸腿侧展胸部·伸腿侧展肱三头肌·后（背）展双肱二头肌·双手抱头前展腹部（或前展腹部和大腿）

形体（女子）

与男子健体组非常相似，女子形体组的造型要远远少于健美或者女子健体。在该组中，你只有一个回合做对比造型，但是你要用转体 1/4 周的方式将每个造型做好几次。

▶ 前展造型·侧展造型·后展造型

比基尼（女子）

相比于其他组别，比基尼组中摆的造型非常不同。其他组中要转体 1/4 周，但是比基尼中只转体半周。虽然比基尼组中造型数量较少且看似都不太难摆，但应当留心把握比基尼组中造型的微妙之处。在该组别中，要有能力摆造型并且能让造型看起来轻松自然，这一点极为重要。在这一点上，练习时也不应当有所懈怠。

最后提醒一点，虽然根据你参加的比赛的许可机构，各组别摆造型的标准可能会有略微的不同，但是在不同的比赛许可机构之间，比基尼组可能是差别最大的组别。因此，要核查你打算参加的比赛许可机构的指南。

▶ 前展造型·后展造型

正面自然站立

当首次与其他参赛者一起走上舞台时，你们将会排成队，此时你应当立即摆出正面自然站立造型。评委不会下令摆这个造型，因为你应当直接摆出该造型。

为了准确地摆出正面自然站立造型，要面向评委。在摆任何造型的时候，要从上往下地确认一下各个身体部位处在正确的位置。在面向评委时，双脚分开站立，脚趾略微外转以突出股四头肌的形状。双脚用力蹬地来收缩股四头肌，蹬地时想象要把地板踩穿一样。略微向后移动髋部，以便股四头肌上侧产生分离。接下来，要尽可能高地上提胸腔，并且尽可能地收腹。想象自己是在尽力用肚脐去接触脊柱。展开背阔肌，并将双臂伸出至体侧，与躯干约呈 45 度角。肩胛骨下沉，下巴抬起，并力争在所有的造型中面部都露出放松的神情。

健美（男子和女子）

侧面自然站立

　　完成正面自然站立造型之后，评委将会说："转体 1/4 周。"转体后始终都要保持躯干向右转体。然后直接摆出侧面自然站立造型。

摆侧面自然站立造型时首先面向舞台侧面。你的双脚应当并拢或者近乎并拢。略微地弯曲距离评委最近的膝盖并且收缩臀肌。胸腔下沉或者让其处于中立位，收缩腹肌并尽可能地收腹。收缩胸大肌并非常小幅地转动肩膀以展示给评委。用靠近舞台后侧的手臂轻轻地推后侧的胸大肌。抬起下巴并面向舞台侧面。在摆侧面自然站立造型时不要看评委。

背面自然站立

完成侧面自然站立造型之后，评委会再说一次："向右转体 1/4 周。"接着你应当面向舞台的后侧，背对着评委，并立即摆出背面自然站立造型。首先双脚分开，略窄于肩膀。脚趾略向外侧转动，以便从后面就可以看到大腿外侧的股四头肌。膝盖稍微弯曲一点，并且通过想象向后踩脚后跟来收缩腘绳肌。接着你应当非常小幅地挤压和收缩臀肌。将双臂伸至体侧，与躯干约呈 45 度角，在此过程中展开并收缩背阔肌。略向后仰并抬头。

完成背面自然站立造型之后，评委将会再说一次：“转体 1/4 周。”这时，在转体面向另一个方向后立即摆出侧面自然站立造型。

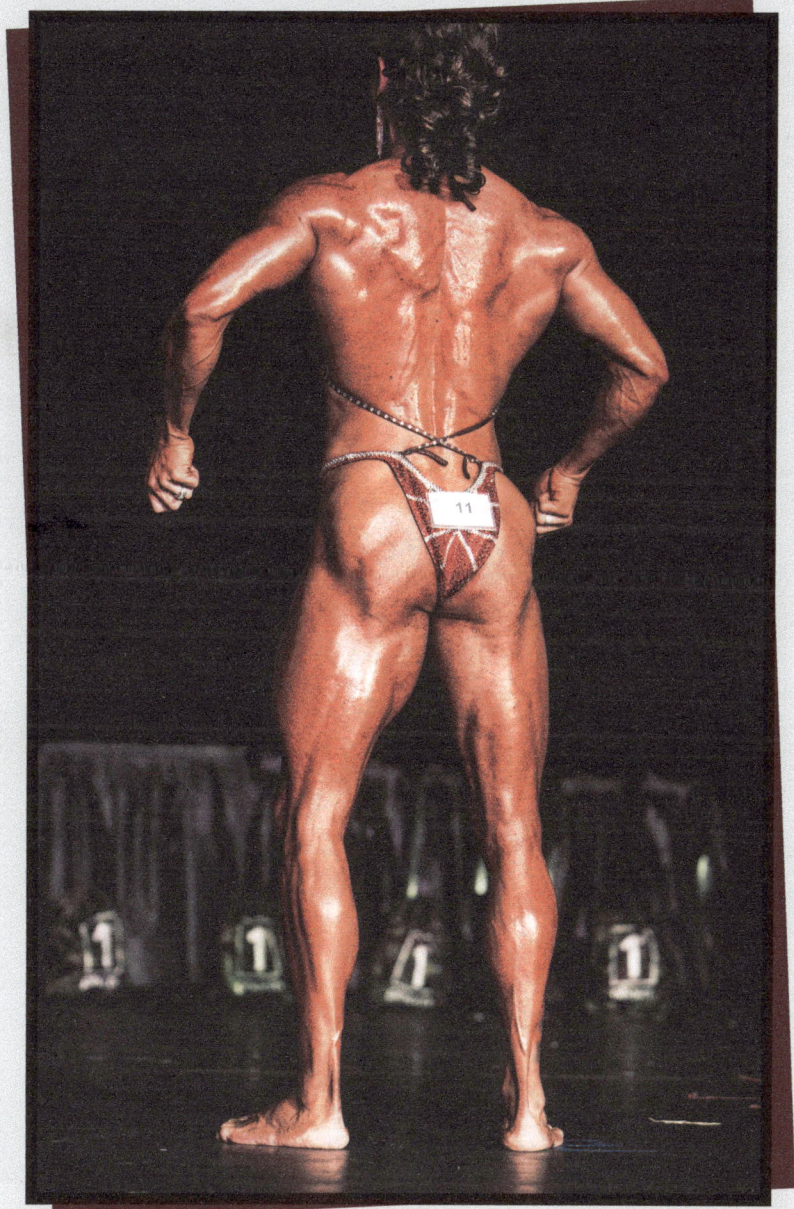

前展双肱二头肌

在规定造型回合中，评委通常会命令先摆出前展双肱二头肌造型。你可以以两种方式摆放双脚。你可以保持双脚不动，就像正面自然站立造型中的那样，或

者你也可以将一条腿向前移动来展示股四头肌。在尽可能收腹的过程中上提胸腔。举起双臂，并且双肘稍微位于躯干的前方，收缩肱二头肌。下巴抬起，肩膀下沉。

前展背阔肌

　　摆前展背阔肌造型时，首先按正面自然站立造型中的方式放置。收缩股四头肌，并且向后移动髋部。胸腔上提并收腹。双手放在身体两侧，正好位于髋部上方，并且握紧拳头。尽可能宽地展开背阔肌。挺胸、肩膀下沉并抬起下巴。摆该造型时的一个常见错误是试图收缩背阔肌。然而，背阔肌不需要被收缩，而是展开。

健美（男子和女子）

侧展胸部

完成前展双肱二头肌和前展背阔肌造型之后，评委将会让你转体 1/4 周，面向舞台侧面。通常评委下令摆的第一个造型是侧展胸部造型。在该造型时，将距离评委最近的那只脚的脚后跟抬离地面，接着略微下蹲：你的大腿应当与地面呈

35 ～ 55 度角。移动距离评委最远的膝盖，并让它轻轻地顶在另一条腿上。收缩距离评委最近的腘绳肌和臀肌。在收缩腹肌和肋间肌并尽可能收腹的同时，让胸处于中立位。在体前握住双手，并在极小幅地向评委方向转体的过程中收缩胸大肌。保持肩膀下沉并抬起下巴。

侧展肱三头肌

　　摆侧展肱三头肌时，首先将双脚和双腿按侧展胸部造型中的方式放置。不过，侧展肱三头肌造型中，不是在身前握住双手，而是在身后握住双手。你也可以采用手指相扣或者用舞台后侧的手握住另一只手的腕部的方式。在尽可能收腹的同

时，收缩腹肌和肋间肌，在此过程中要保持躯干处于直立姿势。向评委微微地展
开身体，你的目标应当是将肱三头肌突出地展现给评委。不要耸肩膀，这是一个
常见的错误。注意抬起下巴。

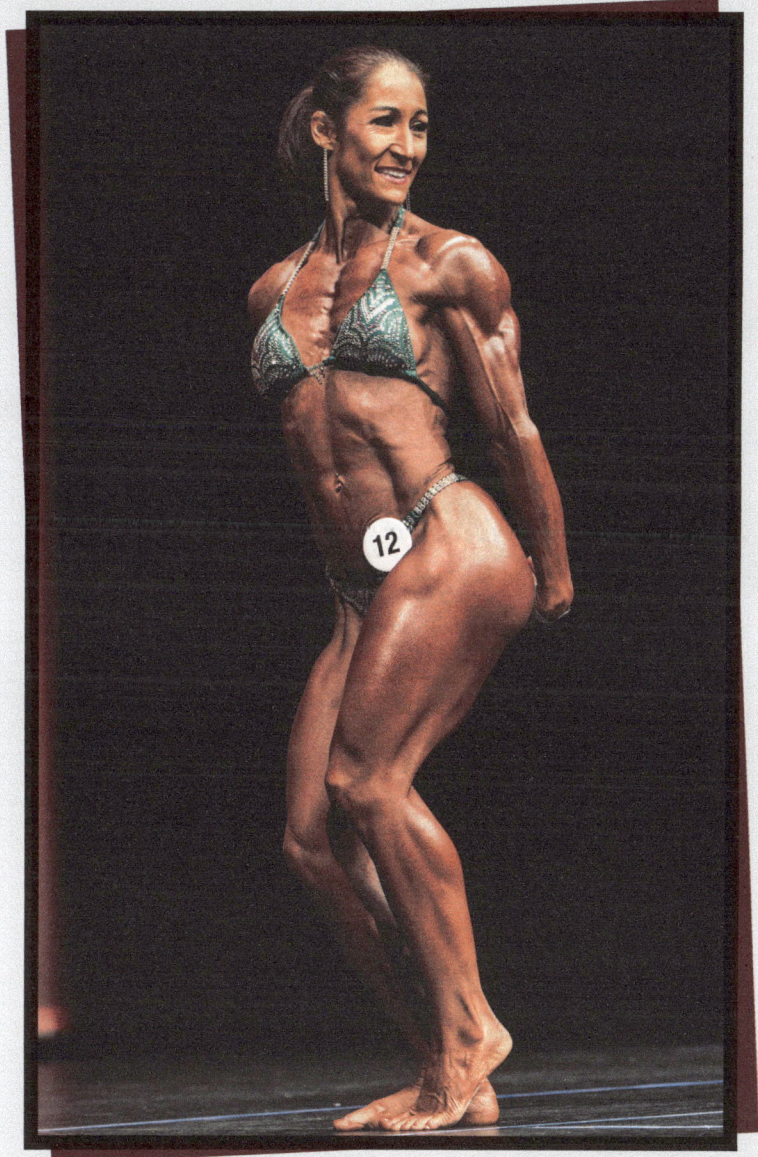

健美（男子和女子）

后（背）展双肱二头肌

　　完成了规定的侧展造型之后，评委将会让你向舞台后侧转动 1/4 周。通常，他们会喊出背展双肱二头肌造型的名称，有时候也称之为后展双肱二头肌造型。将一只脚放在身后并上提小腿。有时候评委会指定你应当上提哪条小腿。如果他们没有指定将哪只脚放在后面，那么选择自己觉得最舒服的一只脚即可。将脚放在

另一只脚后方的 25 ～ 38 厘米处。你的双膝应当略向外转并稍微弯曲。通过双脚踩地来收缩两边的腘绳肌，仿佛你在试图做屈腿练习一样。略收缩和挤压臀肌。双臂从体侧伸出，并收缩肱二头肌和背部的所有肌肉。你不应当将肩胛骨挤压在一起。相反，让它们张开，这样你的背部就会显得比较宽阔。略向评委方向后仰。

后（背）展背阔肌

　　开始摆背展背阔肌（有时候称作后展背阔肌）造型时，腿的姿势与后（背）展双肱二头肌造型相同。将一只脚放在身后并上提小腿。有时候评委会指定你应当上提哪条小腿。如果他们没有指定将哪只脚放在后面，那么选择自己觉得最舒服的一只脚即可。将脚放在另一只脚后方的 25 ～ 38 厘米处。你的双膝应当略

向外转并弯曲一些。通过双脚踩地来收缩两边的腘绳肌，仿佛你在试图做屈腿练习一样。略收缩和挤压臀肌。将双手放在身体两侧，正好位于髋部上方，并用大拇指捏住，在此过程中略向后仰。打开肩胛骨并展开背阔肌。挺胸。在摆该造型时，要收缩背阔肌，这正好与前展背阔肌相反，前展背阔肌时不需要收缩背阔肌。肩膀下沉，不要耸肩，因为耸肩会削弱背部的肌肉发达感。注意抬起下巴。

双手抱头前展腹部
（或前展腹部和大腿）

　　完成后展造型之后，评委可能会让你在另一侧摆侧展胸部和侧展肱三头肌造型。接着他们会让你转回到正面，摆出双手抱头前展腹部的造型。该造型有时候也称作"前展腹部和大腿"。摆该造型时，可以将一条腿放在另一条腿的前面并收紧小腿。有时候评委会指定他们想看哪条腿在前。如果他们没有指定将哪条腿放在前面，那么摆出你感觉最舒服的站姿即可。收缩两条腿上的股四头肌，但是要确保突出地展示前腿上的股四头肌。抬起双手并将它们放在头后面。接着在上体下压帮助肌肉收缩的同时，尽可能用力地收缩腹肌。收缩胸大肌和手臂肌肉，并且让双臂尽可能地靠近头部。

健美（男子和女子）

双手搭髋全身肌肉表现造型

　　摆双手搭髋全身肌肉表现造型时，首先按正面自然站立造型中那样放置，并收缩髋部后侧和股四头肌。在收缩腹肌的过程中使胸腔下沉。将双手移到身体两侧，并通过用力压髋部来收紧胸大肌和双臂肌肉。肩膀下沉。体形很棒或者肩膀发育很好的参赛者摆出这类全身肌肉表现的造型时，往往会看起来很棒。

蟹式全身肌肉表现造型

蟹式全身肌肉表现造型是在提到"全身肌肉表现"造型时大多数人会想到的造型。在该造型中，你将一条腿放在前面并收缩股四头肌。在上提胸腔和收腹的

同时，要吸入尽可能多的空气。在将双臂移至体前并同时收缩肱二头肌、肩部肌肉、斜方肌和胸大肌的过程中，略微俯身。胸部、斜方肌和手臂的整体肌肉围度不错的参赛者摆出这类全身肌肉表现的造型时，往往会看起来很棒。

双手紧握全身肌肉表现造型

　　摆双手紧握全身肌肉表现造型时，首先将双腿像正面自然站立造型中那样放置。在胸腔处于中立位的前提下，收缩腹肌并收腹。将双手移至体前并紧靠（握）

在一起。双手压在一起来收缩双臂肌肉、胸大肌和肩部肌肉。注意不要向内收肩膀，否则会让你看起来更加窄小。精瘦的参赛者摆这类全身肌肉表现造型时，往往会看起来不错，因为它突出展示了身体所有部位的肌肉。

古典健体（男子）

正面自然站立

  当首次与其他参赛者一起走上舞台时，你们将会排成队，此时你应当立即摆出正面自然站立造型。评委不会下令摆这个造型，因为你应当直接摆出该造型。

  为了准确地摆出正面自然站立造型，要面向评委。在摆任何造型的时候，要从上往下地确认一下各个身体部位处在正确的位置。在面向评委时，双脚分开站立，脚趾略微外转以突出股四头肌的形状。双脚用力蹬地来收缩股四头肌，蹬地时想象要把地板踩穿一样。略微向后移动髋部，以便股四头肌上侧产生分离。接下来，要尽可能高地上提胸腔，并且尽可能地收腹。想象自己是在尽力用肚脐去接触脊柱。展开背阔肌，并将双臂伸出至体侧，与躯干约呈 45 度角。肩胛骨下沉，下巴抬起，并力争在所有的造型中面部都露出放松的神情。

古典健体（男子）

侧面自然站立

完成正面自然站立造型之后，评委将会说："转体 1/4 周。"转体时始终都要保持躯干向右转体，然后直接摆出侧面自然站立造型。

摆侧面自然站立造型时首先面向舞台侧面。你的双脚应当并拢或者近乎并拢。略微地弯曲距离评委最近的膝盖并收缩臀肌。胸腔下沉或者让其处于中立位，收缩腹肌并尽可能地收腹。收缩胸大肌并非常小幅地转动肩膀以展示给评委。用靠近舞台后侧的手臂轻轻地推后侧的胸大肌。抬起下巴并面向舞台侧面。在摆侧面自然站立造型时不要看评委。

背面自然站立

完成侧面自然站立造型之后，评委会再说一次："向右转体 1/4 周。"接着你应当面向舞台的后侧，背对着评委，并立即摆出背面自然站立造型。首先双脚分开，略窄于肩膀。脚趾略向外侧转动，以便从后面就可以看到大腿外侧的股四头肌。膝盖稍微弯曲一点，并且通过想象向后踩脚后跟来收缩腘绳肌。接着你应当非常小幅地挤压和收缩臀肌。将双臂伸至体侧，与躯干约呈 45 度角，在此过程中展开并收缩背阔肌。略向后仰并抬头。

完成背面自然站立造型之后，评委将会再说一次："转体 1/4 周。"这时，在转体面向另一个方向后立即摆出侧面自然站立造型。

前展双肱二头肌

　　在规定造型回合中，评委通常会命令先摆出前展双肱二头肌造型。你可以以两种方式摆放双脚。你可以保持双脚不动，就像正面自然站立造型中的那样，或者你可以将一条腿向前移动来展示股四头肌。在尽可能收腹的过程中上提胸腔。举起双臂，使双肘稍微位于躯干的前方，并收缩肱二头肌。下巴抬起，肩膀下沉。

古典健体（男子）

侧展胸部

完成前展双肱二头肌造型之后，评委将会让你转体 1/4 周，面向侧面。通常评委下令摆的第一个造型是侧展胸部造型。上提距离评委最近的小腿，并略微下蹲。你的大腿应当与地面呈 35 ~ 55 度角。移动距离评委最远的膝盖，并让它轻轻地顶在另一条腿上。收缩距离评委最近的腘绳肌和臀肌。在收缩腹肌和肋间肌并尽可能收腹的同时，让胸处于中立位。在体前握住双手，并在极小幅地向评委方向转体的过程中收缩胸大肌。保持肩膀下沉并抬起下巴。

后（背）展双肱二头肌

完成了规定的侧展造型之后，评委将会让你向舞台后侧转动 1/4 周。通常，他们会喊出背展双肱二头肌造型的名称，有时候也称之为后展双肱二头肌造型。将一只脚放在身后并上提小腿。有时候评委会指定你应当上提哪只小腿。如果他们没有指定将哪只脚放在后面，那么选择自己觉得最舒服的一只脚即可。将脚放在另一只脚后方的 25 ~ 38 厘米处。你的双膝应当略向外转并稍微弯曲。通过双脚踩地来收缩两边的腘绳肌，仿佛你在试图做屈腿练习一样。略收缩和挤压臀肌。双臂从体侧伸出，并收缩肱二头肌和背部的所有肌肉。在将一只手臂抬得比另一只手臂稍微高一些的过程中，保持双手微张。你不应当将肩胛骨挤压在一起，相反，让它们张开，这样你的背部就会显得比较宽阔。略向评委方向后仰。

古典健体（男子）

古典健体（男子）

双手抱头前展腹部
（或前展腹部和大腿）

完成后展造型之后，评委可能会让你在另一侧摆侧展胸部和侧展肱三头肌造型。接着他们会让你转回到正面，摆出双手抱头前展腹部的造型。该造型有时候也称作"前展腹部和大腿"。摆该造型时，首先将一条腿放在另一条腿的前面并收紧小腿。有时候评委会指定他们想看哪条腿在前。如果他们没有指定将哪条腿放在前面，那么伸出你感觉最舒服的腿即可。收缩两条腿上的股四头肌，但是要确保突出地展示前腿上的股四头肌。抬起双手并将它们放在头后面。接着在上体下压帮助肌肉收缩的同时，尽可能用力地收缩腹肌。收缩胸大肌和手臂肌肉，并且让双臂尽可能地靠近头部。

最喜欢的古典造型

　　古典健体组与其他组别的不同之处在于规定造型的其中之一可以自由选择。我们鼓励参赛者选择富有创意的造型；不过，我们也推荐选择一个最能展示体形优点的造型。这里列举 3 种可行的选择，你也可以选择其他造型来作为最喜欢的古典造型。通常，唯一不允许作为最喜欢的古典造型的造型是全身肌肉表现造型。参赛者应同许可机构核查哪些造型不能用作最喜欢的古典造型。

古典健体（男子）

男子健体

前展造型

　　男子健体组的第一个造型是前展造型。该造型有多种摆放方式。你应当双脚朝向评委站立，且双脚分开至大约与肩同宽。极力地收缩腹肌，因为腹肌是男子健体被评判的主要部位之一。接着你应当小幅地扭转髋部，这样会给人一种腰更细的错觉。转幅不要太大，否则评委可能会要求你面向前方。确保展开你的背阔肌。你的双手接着可以伸到身体两侧，或者你可以让一只手握拳并搭在髋上。抬起下巴并下沉肩膀，面露真诚的笑容。

男子健体

侧展造型

　　完成了前展造型之后，评委将会让你向右转体 1/4 周。接着你要摆出侧展造型。摆该造型时，你应当转体以面向舞台侧面，让髋部正对舞台的侧面。接着在用力收缩腹肌和肋间肌的同时，旋转肩膀来面向评委。你可以将双臂置于身体两侧或者一只手握拳并搭在髋部上面。将头朝向评委并抬起下巴，面露真诚的笑容。

男子健体

后展造型

　　完成侧展造型之后，你将会被要求再转体 1/4 周，面向舞台的后侧摆出后展造型。你应该让你的双脚和髋部正对舞台的后方。尽可能高地上提胸腔，并收缩背阔肌以展示它们。你的双臂应当在体侧伸展，与躯干约呈 45 度角。你可以选择将双臂位于身体两侧或一只手握拳并搭在髋部上面。略向后仰并抬头。

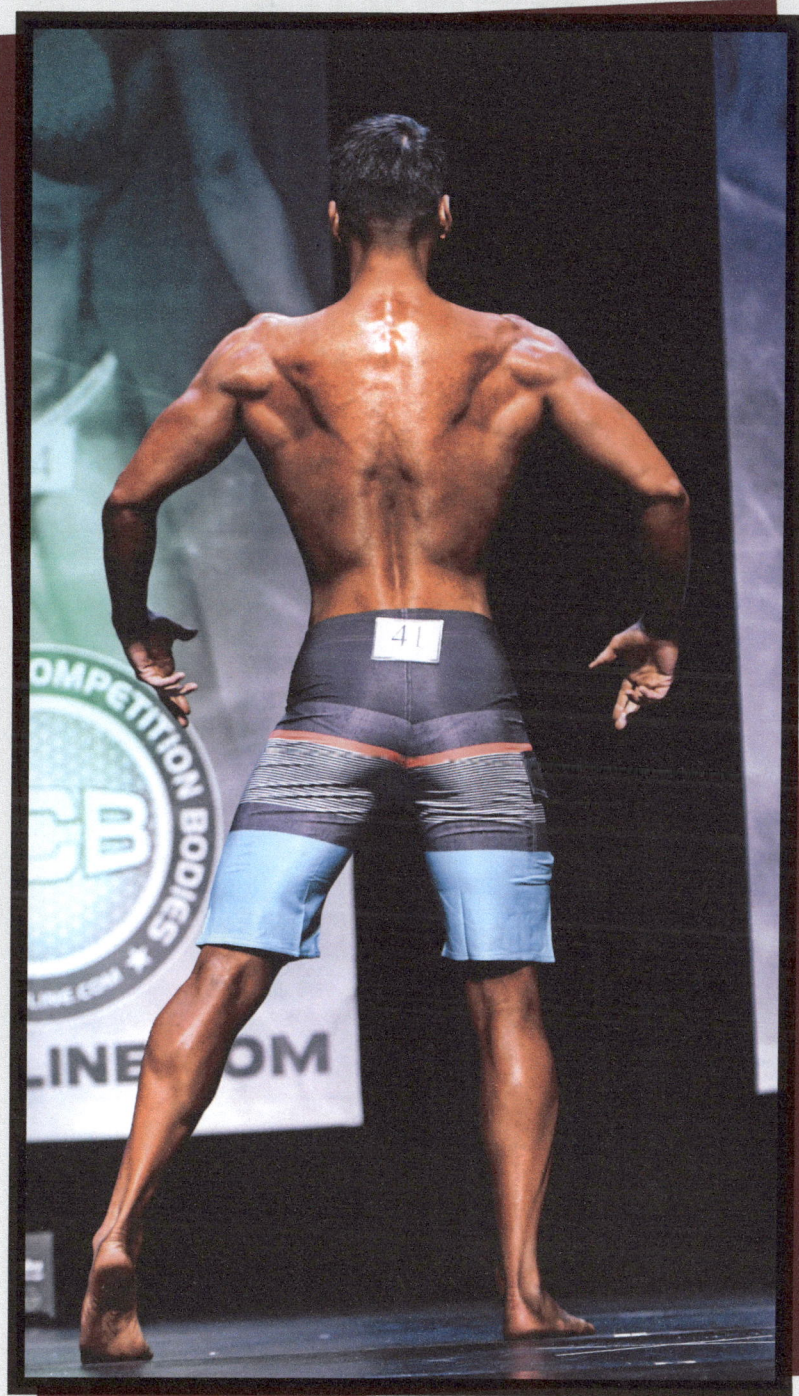

女子健体

正面自然站立

　　当首次与其他参赛者一起走上舞台时，你们将会排成队，此时你应当立即摆出正面自然站立造型。评委不会下令摆这个造型，因为你应当直接摆出该造型。

　　为了准确地摆出正面自然站立造型，要面向评委。在摆任何造型的时候，要从上往下地确认一下各个身体部位处在正确的位置。在面向评委时，双脚分开站立，脚趾略微外转以突出股四头肌的形状。双脚用力蹬地来收缩股四头肌，蹬地时，想象要把地板踩穿一样。略微向后移动髋部，以使股四头肌上侧产生分离。接下来，要尽可能高地上提胸腔，并且尽可能地收腹。想象自己是在尽力用肚脐去接触脊柱。展开背阔肌，并让双臂伸出至体侧，与躯干约呈 45 度角。肩胛骨下沉，下巴抬起，并力争在所有的造型中面部都露出放松的神情。

侧面自然站立

　　完成正面自然站立造型之后，评委将会说："转体 1/4 周。"转体时始终都要保持躯干向右转体。然后直接摆出侧面自然站立造型。

　　摆侧面自然站立造型时首先面向舞台侧面。你的双脚应当并拢或者近乎并拢。略微地弯曲距离评委最近的膝盖并且收缩臀肌。胸腔下沉或者让其处于中立的，收缩腹肌并尽可能地收腹。收缩胸大肌并非常小幅地转动肩膀以展示给评委。用靠近舞台后侧的手臂轻轻地推后侧的胸大肌。不要握拳。抬起下巴并面向舞台侧面。在摆侧面自然站立造型时不要看评委。

背面自然站立

　　完成侧面自然站立造型之后，评委将会说："向右转体 1/4 周。"你应当面向舞台的后侧，背对着评委，接着立即摆出背面自然站立造型。首先双脚分开，略窄于肩膀。脚趾略向外侧转动，以便从后面就可以看到大腿外侧的股四头肌。膝盖稍微弯曲一点，并且通过想象向后踩脚后跟来收缩腘绳肌。接着你应当非常小幅地挤压和收缩臀肌。将双臂伸至体侧，与躯干约呈 45 度角，并张开手掌，不要握拳，在此过程中展开并收缩背阔肌。略向后仰并抬头。

　　完成背面自然站立造型之后，评委将会再说一次："转体 1/4 周。"你需转向另一侧并摆出侧面自然站立造型。

女子健体

前展双肱二头肌

在规定造型回合中，评委通常会命令先摆出前展双肱二头肌的造型。你可以以两种方式摆放双脚。你可以保持双脚不动，就像正面自然站立造型中的那样，或者你可以将一条腿向前移动来展示股四头肌。在尽可能收腹的过程中上提胸腔。举起双臂，并且双肘稍微位于躯干的前方。收缩肱二头肌，同时双手微张，一只手臂要比另一只手臂抬得略高一些。抬起下巴，肩膀下沉。

伸腿侧展胸部

　　完成前展双肱二头肌造型之后，评委将会让你转体 1/4 周，面向侧面。通常第一个摆的是伸腿侧展胸部造型。在该造型中，完全伸展距离评委最近的腿并收缩股四头肌。另一条腿微微弯曲，此时你的大腿应当与地面呈 35 ~ 55 度夹角。在收缩腹肌和肋间肌并尽可能收腹的同时，让胸处于中立位。将双手伸到体前，双臂笔直伸出，并在极小幅地向评委方向转体的过程中收缩胸大肌和肱三头肌。肩膀下沉并抬起下巴。

伸腿侧展肱三头肌

　　摆伸腿侧展肱三头肌造型时，首先将双脚和双腿按伸腿侧展胸部造型中的方式放置，即一条腿完全伸展并且股四头肌处于收缩状态。不过，不是在体前握住双手，而是在身后握住双手。你也可以采用手指相扣或者用靠近舞台后侧的手握住另一只手的手腕部的方式。在尽可能收腹的同时，收缩腹肌和肋间肌，在此过程中要保持躯干处于直立姿势。向评委微微地展开身体，你的目标应当是将肱三头肌突出地展现给评委。不要耸肩膀，这是一个常见的错误。注意抬起下巴。

女子健体

后（背）展双肱二头肌

　　完成了规定的侧展造型之后，评委将会让你向舞台后侧转动 1/4 周。通常，他们接着会喊出背展双肱二头肌造型的名称，有时候也称之为后展双肱二头肌造型。将一只脚放在身后并上提小腿。有时候评委会指定你应当上提哪条小腿。如果评委没有指定将哪只脚放在后面，那么选择自己觉得最舒服的一只脚即可。将脚放在另一只脚后方的 25 ～ 38 厘米处。你的双膝应当略向外转并稍微弯曲。通过双脚踩地来收缩两边的腘绳肌，仿佛你在试图做屈腿练习一样。略收缩和挤压臀肌。双臂从体侧伸出，并收缩肱二头肌和背部的所有肌肉。一只手臂抬得比另一只手臂稍微高一些并保持双手微张。你不应当将肩胛骨挤压在一起。相反，让它们张开，这样你的背部就会显得比较宽阔。躯干略向评委方向后仰。

女子健体

女子健体

双手抱头前展腹部
（或前展腹部和大腿）

　　完成后展造型之后，评委可能会让你在另一侧摆侧展胸部和侧展肱三头肌造型。接着他们会让你转回到正面，摆出双手抱头前展腹部的造型。该造型有时候也称作"前展腹部和大腿"。摆该造型时，首先将一条腿放在另一条腿的前面并收紧小腿。有时候评委会指定他们想看哪条腿在前。如果他们没有指定将哪条腿放在前面，那么伸出你感觉最舒服的腿即可。收缩两条腿上的股四头肌，但是要确保突出地展示前腿上的股四头肌。抬起双手并将它们放在头后面。接着在上体下压帮助肌肉收缩的同时，尽可能用力地收缩腹肌。收缩胸大肌和手臂肌肉，并且让双臂尽可能地靠近头部。

形体（女子）

前展造型

　　在形体（女子）组中，你要摆的第一个造型是前展造型。首先，你应当并拢双脚。你的股四头肌应当处于收缩状态，髋部略向后移。胸腔上提并尽可能地收腹。背阔肌应当处于展开状态，双臂体侧伸出，与躯干呈 35～45 度角。双臂应当弯曲，但不要显得僵硬。肩膀下沉并抬起下巴，面露真诚的笑容。

形体（女子）

形体（女子）

侧展造型

　　前展造型之后，你将要向右转体 1/4 周面向舞台的侧面来做侧展造型。双脚并拢并收缩股四头肌、腘绳肌和臀肌。胸腔上提并收腹。双臂弯曲但并不要显得僵硬。向评委微微地展开躯干。抬起下巴并放低肩膀。在摆侧展造型时，要保持微笑但不要将头转向评委。

形体（女子）

后展造型

　　形体（女子）组中，摆后展造型时首先应当双脚并拢，并且如果头发垂于背部，那么应当将它撩开，搭在身前，这样评委便能够看见你的整个背部。收缩腘绳肌和臀肌，并且髋部略向后移。移动髋部会导致臀部上的皮肤绷紧，这一点很重要。在收缩和展开背阔肌的同时上提胸腔。双臂弯曲但不要显得僵硬。肩膀应当下沉并上抬下巴。

形体（女子）

比基尼（女子）

前展造型

　　当摆比基尼（女子）组中的前展造型时，目标是在展示肩膀宽度的同时，尽可能地使腰部的视觉宽度最小。这正是比基尼摆造型的微妙之处和个体性发挥关键作用的地方。双脚大约与肩同宽摆放。将髋部移动至一侧。这会最大化地展现身体的曲线。尽可能地收腹并且将髋部转离评委来展示腰的最窄部分。如果可能的话，不要让髋部正对评委。在将肩膀正对评委的过程中上提胸腔。你的双臂可以放在体侧或者一只手略微握拳并搭在髋部上面。务必要微笑并表现出自信。

比基尼（女子）

后展造型

　　比基尼组中的后展造型与前展造型一样地微妙。当评委让你转半周时，你应当流畅地转向舞台后侧。你面向舞台后侧时，你的双脚应当分开至大致与肩同宽或者略宽一些。如果你的头发垂于背部，那么你应当将它撩开并搭在身体前方以展示背部肌肉。向后移动髋部来收紧腘绳肌和臀肌，但是不要俯身。拱起背部，同时挺胸并上提胸腔部。略收缩背部和双臂肌肉，同时又显得轻松自然。

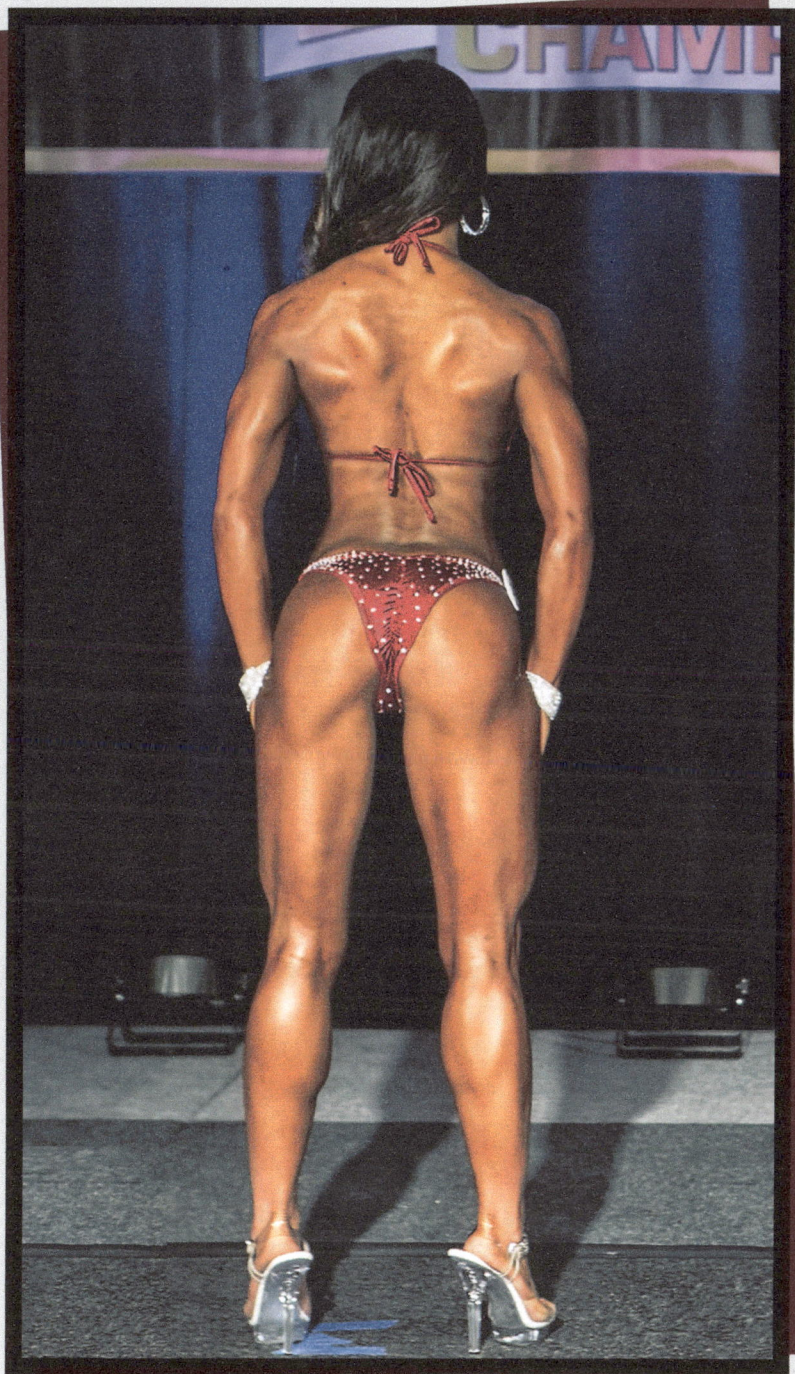

比基尼（女子）

自由造型和 T 台走秀

每场健美比赛都将会有一个自由造型和 T 台走秀环节。根据你所参加的比赛的许可机构，该环节可能会有所不同。在有些许可机构中，自由造型是强制性的，在有些许可机构中，它们是选择性参加的，而其他许可机构只允许前 5 名参与该环节。具体情况需要参赛者核查一下自己许可机构的规则。在大多数许可机构的比赛中，自由造型不接受评判，它们单纯地是为了娱乐。在少数几个许可机构的比赛中，自由造型会被评判和打分，所以重申一次，核查一下你所参赛的许可机构的规则。通常你不会同时进行自由造型和 T 台走秀。有些组别进行自由造型，有些则进行 T 台走秀。

自由造型

在男子及女子健美、古典健体和女子健体中有自由造型环节。

根据你参赛的许可机构，一般的自由造型的时长通常约为 60 ~ 90 秒。通常，你要自己选择音乐，并且需要准备一份音乐文件带到比赛现场。然而，这一点你要同比赛组织者进行确认，因为有些比赛会统一为所有人播放一样的音乐。

在自由造型期间，为了最佳地呈现自己的身体，你应当摆突显自己强项并隐藏自己弱项的造型。例如，如果你的背部肌肉薄弱，但是胸部肌肉和股四头肌不错，那么自由造型中多摆一些前展造型，即使有后展造型也要非常少。要力争摆你认为是最好的造型，同时要避开最差的造型。造型之间的切换应当流畅并且看起来不费力。要有一套造型可以轻易被摆出并且造型之间可快速切换的计划。

通常自由造型时间要较短，造型要好，自由造型环节才能突显你的最佳部位，而不要让该环节持续得太久，导致暴露你的薄弱部位。你不需要用完所有规定的时间。如果你有 60 秒的时间，但是只需要 45 秒来完成自由造型，那么你可以向观众们挥手致意并走下舞台来结束造型。

T 台走秀

T 台走秀会在形体组、男子健体组和比基尼组中进行。T 台走秀不同于自由造型，但是二者的目标都是通过摆出突显自己强项并隐藏自己弱项的造型来最佳地呈现自己的身体。力争摆出效果最好的造型，避免摆效果最差的造型。

T 台走秀的名称源于你走过舞台的点位。对于自由造型，你可以使用整个舞台；然而，对于 T 台走秀，舞台上有具体的标记，你在这些标记处必须停住并摆造型。对于如何登台以及从哪登台，每场比赛都有一套略微不同的规则。因此，要灵活变通。

舞台后方的中间通常有一个点位，将会在这里摆第一个造型。你不必摆任何具体的造型；相反，你可以在每个规定的点位处摆能突显自己体形的造型。第一个造型之后，你通常需要走向舞台前方的中间，或向左或向右转向，走到下一个点位。如前所述，你走秀的确切顺序取决于比赛推销商或者许可机构。然而，你要到达的点位将会是舞台后方中间、舞台前方中间、舞台左方和舞台右方。你应该为每个点位准备一两个造型。大多数 T 台走秀的规定时间为 60 ~ 90 秒。确保你知道自己所参加的比赛的规定时间并相应地加以利用。

有效地练习摆造型

当为健美比赛做准备时，练习摆造型是让自己取得成功的关键。通常，人们投入了很长的时间来为比赛进行练习，但是他们实际上并没有有效地练习。你不仅应当努力地练习摆造型和投入足够的时间，还应当准确地知道付出这些努力和时间是为了要实现什么。这正是大多数参赛者出错的地方。让我们来看一下练习合理摆造型的两个关键点以及执行它们的方式。

练习摆造型的技巧

通常，接触健美不久的参赛者会花费大量的时间练习摆造型，并确保他们能够长时间地保持同一造型；然而，他们所保持的造型并不准确，并且将会让他们在舞台上失分。在这种情况下，他们投入的所有的时间和努力都白费了。

在你专注于能够保持造型之前，先要练习如何有效地摆造型。尽管我们在前面的小节中简要描述了如何摆造型，但是这只是如何摆造型的基本描述。摆造型与试衣服非常类似：虽然衬衫或者裤子的裁缝方式可能相同，但是它穿在不同的身体上时，视觉上的微妙之处可能会会让它看起来非常合身或者不合身。

为了优化造型效果，你必须要练习。以我们之前所列的基础造型示例开始，接着再尝试做出轻微的调整来看一下效果。这只不过是一个反复试验的过程。例如，看一下如果双手举得略高或者略低一些、双肘放得略微靠前或者靠后一些、双脚向内或者向外转一些效果会如何，这些小变化都会对不同的人产生深刻的影响。练习摆造型技巧的目标是找到每个造型中展示体形的最佳方式。其中的关键是不断尝试。

我们推荐至少从比赛准备的第一天，或者最好在休赛季就开始练习摆造型的技巧。每天花费至少 10 ~ 15 分钟来尝试不同的技巧。在练习摆造型的这一阶段，你无须注意保持造型。相反，只是练习不同的手部、脚部和肘部的摆放方式，或者甚至是尝试弯曲不同身体部位的各种方式。随着时间的推移，你将会发现让你看起来最棒的摆放方式。

常见问题：我应该穿着造型服装练习摆造型吗

是的，你应当穿着服装练习摆造型。站在舞台上对于许多人来说都会感到不自在。你应当让一切都尽可能地接近比赛日的情况，这样当你真正登上舞台时就会感到非常自在。

提高摆造型时的体能

在整个比赛准备期间甚至在休赛季内都要练习摆造型的技巧。然而，从比赛前 8 周开始，你的练习重点应当从摆造型的技巧转移到提高摆造型时的体能上面。这种训练能让你在舞台上保持造型的时候不会体力不支。这一点不常被谈及，但是这通常是比赛准备中折磨人的一部分。摆造型会让人筋疲力尽和痛苦不堪。如果你练习没有成效，那么你将无法在不疲劳的前提下在舞台上收缩肌肉和保持造型。经常看到某个参赛者登上舞台时光彩照人。然而，随着比赛的推进，你可能会看到他开始显得逊色，因为他累了，由于太过疲劳而无法继续收缩肌肉。很多时候，最后你还会看到参赛者开始颤抖。为了避免这种情况，你必须要练习。

下面是我们针对如何提高摆造型时的体能而提供的练习方法。

设置

由于你已经在练习摆造型的技巧，所以你应当能够轻易地摆出每个造型。在比赛准备的提高摆造型时的体能阶段，要开始不照镜子练习摆这些造型。舞台上面没有镜子，所以你需要开始学习如何在不看自己的前提下摆造型。我们推荐放置一台摄像机或者用智能手机来记录你的练习过程。这样，你可以在不看自己的前提下摆造型，但是你随后可以观看录像来了解自己犯的错误。

执行

摆造型体能练习的重点是在一定的时间内不间断地摆造型。我们推荐你直接模拟比赛日的情景。这意味着要练习自然站立和规定造型，因为评委会在比赛日命令摆它们。每次你摆出一个造型，然后放松的时候你应当返回至自然站立造型。你需要强迫自己努力地保持造型，就像在比赛日一样。持续反复地练习所有的造型，直到时间用完为止。

时机

我们推荐，在距离比赛还有 8 周的时候，你可以先从每天持续摆 9 分钟的上述造型开始。这应当有一定困难，却是可以做到的。从这时起，你应当力争每隔 4 天增加 1.5 分钟的时间。这意味着在 4 天之后，你开始每天摆 10.5 分钟的造型；到了第 8 天，你开始每天摆 12 分钟的造型；并且从第 12 天开始，你每天将要摆 13.5 分钟的造型，以此类推。如果你坚持按照这种方式练习，那么等到了比赛日，你应当能够持续地摆 30 分钟的造型。如果你在摆造型体能练习期间严格要求自己，那么你将做好充分的准备来应对评委在比赛日抛给你的任何难题。

常见问题：我应当在桑拿房中摆造型吗

人们在桑拿房中摆造型以减去身体水分。如果目的是这个，那么我们不建议这样做。不过，在桑拿房或者在浴室中淋着热水摆造型有助于你在炎热环境中摆造型。舞台上的灯光通常会导致你出汗。对于大多数习惯在低温环境摆造型的参赛者来说，这可能是一种全新的感受。如果你要在桑拿房中摆造型，那么只要确保稍微缩短自己摆造型的时长并保持身体水分充足即可。

本章要点

▶ 准确的摆造型可能会决定你在比赛中的名次。因此，要明确在自己的组别中评委对每个造型所期望的是什么。

▶ 在大多数比赛中，你还需要为自由造型或者 T 台走秀环节做准备。参加男子及女子健美、古典健体和女子健体的参赛者要进行自由造型，但是参加男子健体、形体和比基尼的参赛者要进行 T 台走秀。不同许可机构之间自由造型和 T 台走秀的细节可能会有所不同，所以要咨询比赛的细节以获取更多的信息。

▶ 摆造型练习对于舞台上的成功至关重要。在休赛季或者在比赛准备伊始就要开始练习摆造型的技巧，以确保你在按照最适合自己体形的方式摆每个造型。在距离比赛还有 8 周的时候，开始重点提高摆造型时的体能，从此时起你摆造型的时间应越来越长，以确保你可以在比赛日应对评委抛给你的任何难题。

第8章

最后的润色和准备

参加比赛和作为参赛者之间是有区别的。真正的参赛者会想尽一切办法取得成功。他们光彩照人地登上舞台，让人确信他们真正地做好了准备。这一切都要归因于微小的细节。在比赛准备期间，为了持续向在比赛日看起来最棒的目标靠近，你的关注点应当是坚持执行营养和训练计划，并按需进行调整。然而，比赛准备期间的其他考虑因素应当在比赛日之前就解决完，这样比赛日才会进展得尽可能顺利。本章讲解了这些较少被谈及的比赛准备细节。

摆造型练习

正如在第 7 章中所讨论的，为了确保你按照展示体形的最佳方式摆造型，你应当在休赛季或者至少在比赛准备伊始就开始练习摆造型的技巧。一旦习惯了自己摆造型的技巧之后，那么便练习更长时间地保持造型。这将确保你能为比赛日会遇到的一切难题都做好准备。

造型音乐

你在比赛之前还需要编制出一套自由造型。不同组别和许可机构要求和允许的自由造型有所不同，所以弄清比赛的具体细节至关重要。此外，自由造型的重要性因许可机构而异。有些许可机构会评判自由造型（所以你需要更加注重练习自由造型），而有些许可机构则不评判自由造型。再者，有些比赛可能根本就不会让你进行自由造型，或者自由造型只是选择性进行的。

如果你要携带自己的音乐，那么要确保将自己的音乐整合在一起——在比赛日之前——剪辑出你计划摆自由造型时的配乐片段。大多数演出会要求你提供 CD 或者 MP3 格式的音乐文件。然而，有些比赛在所有参赛者摆自由造型期间可能只播放固定的音乐。当有疑问时，你应与你计划参赛的许可机构或者比赛方进行核查来获取更多的信息。

要选择你喜欢的音乐，但其中不要包含不当的语言。使用的音乐类型要根据你计划执行的造型和体形来定。例如，如果你是一个全身肌肉都非常发达的"肌肉怪兽"，那么类似硬摇滚的音乐将会是一个不错的选择。然而，如果你拥有更加优美的体形并计划摆出许多古典和非规定的造型，那么偏器乐的音乐可能更好。不过，音乐选择并没有对错之分，并且大多数时候自由造型并不接受评判，所以你可以自由地选择自己的音乐。

造型服装

每个组别的参赛者都会穿不同类型的造型服装。例如，比基尼参赛者的造型服装不同于形体参赛者，男子健体参赛者的造型服装不同于男子健美参赛者。同一组别的造型服装类型要求在不同的许可机构之间可能也会有差异。在订购服装之前先查阅一下许可机构所提供的信息。

如果你计划购买造型服装，那么至少要在比赛前12周订购。这样服装制造商才会有充足的时间接收服装尺码、制作服装并邮寄给你。然后你便会有足够的时间来试穿服装，并在需要修改的情况下，退回去修改。

造型服装可能价格不菲，尤其是女性参赛者的服装。为了降低成本，有些具有时尚感和缝纫技能的参赛者可能会自己制作服装。还有服装租赁服务可供那些寻求其他省钱方案的人使用。

鞋子

参加比基尼组和形体组中的女性需要购买透明的高跟鞋。通常，我们推荐10 ~ 13厘米的高跟鞋，因为它们可使双腿显得修长。许多女性可能不习惯穿这样的高跟鞋，所以在日常生活中更加频繁地穿高跟鞋来提高舒适度可能会有所帮助。归根结底，参赛者穿上高跟鞋时要足够舒服，这样当她在舞台上四处走动时才不会看起来很吃力，因为这会对名次产生负面影响。

首饰

比基尼组和形体组的参赛者应当购买能在舞台灯光下闪闪发光的首饰。舞台上佩戴的首饰可以被形容为"表面装饰"或"服装首饰"。然而，参赛者不用花很多钱就可以买到闪亮的首饰。那些对舞台首饰有疑问的人应当查阅许可机构所提供的资料，了解计划参加的比赛的组别分级或以前参赛者的图片和视频，或者两者都查询一下。

脱毛

为了在舞台灯光下展现肌肉细节，有必要脱除体毛。即便是纤细淡色的毛发也会影响参赛者在舞台上的外形效果，因此参赛者应当在比赛之前脱除体毛。有几种不同的脱毛方法可供使用，如剃刮除毛、涂蜡脱毛和激光脱毛等。

计划剃刮除毛的参赛者应当避免在临近比赛才进行第一次剃刮，尤其是有许多毛发要脱除的男性。刚开始剃刮通常会发生被剃刀刮伤或者割伤的情况，尤其是对于那些没有经验的人。因此，为了避免在比赛日身体上出现剃刀刮伤或者割伤，建议在比赛的前几周就开始剃刮。

美黑

理想的美黑类型取决于你的肤色、偏好和要参加的组别。通常，你的组别对外形要求越高，你就需要变得越黑，因为深色有助于在明亮的舞台灯光下展示出更多的细节。健美运动员需要变得极黑，而比基尼组的参赛者则应当力求实现外形在舞台灯光下更加自然。然而，对于大多数参赛者，即便是舞台上自然的外观也需要明显黑于正常的皮肤颜色。形体组或者男子健体组中的参赛者应当努力找到一个折中点。

美黑产品

美黑产品有许多种不同的选择，并且大多数比赛会提供收费的美黑服务。大多数美黑产品可归为两类。

油型产品

最常见的油型美黑产品是 Dream Tan。该产品不会被皮肤吸收或者很干爽，所以它并不是比基尼和男子健体组参赛者的理想之选。然而，由于产品含有油分，它确实会使皮肤呈现一种非常深的颜色和光泽。不是所有的比赛都允许使用 Dream Tan。务必核查比赛的规则来确认它是允许使用的。

染色剂型产品

与油型美黑产品不同，染色剂型产品会被皮肤吸收并且很干爽。它们黏附在皮肤上，并且染色效果可持续到比赛后的几天。最常见的染色剂型产品有 Pro Tan、Jan Tuna 和 Dark As。Pro Tan 和 Jan Tuna 往往使肤色在舞台灯光下更淡更自然（记住当不在灯光下时，肤色其实非常黑）。Dark As 会使肤更黑，就像油型产品一样。

常见问题：所有的比赛允许使用的美黑产品类型相同吗

不同比赛所允许的美黑产品类型可能会有所不同。有些许可机构或者比赛可能不允许使用油型产品。查阅有关比赛的具体信息来获取更多关于允许使用的美黑产品类型的信息。

其他的考虑因素

在登台前，使用染色剂型产品的参赛者需要在美黑剂上面涂抹一层亮油。大多数染色剂型产品会推荐与美黑产品一同使用的亮油产品。使用 Dream Tan 的参赛者不需要使用亮油，因为产品本身就已经含有亮油。（实际上，婴儿湿巾是在比赛后清除 Dream Tan 的一种好方法。）

在使用自己不习惯的特殊美黑产品之前，要提前实操一下，这样你便会知道关键时刻你将能够实现自己期望的外形。

常见问题：比赛之前我需要在晒黑床上晒一晒吗

对于大部分美黑产品，比赛之前没有必要在晒黑床上先晒黑。不过，我们建议遵从所选美黑产品的使用说明。

化妆和头发

女性参赛者上至脖颈都会使用美黑产品；脸部则覆以妆容。妆容肤色可能要明显黑于日常生活中所画的妆容以匹配美黑效果。此外，形体或者比基尼参赛者的头发需要按使之看起来更女性化的方式造型（如披肩发）。许多比赛现在都会提供化妆和头发造型服务（收费），这可以免除在比赛日参赛者自己做这些的压力。然而，这些服务很快就会被预订一空，并且预约可能会被排到比赛日之后。如果你打算使用这些服务，那么要准时赴约，这样你自己不会成为事情拖后的原因。

对于那些自己化妆的人，要提前准备好自己将要用到的物品。在购买化妆品之前先在手臂或者腿上抹一些自己的美黑产品。你应当试图使化妆品尽可能完美地匹配美黑色，并且宁可让妆容比美黑产品稍微淡一点，但是不能淡得太明显，以免在舞台上脸庞白皙但身上肤色为棕色。许多参赛者还会购买假睫毛和亮色的口红。总之，舞台妆整体要比日常生活中的夸张得多。

为了确保比赛日一切进展顺利，我们还鼓励自己做头发和化妆的参赛者提前练习。通常可从在线视频和教程中寻找创意和化妆提示。

男性可能还需要根据自己的发型确定比赛日的美发产品。头发可以按照与日常相同的方式造型。有胡须的参赛者应当确保胡须打理得很整洁。

其他细节

当你在为比赛做准备时，如果未能关注到你需要关注的细节，最好的情况可能是在比赛日给你带来不便，而最糟糕的情况可能是导致为比赛做了充分准备的你却不被允许参赛。正如精心安排饮食和训练的那样，要确保安排好其他的细节。

比赛报名表

比赛报名表需要在比赛之前以邮件形式发送。常规报名和晚报名（这通常更贵一些）都有截止日期。参赛者要在报名表上选择他们要参加的组别和级别。大多数比赛都允许参赛者参加一个以上的级别，只要参赛者具备资格并支付交叉费用即可。

常见问题：我应该在什么时候报名参加比赛

比赛报名的截止日期大约在比赛之前的 1～2 周。我们建议咨询演出推销商来确保赶上截止日期。由于截止日期通常临近比赛，所以参赛者可以充分地利用这一点。我们建议初次参赛者——或者是那些曾经没有塑造出舞台精瘦级体形的人——（如果有可能的话）选定多个比赛。这样，为了在比赛日展现舞台精瘦级的体形，参赛者可以在更加靠近比赛日期的时候选择自己将要参加哪场或者哪几场比赛。我们理解，由于日程、比赛地点和预算，这不是所有的参赛者都能实现的，但是我们仍然建议在你确定自己已经为比赛做好准备之前不要报名参加比赛。

许可卡

参赛者还需要购买许可卡，并且如果比赛要做药检，要安排药检的时间（检测通常在比赛的前一天进行）。许可卡通常在比赛签到处购买，并且药检时间可能要到临近比赛日才会确定。因此，这些事项可以在比赛报名之后完成。参赛者可咨询比赛的推销商来获取更多的信息。

出行及酒店安排

除非你是少数能够在本地参加比赛的幸运儿之一，否则你要在比赛之前安排出行。大多数比赛都提供打折的接待酒店。然而，如果你能在附近找到更好的选择，那么就不需要住在接待酒店。在预订酒店之前，要确保房间配备冰箱和微波炉，这样你可以在比赛前的最后几小时都坚持自己的饮食计划。

对于大多数在周六参赛的人，你们应当安排在周五抵达；然而，如果你要长距离地开车或者坐飞机，那么在周四抵达可能更好。这可以让久坐导致的水分平衡变化在你登台之前回到正常水平，以确保你看起来状态最佳。此外，早点到达可以减少压力并且让你有多一点的时间来处理比赛日之前的琐事。

本章要点

▶ 许多参赛者都会专注于营养摄入、训练、有氧运动和造型练习。然而，在比赛日之前还有一些较小的细节要处理。这包括选择音乐，安排药检和购买许可卡的时间，购买造型服装、鞋子和首饰，制订好在比赛日美黑、头发造型和化妆的计划，以及处理出行安排。

第 9 章

阐述高峰周

已经是周五晚上，你明天要参加健美比赛。你已经投入了数周甚至数月的艰苦努力。然而，你的脑海中只有一个想法："老天啊，请让一切顺利吧！"而并没有感到本该有的自豪和激动。

第二天早晨，你醒来后热切地走到镜子前。你的心一沉：镜子里面并不是一副好看的样子。一周前展现出的亮丽肌肉纹理现在消失不见了。取代饱满结实的腹肌的是柔软、平滑和松垮的肚皮。一切都变了样。

你希望到了后台并获得泵感之后情况会好转。你告诉自己："这个问题肯定能解决！"尽管你尽力说服自己你只需要获得泵感即可，但是你却情不自禁地每隔 10 分钟跑到镜子前面确认情况，希望会出现一些变化。但是并不会有变化。

随着登台时间的迫近，你走到后台，紧张地脱到只剩下造型短裤并开始寻找泵感。在拼命获得泵感的过程中，你开始意识到毫无变化。无论多么努力地尝试，你都无法获得泵感。

你无计可施，便与其他参赛者排成一队并登上舞台。你迅速地移动到舞台的尾部，并一直在那里待到了预赛结束。

在你沮丧地返回酒店的过程中，你在心里一直思考着究竟是哪里出错了。是因为钠离子流失了吗？是碳水化合物摄入太多或者太少了？是水分的原因吗？关于哪些可以做得更好，你完全没有头绪。

这种场景周复一周、年复一年地反复上演。健美运动员们通常在最后一周完全毁掉了自己。即便事情没有什么大的差错，但是许多参赛者仍然注意到，他们在比赛日看起来不如一周之前出色。虽然只是微小的区别，但是站在舞台上并且心里知道自己能够表现得更出色的这种感觉绝对不好受。

高峰周

健美运动员或者其他形体运动员很少因有关高峰周方面的困惑或者过失而受到责备。健美运动员得到的大部分有关高峰周的信息都来自所谓的健美大师、其他参赛者的间接建议以及健身房中流传的信息。这些信息中的大部分只不过是伪科学或者纯粹的谬论。

缺少优质的信息还因为没有关于健美比赛达到高峰的同行评审研究。没有对该主题开展真正研究的原因有几个。首先，健美比赛的峰化是小众市场中的一个小众主题。为这样的研究筹集资金将会很困难。

其次，即便是有资金，也很难确定最优峰值的量化标准。或许可以通过将多种量度叠加在一起的方式进行有效的峰值研究，如肢体围度的变化、用以测量全身含水量的生物电阻抗法（BIA）、DEXA 以及，可能的话，超声测量法［或者更好的 CT 扫描或者核磁共振（MRI）］。如果将这些结合起来，你理应能够明确肢体围度的不同、身体水分的变化并且有望知道水分存储的位置。遗憾的是，这又让我们回到了执行如此多不同测试的成本问题上面。

在本章中，我们将会掀开高峰周的神秘面纱。我们需要深入研究在高峰周期间发挥作用的变量背后的科学原理。我们可以利用大量关于人体如何发挥机能的研究和信息来推断人体是如何合理峰化的。

除了考察人体机能和生化过程之外，我们还会根据多年的经验提出见解。迄今为止，我们已经指导数百名比赛型的形体运动员成功登上舞台，其中包括一些世界上顶级的健美运动员。我们从这些实际经验中学到的东西非常有用，我们也期待分享自己的成果。

有效峰化的先决条件

峰化根本不可能随机地实现。在仅仅一周的时间内改变某个人是不可能的。记住它叫作高峰周，不叫魔法周，它不会创造奇迹。有效的峰化只会巩固你原有的状态。有效峰化有 3 个主要的先决条件。在考虑峰化的可能性之前，你必须要满足以下 3 个先决条件。

先决条件 1：你必须要精瘦

这一点再怎么强调都不为过，并且应当是绝对的优先考虑事项。在你能够为健美比赛有效峰化之前，你必须要变得精瘦、肌肉呈撕裂状，肌肉线条明显、剥离，或者无数用来描述某人体脂低的形容词形容的那样。

我们估计 90% ~ 95% 的参赛者在进入高峰周时还不够精瘦。许多参赛者会急着表示："只要我在高峰周期间减掉了水分，我便会看起来很棒。"这只不过是痴心妄想。需要减掉的几乎从来都不是水分，而是脂肪。如果在你身上的某个地方能见到脂肪堆积，那么你需要节食更长的时间，就这么简单明了。

先决条件 2：要知道自己的常量营养素摄入量基准

许多遵从膳食计划的参赛者参加比赛时都知道自己所食用的食物类型和分量。例如，他们可能知道自己一顿饭要吃 8 盎司鸡肉和 1 杯（大约 200 克）熟米饭，但是他们实际上并不知道自己每天摄入多少蛋白质、碳水化合物和脂肪。这是一个问题，因为如果你不知道自己目前的摄入量，你将无法有效地做出调整。峰化就像看地图一样，想要到达自己想去的地方，你需要先知道自己此刻在什么地方。

先决条件 3：要知道自己每天大致的水分和钠离子摄入量

与你必须知道自己的常量营养素摄入量的原因一样，你必须要知道自己每天大致的水分和钠离子摄入量（虽然你应当知道准确的常量营养素摄入量，但实际上你知道水分和钠离子大致摄入量即可）。为了精确性，我们建议在高峰周之前 2 ~ 3 周密切地监测水分和钠离子摄入。确保每日摄入量不要每天都大幅地波动也是一个不错的做法。

这 3 个先决条件按照重要性进行排列。精瘦是第一要务。如果你不够精瘦，那么尝试峰化将会徒劳无功，并且你最好是简单地选择一个迟些举行的比赛来为自己留有更多变得精瘦的时间。

术语和定义

在讨论不同峰化计划的具体内容之前，先要了解与高峰周有关的术语。我们知道，当尽力在比赛日达到最好状态的时候，术语似乎不是十分重要，但是它比大多数人想象中的重要。例如，将这比作医疗领域。如果护士告诉医生，"病人死亡了"，但她真实的意思是病人陷入了昏迷，那么医生将会做出不同的反应。医疗专业人士必须要知道死亡和昏迷之间的区别，并且能精确地识别出这两种状态。类似地，健美运动员需要知道扁平和过盈之间的区别，并能够识别出这两种状态。有效的峰化需要对身体状态不断地进行分析。如果你无法正确地识别身体所处的状态，那么就不可能做出正确的调整。

在谈论峰化过程时会用到许多术语，但是据我们所知，现在还没有完整的术语清单。下面是一些常见的峰化关键术语以及它们的含义。

▶ 扁平：肌肉不圆润或者不饱满。
▶ 饱满：肌肉的外观圆润。
▶ 过盈：皮肤下面存在过量的皮下水分。这会模糊肌肉线条、减少可见的肌肉条纹和降低肌肉之间的分离度。这通常会伴随着饱满的肌肉外观，但并非总是如此。
▶ 紧致：皮肤紧紧地绷在肌肉组织上面，并且没有过盈，即皮下水分过量的迹象。
▶ 血管暴突：表层静脉和动脉的明显隆起。
▶ 精瘦（撕裂状或条纹状）：没有明显的体脂。
▶ 持水：这是健美中常见的一个术语，但是它的定义并不明确，因为身体主要由水组成，所以我们总是处于持水状态。该术语通常用来描述某个人看起来状态不佳。按照我们的经验，它通常用来泛指在高峰时出错的若干种不同事项。

高峰周的目标

你可能会觉得用整节来讨论目标有点可笑。我们几乎能听到人们在想："哥们，我只有一个目标，那就是变得健硕，肌肉线条明显。"虽然这是一个理想的目标，但是我们需要更加具体地知道如何真正地实现该目标。当我们单独分解每个目标时，所需事项的清晰全景便开始成形。

有效高峰周的目标可以分为两类：主要目标和次要目标。**主要目标**对高峰周的成败有着最大的影响。因此，它们是头等重要的事情。**次要目标**仍然对我们的体形有影响，但是影响程度不及主要目标。

主要目标 1：使肌肉尺寸和饱满度最大化

你可利用 3 种原理来使肌肉尺寸和饱满度最大化：最优化糖原存储、合理地保持身体水分含量以及维持钠钾平衡。

主要目标2：使肌肉线条感和紧致度最大化

使肌肉线条感和紧致度最大化是只是为了确保肌肉纹理、每一块肌肉以及肌群之间的分离尽可能地清晰分明。该目标很大程度上是通过使细胞持水量最小化来实现的，使持水量最小化的方式是控制4个主要的因素：最大化糖原存储、最小化糖原过量程度、避免脱水以及维持钠钾平衡。

次要目标1：控制血管暴突

血管暴突的控制通过管理3个因素来实现：足够的水分、合适的钠离子摄入量和血流中物质的控制。血管暴突在健美舞台上并不会得高分；根据所参加的组别，它能够增强或者削弱参赛者的外形。血管明显的外形能够增强健美运动员在舞台上的外形，显得体形更健壮。它会吸引眼球，并且通常给评委的信号是这个人既精瘦又饱满。然而，对于参加比基尼或者形体组的女性来说，血管暴突可能会有坏处。比基尼和形体组不提倡极致的外观，所以这些组别的参赛者最好要减少血管突出程度，或者至少不去强化它。

次要目标2：为预期的结果达到连贯性

你通过消除不必要的变量来达到连贯性。最佳方法是，只吃熟悉的食物来避免GI问题和食物过敏，并且不过度地改变食物源来避免监测不准确。

高峰周的结果应当是可以预见的。你不必祈求它能成功。一个合适的高峰周应当是可度量、可预见和可重复的。要尽可能地保持连贯性，以减少不必要的风险，并且为了将来的比赛，要让该过程变得更具可重复性。

吃不熟悉的食物可能会引起不适和轻微的食物过敏。通常，人们坚信神奇的食物会促成最佳的高峰周，而有些人则认为自己的食物选择对结果没有丝毫影响。真相是，虽然食物选择并无奇效，但是它确实至关重要。如果你在整个准备期间都没有吃过糙米，那么在离比赛还有3天的时候吃它并不明智。

高峰周的每一天都要食用相同食物的另一个原因是食物标签可能会极其地不准确。美国食品与药物管理局允许食物标签有20%的误差。这意味着，有可能你在吃标明的热量值比实际值低20%的麦片。如果你要在高峰周内更换品牌，新的品牌标签列的热量可能比实际值高20%。在这种情况下，尽管标签一模一样，你也会多摄入40%的热量。尽管这种情况不太可能并且属于个例，但是这种类型的不连贯性可能会累积。在高峰周改变食物种类通常是没有必要的。比赛完之后，你便可以随意地吃许多自己一直想尝试的食物。

高峰周无望实现的目标

这3个无望实现的目标看起来好像足够简单，但是正如我们马上要确立的目标一样，要塑造最佳的外形，必须要兼顾多个因素。以下讲解的是**高峰周无望实现的目标**——在开始之前就注定无法达成的目标。

变得更精瘦

高峰周并不是为了变得更精瘦。你在进入高峰周时就应该已经减掉了所有你需要减掉的体脂。如果你不得不在尽量合理地峰化与尽量变得更精瘦之间做选择，那么你最好继续节食并且变得更精瘦。而更好的是，参加一场不同的比赛以给自己留更多的时间。

减水

高峰周并不是为了减水。我们会深入地讨论这一点，但是减水或者脱水并不是目标。

薄化皮肤

薄化皮肤是一个荒谬的想法，它需要被摒弃。有效薄化皮肤的方法并不存在。如果进入高峰周时还认为皮肤厚度是一个问题，那么这将会导致失败。如果你觉得自己的皮肤太厚了，我们相信你只不过是有更多的脂肪要减罢了。

碳水化合物

我们讨论了先决条件，重温了常见的术语并为高峰周确立了明确的目标。现在我们将要开始讨论高峰周的具体细节，并开始了解高峰周的诸多工作。没有比碳水化合物更好的起点了。

我们将可变部分的互联系统称为**峰化网络**，而碳水化合物、水和钠离子是该系统中的主要变量。峰化网络还包含其他的变量，但是碳水化合物、水和钠离子是将一切联系在一起的纽带。

在讨论碳水化合物时，碳水化合物的各种类型、消化和代谢简直说不完。然而，该信息并不一定是合理峰化必须要知道的。因此，在谈及碳水化合物时，我们只讨论与峰化具体相关的基础知识和相关细节。

类型

碳水化合物，简称**碳水**，是一种存在于各种食物中的常量营养素。碳水化合物也被称为糖类，它可以划分为 4 类：**单糖**、**双糖**、**低聚糖**和**多糖**。单糖和双糖较小，分子重量较小，并且通常被称为**糖**。单糖由一个糖分子组成（因此名称的第一个字是"**单**"），而双糖有两个单糖（因此名称的第一个字是"**双**"）。常见的单糖有葡萄糖、果糖、核糖和半乳糖。常见的双糖包括蔗糖（它是调味糖）和乳糖（存在于牛奶中的糖）。

低聚糖和多糖是**复合性碳水化合物**，因为它们由更多的糖分子组成。低聚糖通常含有 3 ~ 7 个单糖，而多糖则包含 10 个以上的单糖。

消化

碳水化合物的消化从我们的唾液开始。**唾液淀粉酶**开启了碳水化合物的消化过程。在我们咀嚼的过程中，这种酶会破坏各种糖类和淀粉等糖分子之间的键。这会将一些碳水化合物分解成更小的葡萄糖链。大约有 5% 的碳水化合物在口腔中被分解。这可能是一件好事，因为如果我们吃的所有碳水化合物都在口腔中被完全分解成葡萄糖，那么我们的牙齿可能会腐蚀掉。牙医的需求量将会不可思议，并且你可能会从事牙科工作，而不是在试图成为一名健美运动员！在口腔中被少量地消化之后，碳水化合物会进入胃里。在胃里不会出现化学性消化，但是胃部收缩会产生一些机械性消化。

碳水化合物接着会进入到小肠里面，在这里胰淀粉酶接着把将**糊精**（多糖）分解成更小的碳水化合物链。与此同时，肠细胞还会释放出各种酶来将具体类型的碳水化合物分解成单个的糖分子。在碳水化合物被完全分解成最基本的单元之后，它们随后便可以被运输到肠细胞里面。

运输、吸收和存储

一旦碳水化合物进入肠道，葡糖糖、果糖和半乳糖的单糖分子会穿过小肠壁被运输到门静脉（将胃肠道和脾脏的血液运输至肝脏的血管）。根据是否还摄入了蛋白质或者脂肪，碳水化合物的吸收速度会有所变化。脂肪和蛋白质会减缓碳水化合物的吸收速度。此外，葡萄糖、果糖和半乳糖的运输途径以及目的部位也有所不同。不过，重要的是要知道，葡萄糖通过血液被运输到了外围（非中心）组织。多余的葡萄糖以糖原的形式储存在了肝脏和肌肉组织中。

所以你或许会问："我需要知道这一切吗？"这是一个合理的问题。知道碳水化合物的类型、消化、运输、吸收（亦称同化）以及存储等基础知识对于健美运动员来说绝非坏事。参赛者经常尝试在登台前的数分钟增碳，但他们没有时间来消化和同化这些碳水。增碳需要在比赛前的数天进行才有效，而不是在比赛前的数分钟和数小时。

糖原的作用

在讨论峰化时，我们经常听见**糖原**这个词，因为它会极大地影响体形。糖原是一种多糖，是人体内碳水化合物的主要储存形式。它主要存储在肌肉和肝脏细胞中。还有少量的糖原存储在肾脏和大脑中。不过，就我们的目标来说，我们将主要关注存储在肌肉组织和肝脏中的糖原。

通过增加肌肉尺寸和肌肉量，糖原可以为健美运动员提供一个优势。糖原含量高的肌肉，尺寸将会增加。显然，更大的肌肉是所有运动员都想要的，所以健美运动员应当在不超过存储能力的前提下，尽量完全填满自己身体的糖原存储空间。摄入的碳水化合物超出身体肌肉组织和肝脏能存储的量将可能导致过盈。当出现这种情况时，多余的葡萄糖会游离在肌肉细胞四周，从而使肌肉线条变模糊。显然，这不是一件好事。在增碳时，最好少摄入一点，而不要过量导致出现过盈。微扁平的肌肉形状要比微过盈形状显得更加清晰分明。

考虑糖原时的最后一个因素是超量补偿效应。糖原超量补偿是跑步运动员及其他运动员长期以来一直在使用的技巧[4]，健美运动员也不例外。始终都要记住，身体会力争维持内稳态，这是一种向稳定平衡状态变化的趋势。这意味着，当你沿着一个方向强迫身体时，它通常会尽快地纠正不平衡。这就像是一个钟摆，当你沿一个方向摆起它时，它会沿着另一个方向摆回去。健美运动员在增碳时可以利用这一优势。当身体耗尽糖原的时间达到3 ~ 5天，糖原储存能力会增加10% ~ 20%。这意味，通过先耗尽糖原的方式，你能够存储更多的糖原，并使肌肉变得更加饱满[5]。这对健美运动员来说确实是一个可行的做法，但是正如我们将会在高峰周策略小节中了解到的，该做法并不一定总是最好的。

我们将在本章的后面更加深入地讨论峰化和增碳策略，但是（根据作者的经验）要指出的一点是，增加碳水化合物的方式似乎会对肌肉形状有影响。若碳水化合物的含量大幅增加，肌肉往往会变得更加饱满和更加极致。例如，假如我们有两名健美运动员都将碳水化合物摄入量增加到了身体存储容量的90%。现在假设第一位参赛者是从身体存储容量的

80%开始增加到这一水平的,而第二位参赛者是从100%减到这一水平的。根据我们的经验,碳水化合物大幅增加的第一位参赛者的肌肉将会更加饱满紧致。我们无法声称知道这背后的原理,但是这是我们在多年的执教中曾目睹过的事情。这可能是超量补偿效应的微观体现,即当开始处于糖原耗尽的状态时,细胞内的液体往往可以更加有效地得以保持,但是这仅仅是猜测而已。

最后,虽然摄入的碳水化合物量会影响糖原水平,但是我们了解到水分和钠离子也会在该过程中发挥作用。要是不考虑峰化网络中的其他因素,我们就无法拥有合适的糖原存储。

水分

在健美比赛之前减少水分几乎成了一种历史悠久的传统。要是拿着一瓶水走进健美比赛现场,那么所有人都会盯着你看。其他参赛者会认为你仿佛已经放弃了。全世界的健美运动员都在脱水,但是这种做法有效果吗?

是什么在健美界中引起了这种盛行的恐水症?所有这些恐惧背后的想法是,皮肤下面的水分会使肌肉线条变模糊;因此,如果你使自己脱水,那么皮肤下面将没有水分来模糊肌肉线条。这看似是一种简单合理的解释,但是生理学并非如此简单,并且通过脱水来实现完美状态的体形会引发无数问题。

存储的糖原与水分的比例

在碳水化合物小节,我们解释了水分对实现最高肌肉饱满度的重要性。与肌糖原一起存储的水分会提高肌肉的饱满度。糖原与水分的比例大约是每1克糖原对应2.7克水分[2]。然而,该比例有可能更高,因为有些研究表明,该比例可能会高达1:3或者1:4[3]。这正是水分的重要程度以及它对肌肉饱满的影响程度。

细胞内液和细胞外液

尽管很多人都知道,与糖原一起存储的水分是肌肉饱满度高的原因,但是他们却坚信自己能够骗过系统,并在保持肌肉水分的同时,脱去不储存在肌肉中的水分。这些人没能理解,人体内的水分含量处于严密的调控之中。人体大约有60%的水分。这些水分中有65%是**细胞内液**(ICF),位于人体细胞(包括肌肉细胞)的内部(图9.1)。其他35%是**细胞外液**(ECF),存在于细胞的外部。许多人担心这35%的体液会导致肌肉线条变模糊。如果了解一下ECF的大致组成,我们会看到其中80%称作组织间液,存在于细胞之间的空隙内(称作**细胞间隙**),而剩余20%则存在于其他地方,如血浆。

很多人对体内水分的存储方式存在许多误解。商业利尿剂的广告宣传以及流传已久的说法给健美运动员留下了一种印象,即皮肤下面的一层水分会掩盖条纹状的肌肉。然而,如果这真是水分在皮肤下面的存储方式,那么我们将会看到许多在后台简单地用针扎自己并排出水分的健美运动员。显然情况并非如此,因为皮肤下面并没有一层水分。

虽然要合理地峰化,你并不需要知道皮肤的结构,但是峰化并不像许多人告诉你要脱水那样简单。人体很复杂,并且试图选择性地改变它的一个部分而不改变其他部分是不可能的。选择性脱水是不可能的事情。

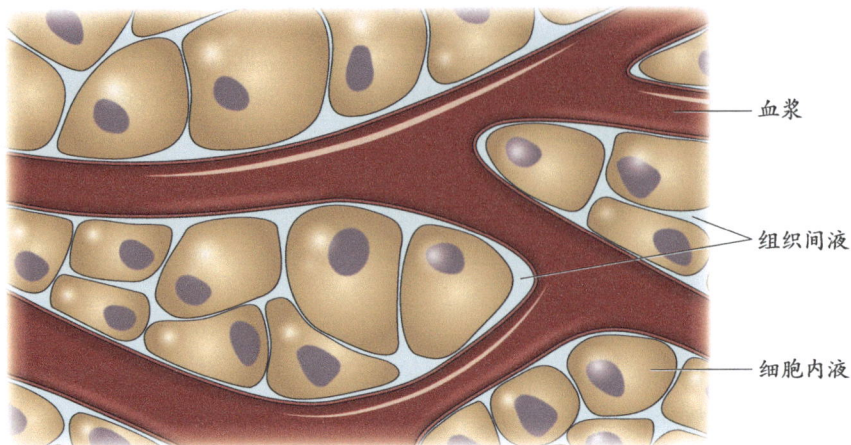

血浆

组织间液

细胞内液

图 9.1　组织间液和细胞内液的详细图解

组织间液

　　当谈到 ECF 时，健美运动员关心的主要区域应当是**组织间液**。组织间液是存在于细胞间隙中的液体，它会模糊肌肉线条。组织间液还包含各种盐分、激素和其他**溶质**，如葡萄糖、钠离子和钾离子。你做什么才能降低体内的组织间液量呢？你无法降低！记住，身体会严密控制水分的存储。然而，不需要担心。体内的水分平衡自然会对你有利。体内大部分水分在细胞内部，而你想让水分存储在这里，因为它会提高你的肌肉饱满度。血浆也包含水分，因为这意味着更多的血流和更强烈的泵感。

　　你可能会问，如果不必担心组织间液，那么人们怎么会过盈。这是一个好问题。在这种情况下，问题不在于水分；通常摄入过量的葡萄糖（碳水化合物）才是问题所在。正如我们在碳水化合物小节中说的，你的目标应当是用尽可能多的碳水化合物填充肌肉。当你用糖原填充肌肉时，水分会随之而来。然而，一旦肌肉组织达到了最大容量，那么葡萄糖便无处可去。在这种情况下，过量的葡萄糖将会溢出并且往往会游离在组织间液中。当发生这种情况时，水分会随着葡萄糖进入细胞间隙，并且细胞间隙中的液体量会增加。始终都要记住，水分会跟随溶质。无论葡萄糖、钠离子或者钾离子去哪里，水分都会随之而去。所以，我们需要确保溶质所处的位置以及数量正好是我们想要的。如果我们做到了这一点，那么在整个高峰周期间，水分含量始终会处于较高水平并且水分始终存储在它应该存储的位置。所有过剩的水分会简单地通过泌尿系统排出体外。这意味着，与大多数人所认为的不同，过盈和持水不是由水分摄入引起的，而最常见地是由过多的碳水化合物引起的。

　　类比法可以更加清楚地解释为什么过盈是由碳水化合物过多而不是水分过多引起的。假设你的身体像一个排水孔打开的浴缸。当水龙头打开时，水会流进浴缸，但是它会同样被迅速地排出。现在将海绵（它代表葡萄糖）扔进浴缸。水开始黏附（被吸入）到浴缸中的海绵上，但是与之前一样，任何多余的水会被排出。如果我们在保持水龙头打开的同时继续将更多的海绵扔进浴缸，那么更多的水会被浴缸中的海绵吸入。然而，如果我们在保持水龙头打开的同时扔入了太多的海绵，以至于它们溢出了浴缸，那么水会开始溢出浴缸并最终流得满地都是。在这种情况下，水的源源流入并不是问题所在。问题在于我们试图放入的海绵超过了浴缸的容量。要是海绵没有越过浴缸的顶部，那么水就永远不会溢出。

我们试图吃的碳水化合物比身体能够以糖原形式存储的碳水化合物量还要多的时候，过盈就会出现。一旦糖原存满，过剩的碳水化合物将会溢出，并且水分将会随之而至。我们的目标应当是在不超出容量的前提下完全存满糖原。这将会使细胞内液量最大化并使细胞外液量最小化。

具备了这些知识之后，我们增碳的方式必须要合理。如果增碳过少，你就会说："增碳让我变得太扁平了！"如果增碳太狠，你将会说："增碳让我变得过盈和肌肉线条变得模糊！"然而，如果你补碳量恰好合适，那么你将会说："增碳刚刚好！"

对于水分，我们发现，在高峰周期间如果每天稳定摄入 1 ~ 2.5 加仑（1 加仑约为 3.8 升，此后不再标注）的水，那么大部分人都会表现得很好，摄水量在比赛日之前一直保持不变。

常见问题：你会建议参赛者在高峰周期间减少水分吗

在 99% 的情况下，我们不会建议参赛者减少水分。我们唯一可能会建议某人适度减水的情况是，她是一名比基尼参赛者，并且对于比基尼组别来说她可能过于精瘦或者肌肉过于发达。在这种情况下，减少水分的目标将是让她变得不太精瘦或肌肉不那么发达，以最好地符合比基尼组别的标准。其他所有人都应该将水留在体内。

钠钾平衡

虽然碳水化合物和水分是合理高峰周内的主要影响因素，但是钠离子和钾离子可以锦上添花。在峰化过程中通常有一些被误解和被低估的因素。有些人大幅地（通常是不正确的）调整这些变量，而有些人则认为不应当干预它们。哪种做法正确的呢？真相是你可以通过调整钠离子和钾离子来强化肌肉，但是仅仅小幅地调整通常是最好的方式。

比赛前对钠离子的恐惧来自钠离子会让你持水的这种想法。这千真万确。正如我们在上一节中谈及的那样，水分会跟着溶质。钠离子会让你持有多余的水分，碳水化合物会让你持水，钾离子也会让你持水。然而，问题不应当是"我在持水吗？"而应当是"我所持的水分量合适吗？"如果我们持有的水分位于能强化我们的肌肉线条，那么持有的水分量多于正常的水分量来说是一件好事。

数十年以来，健美运动员一直都在比赛之前减少钠离子的摄入量，并增加钾离子的摄入量。虽然每个人的做法看似不一样，但是通常人们在距离比赛还有 3 天的时候会完全不摄入钠离子，并同时要么开始食用钾离子保健品，要么通过吃马铃薯来增加碳水化合物的摄入，因为马铃薯中含有大量的钾离子。减少钠离子的摄入量和增加钾离子的摄入量这种说法产生的原因很可能是因为钠离子在组织间液中的含量高，而钾离子在 ICF 中的含量高（表 9.1）。当听到这一点时，人们会说："啊哈！我就知道我可以减少细胞间隙中的水分！我只要减少钠离子的摄入量并增加钾离子的摄入量，所有的水分都会跟着钾离子进入到细胞中，因为没有钠离子将水吸引到细胞间隙中。"

表9.1 钠离子和钾离子的平均浓度[1]

溶质	钠离子浓度（mmol/L）	钾离子浓度（mmol/L）
组织间液	145	4.1
细胞内液	12	150

虽然这似乎确实有道理，但是再次说明，现实生活中事情并不是那样运作的。有关钠离子和钾离子我们需要知道的第一件事情是，它们通过钠钾（Na-K）泵协同工作来保持细胞内外的水分平衡。问题在于，该泵同时需要钠离子和钾离子才能正常地运转（图9.2）。

Na-K泵的工作方式是，在将两个钾离子运输进细胞的同时，将3个钠离子运输出细胞。要是没有钠离子，钾离子便无法成功地进入细胞来提供更多的肌肉饱满度。如果减少钠离子的摄入量，那么Na-K泵将会停止工作，钾离子将会聚集在细胞外面并且引来更多的水分。这将会导致过盈。

除了作为Na-K泵正常运作不可或缺的一部分之外，钠离子还能协助转运葡萄糖进入细胞。如图9.2所示，钠离子（Na⁺）与葡萄糖一同进入细胞，接着在钾离子（K⁺）进入细胞的过程中排出细胞。该过程周而复始。如果钠离子从该过程中消失，那么葡萄糖就无法正常地进入细胞，钾离子也不会。当这种情况出现时，细胞外的钾离子和葡萄糖的浓度将开始升高。它们一直游离在细胞外，水分含量随之升高。当水分开始以反常的水平聚集在细胞外面的时候，过盈就会再次出现。因此，排除钠离子是另一种可能会导致体形出现过盈和肌肉线条变模糊的做法。你必须从饮食中摄入钾离子才能展现你最好的一面！

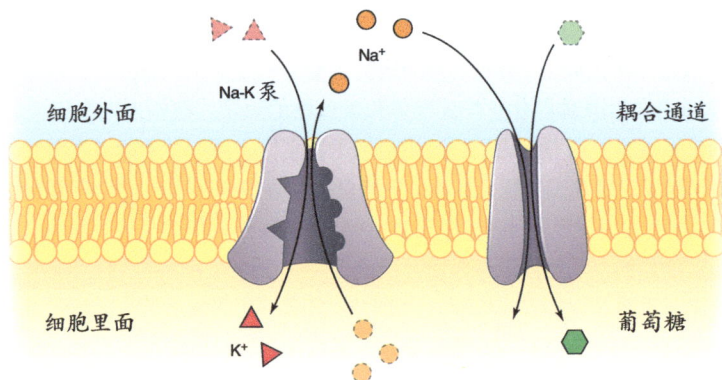

图9.2 钠钾泵

除了维持细胞内液和细胞外液的平衡外，钠离子还帮助控制血量。钠离子摄入量更高血量也会更多，而这又会导致更强的泵感，从而塑造更健硕、更饱满的外形。一切都是好事！

具备了这些知识之后，应当清楚的一点是，你绝对不应该减少钠离子的摄入量或者过量地增加钾离子的摄入量。我们发现钠离子和钾离子之比为3:1到5:1对大部分人来说都效果较好。

遗憾的是，我们无法准确地告诉你在高峰周身体需要多少碳水化合物、水分、钠离子和钾离子。每个人的需求都不同，但是一旦知道了所有这些变量相互作用的方式，你就可以在避免产生糟糕结果的同时，尝试全新微妙的组合。如果你在进入高峰周时已经看起来很棒了（你理应是这样子），那么当不确定该做什么时一套保守的方法永远都是最好的。

峰化网络

如果你曾疑惑过为什么这么多的健美运动员似乎都会搞砸高峰周，那么你只需参阅图9.3即可。该图清晰地展示了有效峰化所需的物质以及它们之间的关系。大多数人都在试图不摄入水分和钠离子，他们其实是在破坏任何有可能达到自己最佳状态的机会。

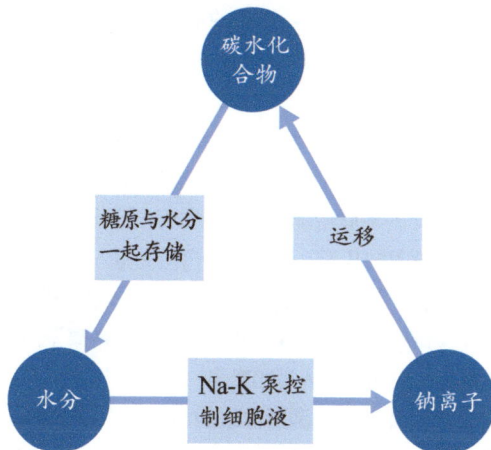

图 9.3　峰化网络：碳水化合物、水分和钠离子之间的关系

有效峰化的答案主要取决于这些物质。许多人都会问在高峰周期间怎么安排蛋白质和脂肪的摄入。每个人所采用的高峰周策略类型不同，处理方式可能差别很大。策略主要取决于你的状态、体形和参加的组别。让我们一起来探讨一些最佳的选择吧。

高峰周策略

高峰周策略可能会令新参加比赛的人极其地困惑。虽然我们在上一节讲解了许多有关碳水化合物、水分和钠离子的信息，但是我们并没有谈及如何控制这些变量。这正是高峰周策略的用武之地。当讨论高峰周策略以及本节的信息时，有几个因素要加以考虑。

▶ 构造高峰周的方式没有对错之分。有些高峰周策略更加适合某种情况或者某些人，但是这些策略的应用结果通常差别极小。

▶ 这些方法只是一个指导，并不是硬性规定。虽然我们列出了一些最常见的变量设置，但是组合方式几乎是无穷无尽的。我们只是利用自己的经验来提供一个合理的大纲。

▶ 当你对过程不太熟悉时，对变量做出细微的改变总是更为恰当。如果你以前从未尝试过峰化策略，那么要保守地做出改变，最好在比赛日之前先演练一番。

▶ 没有哪一种峰化策略应当是死板的。当我们协助顾客时，我们会在高峰周期间不断地改变、调整和修改计划。如果有需要，不要害怕每天都调整变量。绝对不要受缚于计划。

体形管理峰化策略

如果你是新手或者接触峰化不久，那么我们推荐你使用**体形管理峰化**策略中的一种，因为它们允许对体形进行最大限度的逐日评估和调整。通过这些峰化策略，你可以每天评价自己的体形，并根据自己的外形在当天做出调整。尽管你会对本周应该如何推进有一个大体的计划，但是由于改变是微小的，所以它们都易于调整并且安全可行。

要重点指出的是，所有的高峰周构造都是根据补充碳水化合物的时间在本周所处的阶段来命名的。

前段补充峰化规程

由名称可见，前段补充峰化规程在高峰周的前段补充碳水化合物（图9.4）。通常，碳水化合物应当在比赛之前的周六或者周日（如有需有，也有可能在周一）补充。碳水化合物应当在这2～3天的时间内补充至出现轻微过盈的地步。这可以确保可用的糖原存储空间被完全充满。随着一周的推进，逐渐减少碳水化合物的摄入量来消耗多余的碳水化合物。随着多余的碳水化合物被消耗，肌肉线条和轮廓的清晰度会得以改善。通常，接着应当在比赛之前的周五或者比赛的早晨增加碳水化合物的摄入量。

在碳水化合物的摄入量最多的几天，脂肪和蛋白质的摄入量应当稍微降低一点，但是在大部分时间内，它们的摄入量应当非常稳定地保持在整个比赛准备期间的正常摄入量水平上。要维持较高的摄水量，并且在整周内始终保持摄水量不变。钠离子的摄入量应当紧跟着碳水化合物的摄入量的变化路径，在周五摄入得稍微多一些，并且在比赛日再次增加摄入量。

前段补充峰化规程最适合比基尼组和形体组的参赛者。它同样也适合初级健美运动员，或者那些不太熟悉峰化过程的人，或者那些想让高峰周策略保守且易于执行的人。前段补充峰化规程是所有峰化策略中最为保守的策略，并且是出错可能性最小的一个选项。

该峰化策略的主要优势是安全，但是它还会使肌肉紧致但不暴突，这完美符合比基尼组和形体组的体形标准。它还会帮助健美运动员塑造出不错的肌肉形状；不过，当与其他一些峰化方法的应用效果比较时，用该方法得到的肌肉饱满程度略低一些。该方法对表现出胰岛素抵抗迹象的健美运动员也有效，因为当碳水化合物增加时他们的肌肉线条会变模糊。该策略允许某人增加碳水化合物的摄入量，但是也会让肌肉线条模糊的现象在一周的时间内消失。在这种情况下，你或许不应当在比赛之前的周五增加碳水化合物的摄入量。相反，你只要继续降低碳水化合物的摄入量即可。

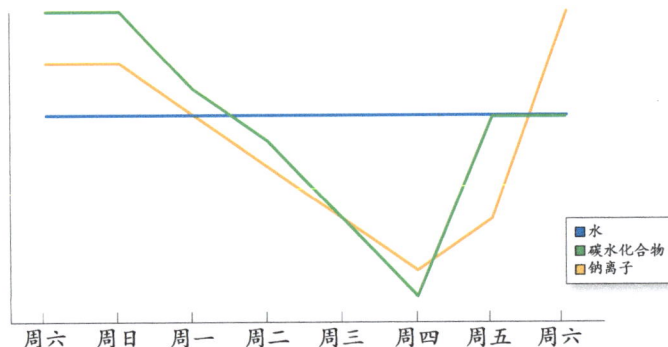

图9.4　前段补充峰化规程

中段补充峰化规程

通常中段补充峰化规程开始时，本周初的碳水化合物的摄入量较低（图 9.5）。之后，缓慢地增加碳水化合物的摄入量，并且使碳水化合物的摄入量在周三或者周四达到峰值。对于该策略，在补充碳水化合物的时候，你或许只需要达到轻微的过盈即可；接着你可以利用周五，或者周四和周五来减少碳水化合物的摄入量、消除多余碳水化合物并使肌肉变得轮廓分明。

在碳水化合物的摄入量最高的几天，脂肪和蛋白质的摄入量应当稍微低一点，但是在大部分时间内，它们的摄入量应当稳定地保持在整个比赛准备期间的正常摄入量水平上。要保持较高的摄水量，并且在整周内始终保持摄水量不变。钠离子的摄入量应当紧随着碳水化合物的摄入量变化，在周五以及比赛日可能会有所增加。

中段补充峰化规程最适合于比基尼、形体和男子健体参赛者。它也非常适合初级健美运动员、不太熟悉峰化过程的健美运动员以及那些想让高峰周策略保守并且易于执行的人。虽然该规程不如前段补充规程那样保守，但是它仍然是保守并且易于执行的。

该峰化策略的主要优势是安全，并且通过它塑造出的肌肉的饱满度往往要比前段补充峰化规程更高一些。中段补充峰化规程非常适合需要在比赛日到来时饱满度更高的比基尼和形体参赛者。中段补充峰化规程对表现出胰岛素抵抗迹象的健美运动员也有效，因为当碳水化合物的摄入量增加时他们的肌肉线条会变模糊。该策略允许某人增加碳水化合物的摄入量，并且让肌肉线条模糊的现象在比赛前的 1 ~ 2 天消失，此时碳水化合物的摄入量已减少。

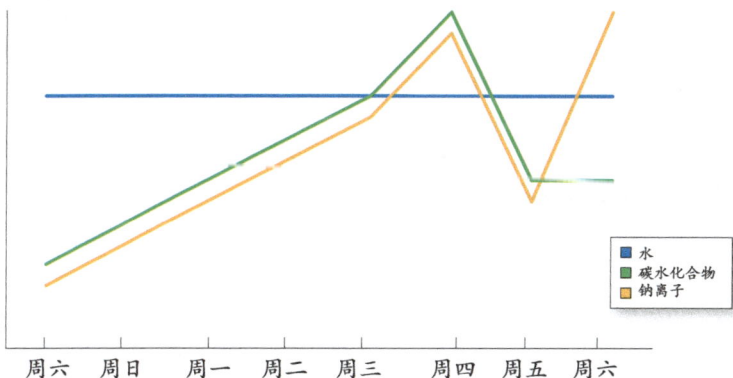

图 9.5 中段补充峰化规程

缓慢的后段补充峰化规程

缓慢后段补充峰化规程开始时，本周初的碳水化合物的摄入量较低（图 9.6）。之后，缓慢地增加碳水化合物的摄入量，你将会注意到自己的体形越来越紧致，并且每天都会变得更加饱满一点。对于该峰化规程，你绝对不应该力争在本周内的任何时刻出现过盈。你的目标是在周五时碳水化合物的摄入量达到最高。如果在本周的任一时刻，你注意到自己开始出现过盈，那么剩下的几天都要减少碳水化合物的摄入量，并且实际上你变成了在执行中段补充峰化规程。

在碳水化合物的摄入量最高的几天，脂肪和蛋白质的摄入量应当稍微低一点，但是在大部分时间内，它们的摄入量应当相当稳定地保持在与整个比赛准备期间相同的摄入量水平上。要保持较高的摄水量，并且在整周内始终保持摄水量不变。钠离子的摄入量应当紧随着碳水化合物的摄入量变化，并且在周五以及比赛日可能会增加。

缓慢的后段补充峰化规程是一种适用于所有组别参赛者的通用性峰化策略。在要求体形更加微妙的组别（比基尼和形体）中，碳水化合物的摄入量的增加应当更为谨慎，而在体形要求更加极端的组别中，更大幅度地增加碳水化合物的摄入量效果最好。

该峰化策略要比前段补充峰化规程或者中段补充峰化规程更难执行一点，因为你应尽力在比赛的前一天准确地预测自己的最高碳水化合物摄入量。如果你预测错了，那么它可能会让你在比赛日显得过于扁平，如果预测得太高，可能会显得太过盈。然而，如果做得正确，那么这是一个极好的峰化策略，碳水化合物的摄入量增加的幅度不同，塑造出的肌肉外观也各不相同。由于该峰化策略比前段补充峰化策略或者中段补充峰化策略更具风险一点，那么如果你想提前知道在高峰周期间能取得什么效果，那么模拟执行一遍高峰周策略可能并不是一个坏主意。

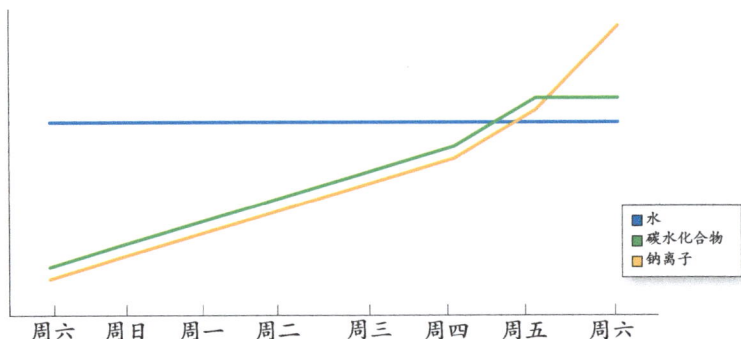

图 9.6   缓慢的后段补充峰化规程

糖原超量补偿峰化策略

正如名称所表明的，**糖原超量补偿峰化**涉及利用碳水化合物耗尽时的超量补偿效应。最初，许多健美运动员都热衷于进行这种形式的峰化。然而，采用更大力度的变化和措施的峰化策略，出错的可能性也会更大。对于体形管理峰化策略，你可以采用小幅的变化和逐日的分析来轻松地获得你想要的外形。对于糖原超量补偿峰化策略，你通常只有一次把事情做对的机会，如果你做错了，那么比赛日的事情将不会很顺利。虽然这些峰化策略都行之有效，但是你必须要知道你在做什么，并要对它们加以练习。

后段补充峰化规程

后段补充峰化通常开始于碳水化合物的耗尽阶段（图9.7）。记住，当以碳水化合物耗尽的方式，而不是热量耗尽的方式设置时，糖原耗尽才能最为有效。为了耗尽糖原，热量摄入量应当在节食期间热量摄入量 ±200 千卡的范围之内。例如，如果比赛准备结束时每天的热量摄入量是 2 000 千卡，那么你的热量摄入量应当可能是每天 1 800 ~ 2 200 千卡。如果你觉得自己可以变得更瘦一点，那么你应当将热量摄入量设置为比节食期间的热量摄入量低 200 千卡。如果你觉得自己已经足够精瘦了，那么你可以将热量摄入量设置为节食时的热量摄入量甚至稍高一些。耗尽阶段碳水化合物的摄入量很大程度上取决于个人。然而，我们注意到，耗尽时，大多数人每天需要摄入 50 ~ 100 克的碳水化合物。一旦设定了碳水化合物的摄入量，那么蛋白质和脂肪的摄入量应当增加以达到每天的热量摄入量目标。

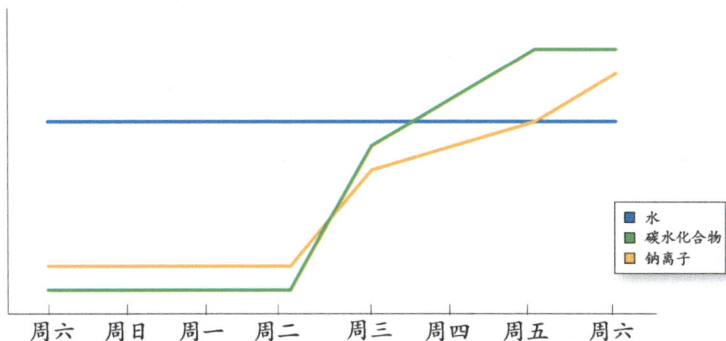

图 9.7 后段补充峰化规程

耗尽阶段不应该持续得太久，否则会有肌肉流失的风险，或者导致肌肉非常扁平，以至于无法在比赛日之前完全重新补充糖原至原有水平，或者两种风险兼有。然而，耗尽阶段又需要长到足以耗尽存储的糖原。理想情况下，你应当让该阶段持续 3 ~ 4 天。

一旦你耗尽糖原，那么增碳应当在比赛前的周三或者周四开始，并延续至周五。虽然有些人 2 天或者 3 天内的碳水化合物摄入量都相同，但是我们发现，只要碳水化合物的摄入量增长幅度大，每天都增加碳水化合物的摄入量效果也很好。你在这些碳水化合物补充日能够控制的碳水化合物摄入量会因人而大幅度地变化。因此，我们建议在将其用于实际比赛之前先实操一下这种峰化方式。不过，当执行合理的时候，后段补充峰化会非常有效。

正如上面所提到的，在耗尽阶段内，蛋白质和脂肪摄入量应当较高，以使热量达到所需的水平。然而，在补充日内，蛋白质和脂肪摄入量应当降低至略微低于整个比赛准备期间的正常摄入量。摄水量应当保持在较高水平，并且在整周内始终保持不变。钠离子的摄入量应当紧随着碳水化合物的摄入量变化。

后段补充峰化规程最适合对自己的组别来说体形尺寸不够的男子和女子健美、女子健体和形体参赛者。应用该策略更易塑造更加极致的外形，需要更加极致外形的组别的参赛者适合使用。除非你非常精瘦，否则不要使用该峰化策略。如果你仍然需减重，那么你最好采用体形管理峰化策略中的一种。

由于超量补偿效应，该峰化策略会增加肌肉的尺寸；策略的性质越极端意味着风险也越多。通常，高峰周的作用因子越多，并且碳水化合物和钠离子的波动越大，出错的可能性也越大。在用于真实比赛准备之前，先要尝试应用一下这类峰化策略。

具有清除日的后段补充峰化规程

具有清除日的后段补充峰化类似于后段补充峰化，但是它要更加宽松一点（图9.8）。该方法也开始于碳水化合物的耗尽阶段。与后段补充峰化规程一样，重要的是要理解，当以碳水化合物耗尽的方式，而不是热量耗尽的方式设置时，糖原耗尽才能最为有效，并且热量摄入量应当在比赛准备期间热量摄入量的 ±200 千卡范围之内。那些需要变得更加瘦一点的人可以将热量摄入量设置为比正常量低 200 千卡，但是体脂率如果已经令人满意，那么热量可以保持与正常量一致，甚至稍高一些。耗尽阶段的碳水化合物的摄入量很大程度上取决于个人。但是耗尽时，大多数人每天需要摄入 50 ～ 100 克的碳水化合物。同时要确保增加蛋白质和脂肪摄入量来达到每天所需的热量摄入量。

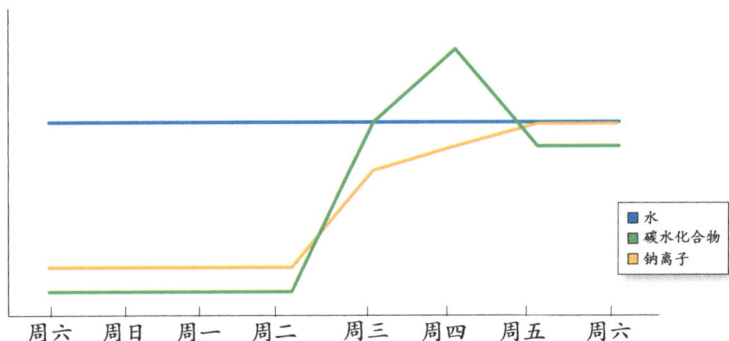

图 9.8　具有清除日的后段补充峰化规程

　　碳水化合物耗尽阶段不能持续得太久，否则你的肌肉可能会流失，或者导致肌肉非常扁平，以至于糖原水平在比赛日之前无法恢复。尽管有这种风险，但是耗尽阶段需要长到足以耗尽糖原存储（3 ～ 4 天）。增碳应当在周二或者周三开始，并延续至周四。尽管个人可以耐受的碳水化合物的摄入量会有所变化，但是（如果增碳是迅猛的）每天增加碳水化合物是一种有效的方法。

　　该高峰周规程与后段补充峰化规程之间的主要区别是，在比赛的前一天，将碳水化合物摄入量减少一点并消除任何可能已经出现的过盈迹象，而不是持续增加碳水化合物的摄入量至比赛到来。这样，你便可以充分地利用糖原超量补偿效应，同时还有一个缓冲日来解决大幅增加碳水化合物造成的问题。不过，要注意的是，当碳水化合物剧烈增加的时候，你的体形将会显得更加饱满一些。对于后段补充峰化规程，你也可能会看到肌肉的饱满度更高，但是差别很小。

　　在耗尽阶段，蛋白质和脂肪摄入量应当较高，以使热量摄入量达到所需的水平，但是在补充日内，蛋白质和脂肪摄入量应当稍微低于比赛准备期间的水平。保持摄水量处于较高水平，并且在整周内始终保持不变，钠离子的摄入量应当跟随碳水化合物摄入量变化。

　　具有清除日的后段加载峰化规程最适合对自己的组别来说体形尺寸不够的男子及女子健美、女子健体和形体参赛者。有些组别要求极致的外观，而该规程可这些组别的参赛者塑造所需的体形。不过要知道，我们不建议将该规程用于仍然需要减少体脂的那些人。这些参赛者应当采用体形管理峰化策略中的一种。

迅速的后段补充峰化规程

　　迅速的后段补充峰化策略由本书作者之一克里夫·威尔逊于 2010 年提出。当时克里夫注意到了一个现象，即当碳水化合物更大幅地增加时，参赛者的体形往往会看起来更加饱满和极致，那么研究能否在一天内完成增碳过程来使肌肉的饱满度达到最高似乎是件很自然的事情。尽管该峰化策略可以产生极致的结果，但是它却极其地难执行，除非你准确地知道自己在做什么。

　　迅速的后段补充峰化规程最适合男子和女子健美参赛者。运用该峰化策略可塑造最为极致的外观，所以我们只推荐健美运动员采用它。它不适合于任何其他组别的参赛者。

该规程刚开始的前 1 ~ 2 天，碳水化合物的摄入量会小幅地增加（图 9.9）。这样做的目的是避免过于扁平地进入耗尽阶段。你不应当充分增碳才开始耗尽糖原，但是不也不应当变得过于扁平。一个不错的方法是，保持两天内的碳水化合物摄入量以及热量摄入量与你在比赛准备期间的典型补碳日的水平大致相同。

碳水化合物摄入量增加两天之后，你将会进入一个为期 4 ~ 5 天的耗尽阶段。4 天通常最好，这将意味着如果比赛在周六，那么周一到周四要进行糖原耗尽。要记住，当以碳水化合物耗尽的方式，而不是热量耗尽的方式设置时，糖原耗尽才能最为有效。为了有效地耗尽糖原，热量摄入量应当在节食时摄入量的 ±200 千卡范围之内。如果你觉得自己可以再瘦一点，那么将摄入量设置得比节食时热量摄入量低 200 千卡。如果你觉得自己已经足够瘦了，那么你可以将热量摄入量设置为节食时的水平，甚至稍高一些。

耗尽阶段碳水化合物的摄入量因人而异，但是对于迅速的后段补充峰化来说，糖原耗尽时，大多数人每天需要摄入的碳水化合物是 40 ~ 80 克。设定了碳水化合物摄入量之后，应当增加蛋白质和脂肪摄入量来实现每天的热量目标。

碳水化合物耗尽阶段之后，碳水化合物补充阶段应当在比赛的前一天开始。由于多种因素，每个人应当摄入的碳水化合物量会有所不同。然而，我们发现，大多数女性参赛者每天每磅体重摄入 4.8 ~ 6.5 克的碳水化合物，效果就会很好。有些人的摄入量可能会超出这个范围，但是大多数人都保持在这个范围内。当决定自己的增碳量时，始终都要通过以较低的估计值开始来谨慎行事。

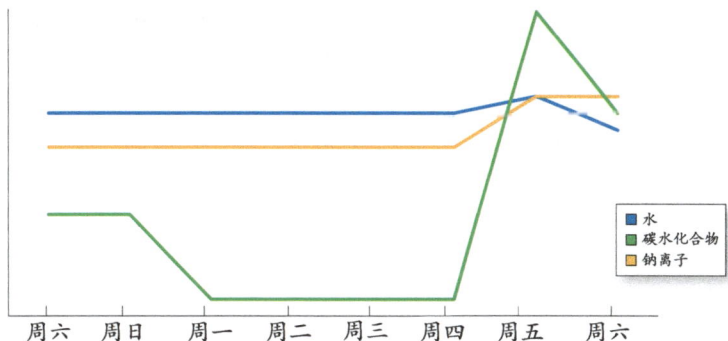

图 9.9 迅速的后段补充峰化规程

我们建议参赛者在增碳日早点起床吃饭。碳水化合物补充的要求意味着许多人应当在一天内摄入 700 ~ 1 300 克的碳水化合物。由于摄入量如此之高，所以早点起床可以让碳水化合物的摄取时间点更加均匀地分布在一天之中，并且不会出现消化不良的情况。在当天早些时候摄入消化较快的富含碳水化合物的食物，随着补充日的推进，再过渡至消化较慢的富含碳水化合物的食物。

迅速的后段补充周内的摄水量在整周内应当都保持在较高水平，并且只在碳水化合物补充日稍微增加一点。类似地，钠离子摄入量在整周内也应当始终保持在较高水平。许多其他的峰化策略让钠离子摄入量随着碳水化合物摄入量上下浮动就会效果不错，但是该峰化方式在钠离子的摄入量始终一致并且只在补充日稍微增加一点的情况下才会效果最佳。

如上所述，在耗尽阶段，为了摄取足量的热量，蛋白质和脂肪摄入量应当更高。在补充日，蛋白质和脂肪摄入量应当最小。在那天所吃的碳水化合物补充食物中包含的蛋白质和脂肪应当非常低。

该峰化策略绝对是最难执行的一个策略。因为碳水化合物补充都是在一天内完成的，所以几乎没有出错的余地。等到你可以判断自己是否能合理地进行增碳的时候，已经来不及改变任何事情了。在将它用于比赛日之前先实操一下这种峰化形式。

了解自己的加载外观（look load）并选择一个峰化策略

选择高峰周策略时，最后一个考虑因素是一种称为加载外观的东西。克里夫在不久前创造了这个词语来描述某人在补充碳水化合物时以及在碳水化合物补充之后一天左右的外形。有些人更容易拥有紧致的加载外观。这意味着在加载碳水化合物的过程中，以及在加载之后的一段时间内，他们似乎看起来更加轮廓分明，并且皮肤看起来会更加紧致地包裹着肌肉。即便是他们出现了轻微的过盈，但是皮肤仍然看起来是紧致的。这通常还伴随着明显的血管暴突。相反，有些人却更容易拥有松垮的加载外观。这意味着在补充碳水化合物补充时，他们的肌肉变得松垮，线条变得模糊，或者甚至可能在腰腹部位出现肿胀。后者通常发现自己会持续一两天中肌肉线条都处于模糊状态，并且大约在补充碳水化合物之后的 1 ~ 3 天轮廓最为肌肉分明。

虽然我们不能声称明确地知道有些人拥有不同加载外观的原因，但是我们推测它是由于个体之间的胰岛素敏感性不同，或者是有些人合成糖原的速度没有其他人那样快。对于拥有松垮加载外观的人来说，糖原可能会在细胞间隙中停留一段时间之后才能以肌糖原的形式被存储（因此会吸引水分并引起肌肉线条变模糊）。

不管怎样，要在高峰周之前了解自己本人的加载外观。如果你拥有紧致的加载外观，那么比赛日之前最好大幅地增加碳水化合物的摄入量。如果你拥有松垮的加载外观，那么明智的做法是选择这样一种峰化策略，其更为迅猛的加载在比赛之前的 1 ~ 3 天就停止大幅地增加碳水化合物的摄入量。知道自己的加载外观有助于你管理比赛日的体形，正如我们将会在"管理比赛日的体形"一节中讨论的那样。

高峰周的训练

参赛者在高峰周期间经常没能正确地安排训练。通常，在最后一周内，参赛者训练积极性会前所未有地高涨。对比赛的兴奋之情通常会导致能量和积极性比之前的几个月都要高。结果，所有的参赛者往往会在最后一周内更加刻苦地训练。他们举更重的重物并加大训练量。

虽然当能量水平高时举更重的物体感觉很自然和良好，但是它却与你在高峰周期间想达到的目标完全相反。等到高峰周到来的时候，大部分的刻苦练习都已经结束了。在该阶段，无法塑造出新的肌肉。虽然比赛准备期间训练的主要目标是塑造和维持肌肉，但是高峰周期间的目标将变成至促进糖原存储，从而实现更好地恢复，并确保你在比赛日不会肌肉酸痛。在高峰周内降低训练强度和训练量会减少炎症，并塑造出轮廓较为分明的外形。

它可能不会让人觉得尤为刺激或者兴奋，但是高峰周内的训练需要相当地无聊和平淡无奇。高峰周内训练的计划方式各种各样。体形管理峰化规程和糖原超量补偿峰化规程的训练计划示例分别参见表 9.2 和表 9.3。

表 9.2　体形管理峰化策略的高峰周训练计划

周六	周日	周一	周二	周三	周四	周五	比赛日
休息	休息	腿部	背部和肱二头肌	胸部和肱三头肌	三角肌、斜方肌和腹肌	全身循环	—
—	—	正常训练强度和训练量的 75%~80%	正常训练强度和训练量的 75%~80%	正常训练强度和训练量的 75%~80%	正常训练强度和训练量的 75%~80%	正常训练强度和训练量的 50%~60%	—
—	—	重复范围为 8~12	重复范围为 8~12	重复范围为 8~12	重复范围为 8~12	重复范围为 8~15	

表 9.3　糖原超量补偿峰化策略的高峰周训练计划

周六	周日	周一	周二	周三	周四	周五	比赛日
休息	休息	腿部	背部和肱二头肌	胸部和肱三头肌	三角肌、斜方肌和腹肌	全身循环	—
—	—	正常训练强度和训练量的 75%~80%	正常训练强度和训练量的 75%~80%	正常训练强度和训练量的 75%~80%	正常训练强度和训练量的 75%~80%	正常训练强度和训练量的 50%~60%	—
—	—	重复范围为 10~20	重复范围为 10~20	重复范围为 10~20	重复范围为 10~20	重复范围为 10~20	

高峰周的有氧运动

高峰周内所需的有氧运动量因人而异。然而，与高峰周的训练非常类似，应当尽量降低一直以来所保持的有氧运动强度和持续时间来实现更多的恢复。以下是一些建议。

▶ 在最后一周内要避免高强度间歇训练（HIIT）性的有氧运动。这些运动过于剧烈并且可能会妨碍恢复。

▶ 要力争降低当前的碳水化合物的摄入量，并随着本周的推进逐渐降低。如有可能，尽量在比赛前的最后一两天使有氧运动量最小化。

▶ 在高峰周内不要做新的有氧运动。做熟悉的有氧运动，这样将不会出现酸痛。

▶ 有氧运动量在耗尽日可能需要提高一些，但是尽量不要让它高于准备期间的正常水平。

管理比赛日的体形

重大的日子终于来临了！你可能搞定了高峰周，也可能没有，或者可能很接近目标但是还可以做得更好。在最后几小时有没有能做的事情来让你自己变得更好呢？有的！然而，比赛日的营养摄入导致的问题通常要多于答案。让我们一起来弄清楚从演出的早晨开始都要做些什么。

选择食物

在比赛到来之前，要计划你需要吃的食物来满足常量营养素的需求。我们建议在比赛日避免高残留的食物——纤维含量高以及较难消化的食物。例如，要避免吃蔬菜，因为它们通常不能被很好地消化，并且更有可能导致胀气。相反，要吃清淡并且易于消化的低纤维食物。

我们还建议将蛋白质的摄入量保持在每顿饭只吃几口鸡肉或者牛肉，或者一两顿吃一小份蛋白质奶昔。这还是为了避免在比赛日胀气，因为蛋白质比较难以消化。你在比赛日不需要蛋白质，它不会起到任何作用，所以像在大多数其他日子那样强迫自己吃大量的鸡肉并没有意义。

评估体形

你在比赛日需要做的第一件事情是及早起床评估自己的体形。参赛者通常在比赛前几小时才起床。这样做最大的问题是，没有足够的时间针对自己的体形做出积极的调整。如果你只是稍微偏离峰值一点，那么你将需要一些时间来修正该状况，并变得更加出色。你越确定自己达到了最佳状态，你就可以起得越晚。我们推荐在预赛前约 6 个或者 6.5 个小时起床评估自己的体形，并开始做调整。如果你确定你将会处于最佳状态，那么你可以在预赛前 4 ~ 5 小时起床。

获得轻微的泵感

在你评估完自己的体形并确定自己是扁平、过盈还是恰到好处之后，我们建议你在家或者在酒店房间内进行一个获得轻微的泵感的环节。这不需要太过复杂，通常，借助一些阻力带以及做一些俯卧撑获得轻微的泵感就足够了。获得轻微的泵感的目的有两个：它会让你了解到自己在血量增加时的体形，这样你就可以进一步评估自己的状态（有时候在刚起床之后很难判断），并且它有助于提高你将在早上要吃的碳水化合物转化成糖原的量。记住，在比赛日，时间至关重要，因为你吃的碳水化合物不会立即转化为糖原。这种泵感的时间只能持续 15 ~ 20 分钟。在获得泵感之后要做什么主要取决于你的体形。

如果你处于扁平状态

如果你起床后看起来是扁平的，那么用某种液体碳水化合物源（如佳得乐或者葡萄糖饮料）开启一天可能是个不错的主意。该种碳水化合物将会进入身体系统并迅速地被同化。在这之后，你应当尽量每隔一个或者一个半小时食用快速消化的碳水化合物源。你可能还需要多摄入一些钠离子来帮助同化碳水化合物。在此过程中，要经常查看自己的体形。一旦你看到自己开始变得饱满起来就要开始减慢进食。碳水化合物不会立即改变你的体形，它需要几个小时才会开始生效，同时不要过于迅猛地增碳。记住，扁平一点要比过盈更好。

回想起自己具体的加载外观是什么样也很重要。如果你有一点扁平但是拥有松垮的加载外观，那么你最好保持比赛日的碳水化合物的摄入量处于适中等水平，专注于提高脂肪的摄入量来维持你所塑造的外形，并且集中精力保持肌肉紧致状态，而不是因过分狂热地增碳导致肌肉松垮。如果你拥有紧致的加载外观，那么你或许可以更大幅度地增碳，因为你知道这只会让你变得更加紧致。

比赛日的水分摄入很简单。你应当力争每顿饭大约喝 12 盎司的水。如果口渴，那么你可以喝得更多。你在比赛日需要水分来持续地将这些碳水化合物运送到肌肉组织中。你不应当让自己感到口渴。不过，在比赛日也没有理由强迫自己摄入水分。

如果你处于过盈状态

希望你在比赛日不要过盈。我们已经反复地说过，扁平要比过盈更好。然而，现实生活中会出现过盈现象。如果你起床并且觉得自己有点过盈，那么我们推荐食物摄入量保持在非常低的水平，甚至在获得泵感之后再不吃食物。如果你过盈了，那么这是因为你在之前几天摄入了过多的碳水化合物。因此，你不应当再向身体提供更多的碳水化合物。相反，你应当使用目前正游离在皮下的葡萄糖。

我们推荐在登台时间之前只吃一两顿小份的食物，并在登台之前做 3 ~ 4 次能带来泵感的运动。这些运动在登台前将会持续消耗过量的葡萄糖，并让你变得更加轮廓分明。通常，过盈需要一两天才能纠正；然而，为了有助于挽回局面，这是一些你所能做的事情。

摄水量建议与你处于扁平状态时的一样，大约每顿饭 12 盎司即可（如果口渴可以喝得更多，但是不要强迫自己）。

如果你恰到好处

如果你在比赛日的早上醒来并且看起来很完美，那么恭喜！在获得泵感之后，你应当吃一小份碳水化合物含量中高、蛋白质含量低和脂肪含量适中的食物。每隔一个或者一个半小时左右吃一顿来维持自己的体形。每顿饭坚持食用易于消化的全食碳水化合物源以及大约 12 盎司水。如果口渴，那么你可以喝得更多，但是也没有必要强迫的摄入水分。

最后的数分钟

在登台之前的最后数分钟内，仍然有足够的时间改变自己的体形。下面是一些可以帮助你做一些改善的技巧。

▶ 钠离子。钠离子可以强化血管暴突和泵感，这对已经很好看的外形来说是锦上添花。在登台时间之前的 45 ~ 60 分钟，及时摄入 500 ~ 2 000 毫克（大约 1/4 茶匙的食盐）的钠离子将会对改善泵感和血管暴突产生奇效。女性、对外观要求不太极致的组别中的那些人以及钠离子耐性较低的那些人应当取该范围的最低值。

▶ 咖啡因。咖啡因有助于提高在舞台上的警觉性，并最终让你感到能量更加充沛，它还有助于让你在登台之前出一点汗。人们在出一点汗之后体形通常往往会看起来更出色一些。

▶ 糖。与钠离子非常相似，糖会使血管突出。参赛者曾经认为使血管暴突的关键是在登台前喝红酒。然而，红酒并没有什么神奇之处，只是进入血液中的酒精会导致血管突出。血液中的任何物质都会导致血管突出程度增加。这意味着，如果钠离子、葡萄糖、氨基酸和酒精等进入血液，都将导致血管突出。我们不建议利用酒精，但是钠离子和糖是不错的选择。在登台前的 20 ~ 30 分钟快速摄入 20 ~ 50 克的糖将会产生显著的效果。

常见问题：假如我弄错了在后台摄入钠离子、糖和获得泵感的时间，进行得太早了将会怎样

准确地判断自己登台的时间可能很难。通常做所有事情最好都是赶早不赶晚。如果你发现自己获得泵感的时间太早了，那么没关系，你只需停止泵感几分钟，接着再继续获得泵感即可。假设你的增碳合理，那么这不会导致你的肌肉扁平化。

完美的高峰

我们需要将所有一切与峰化是艺术与科学的组合这一认识结合起来。学习合理地峰化绝对不像整理出一个每次用法都一样的公式那样简单。合理地峰化也不是简单地说高峰周大获成功或者彻底失败。很多时候，你在每次高峰周之后总是会觉得自己原本可以变得更饱满、更紧致和更健硕等。只要记住高峰周是一个不断变化的过程即可，你每次开展它时都会学到一些新东西。试验、练习并且在比赛日到来时始终要谨慎行事。如果你这样做了，那么你将会发现自己变得越来越出色，同时会让其他人纳闷你的秘诀是什么。

本章要点

▶ 要想有效地峰化，你必须要精瘦！

▶ 碳水化合物、水分和钠离子共同塑造出饱满紧致的肌肉。

▶ 在增碳的时候减少水分的摄入量会导致肌肉线条变模糊、体形变松垮。

▶ 在高峰周不摄入钠离子会导致过盈和缺少泵感。

▶ 许多种有效的峰化策略可以用来让你在比赛日处于最佳状态。

▶ 峰化是艺术与科学的组合，并且通过反复试验才能臻于完善。

第10章

比赛周末：成功的策略

你参加的组别或者你参赛的原因都不重要。你已经投入了数年的训练来塑造登上健美比赛舞台所需的肌肉，并且为了变得足够精瘦，你已经花费了数月时间来节食、训练以及做有氧运动。你忍受了饥饿、疲劳和节制才走到今天。你在该过程中坚持得比大多数人能想象到的都要久。尽情享受这一天吧。希望你还在高峰周额外摄入了一些的碳水化合物，以在演出的前几天显得更加饱满。比赛日正是展现你努力成果的时刻。

专注于你能控制的事情

对于首次参加比赛的人来说，比赛日可能是一个压力大到难以想象的日子，充满了许多未知。所有参赛者都担心自己可能会排名不高。然而，比赛名次取决于3个因素：你的体形、其他参赛者以及评委那天的期望。

你无法控制谁会在那天参加比赛。仅仅根据与谁一起登台，一个体形健美的人可能会在一场演出中完胜，而在下一场演出中却勉强进入前5名。

此外，每场演出评委的期望可能会有所不同，甚至是同一场演出的不同评委的期望也不同。一个以一分之差获胜的参赛者遇到不同的评委组可能会得到截然相反的结果。

与其因你无法控制的因素而倍感压力，不如专注于你可以完全控制的事情：你在舞台上的体形。如果你采用了本书提供的建议，那么你应当能够以最佳的体形登上舞台。

比赛日会让人觉得不知所措，即便是对于处于从未有过的最佳状态的老练参赛者也是如此。似乎要注意的细节有许多，让事情更加复杂的是，每场比赛的细节可能会有所不同。本章将会对比赛日作介绍，这样你就会做好准备并轻松地迎接比赛日的到来。

比赛的前一天

比赛的待办事项清单通常从比赛的前一天开始排。尽管每场比赛的日程安排可能会有所不同，但是比赛前几天通常都会举行几场预约和会议。在大多数情况下，距离较远的参赛者需要提前一天到达比赛地。

登记

为了保证比赛日的运作效率，比赛的组织方通常会让参赛者在比赛前一天办理登记。这是参赛者获得自己的参赛号码、留下造型音乐、获取礼品包（如果比赛赞助商有提供）以及有机会在最后时刻向推销商提出任何问题的时候。

如果比赛没有提供有关级别顺序或者级别大小的信息，那么我们建议询问推销商。知道演出日的级别顺序可以帮助你确定合理的峰化时机，所以等到与自己同级别的参赛者登台时，你就会处于最佳状态。它还会让你了解到自己在比赛日拥有多少时间。

美黑

参赛者有许多不同的美黑选择。那些选择比赛方提供的美黑服务的人可能会在比赛的前一天预约来喷涂第一层美黑。比赛日再涂一层（或者几层）。

皮肤白皙或者自己做美黑的参赛者们应当在比赛的前一天涂抹底层。在这种情况下，要美黑除了双手、双脚和脸部以外的所有身体部位。美黑油变干之后，睡觉时要穿着一条旧运动裤和长袖衬衫以防止美黑层被蹭花。

如果你住在酒店，那么务必要携带自己的床单和毛巾。大多数美黑产品会蹭到酒店提供的白床单和毛巾上面。如果出现这种情况，他们会向你收取赔偿金。

梳妆打扮

比赛前一天是最后的为梳妆打扮做准备以为比赛日节省时间的好时机。这包括理发或者脱除体毛此类的事情。参加比基尼或者形体组的女性需要将指甲修剪整齐。

药检

药检政策和步骤因比赛而异。然而，大多数药检比赛在比赛的前一天至少会进行部分药检项目。这可能是测谎仪或者尿检，或者二者兼有。还可能会在比赛日从参赛者那里收集尿检样本。你应从比赛组织方那里咨询参赛者信息来获取比赛的药检类型和日程安排信息。

为演出日收拾背包

在比赛日，你能够带着一个背包进入后台。该背包应当包含几个有助于让你在台上看起来状态最佳的物品（参见表10.1）。早点准备该背包有助于减少比赛日的压力。

表10.1　比赛日背包中的物品

必备物品	可选物品
造型服装	阻力带（来获得泵感）
鞋子（针对形体和比基尼组）	镜子
美黑和亮油（或者光亮剂）产品	备用的造型服装
头发造型和化妆用品（如有必要）	剪刀、强力胶或者双面胶
首饰（针对形体和比基尼组）	比基尼贴
食物	小型取暖器和延长电缆
水	手机充电器
毛巾	毛毯和枕头
造型音乐（包括备份文件）	塑料杯（女性）

必备物品

比赛日背包中的必备物品包括你将在登台时穿戴的一切东西：造型服装、鞋子（针对形体和比基尼组）、头发造型和化妆用品、美黑和亮油产品以及首饰（针对形体和比基尼组）。为那天准备食物和水来确保自己可持续坚持自己的峰化计划。确保携带毛巾来清理被美黑和亮油产品弄脏的地方。如果自由造型音乐文件没有在登记时交出，那么你在比赛日要随身携带。即便比赛日的前一天已经交出自由造型音乐文件也要携带备份文件。

可选物品

表 10.1 中的其他几件物品可能并不是比赛日所必需的，但是装在背包里可能会有所用处。用来获得泵感的阻力带位于该列表之首。尽管大多数比赛的后台会有重物来让你在登台之前获得泵感，但是器材可能会很有限，并且场地可能会很拥挤。自己携带一些阻力带将会方便许多。类似地，大多数比赛在后台都会有一些镜子，但是镜子前面的区域可能会很拥挤，所有如果有的话自己带一面镜子将会有所帮助。

对于服装要做好最坏的打算，诸如剪刀、强力胶和双面胶之类的物品可以化解服装危机。如果你有多余的服装，那么将它放在背包中作为备用。有些参赛者还会发现，服装不合身或者某些部位没有像他们希望的那样装贴。比基尼贴是让服装贴紧你的皮肤以防止在台上走光的必需品。

其他的可选物品也是必需的，因为你可能会在比赛日坐着等一阵子才上台。诸如毛毯和枕头此类的物品可以让你感到舒适，小型取暖器可以保暖（后台通常很冷），并且手机充电器可以等待变得更加令人愉快。最后，女性可能应当考虑携带一个底部有孔的塑料杯供在洗手间使用，这样你就不必坐下来并毁掉美黑。建议去洗手间之前在马桶盆里放入卫生纸来防止水花飞溅，因为不这样做将会毁掉美黑。

比赛日

这一天终于来了！在这一节我们将会谈及常见的演出日程安排。然而，日程安排和时机可能会存在差异，所以务必咨询具体的流程信息或者向主办方提出任何存在的疑问，这样你将会知道具体安排。

参赛者会议

比赛的第一个流程是参赛者会议。参赛者会议上主办方将会仔细检查细节，如级别顺序、每个级别中参赛者的号码、要求摆的造型和应展现的体育精神以及参赛者当天可能需要的其他最新信息。

如果比基尼、形体和男子健体参赛者不清楚 T 台走秀的具体情况，那么要在该会议上询问主办方。每场比赛在 T 台走秀和个人展示方面的规定可能会略有不同。可能其他参赛者会有相同的疑问。

为登台做准备

参赛者会议之后，预赛之前会有时间来为登台所做的准备。这是你完善自己的发型、化妆和美黑的时候。在登台之前，根据你所使用的美黑产品，涂抹光亮剂或者亮油。

此外，务必花点时间放松并与其他参赛者打招呼。尽管比赛会充满压力，并且你最终会被拿来与其他人作对比，但是后台的每个人都处于相同的境地。如果你有需要，其他参赛者将会帮你排忧解难或者解答你的问题。如有需要，务必要投桃报李。后台的大多数参赛者都会相互帮助，并最终通过参赛获得了一些新的友谊。

在登台之前，你还应当简短地获得泵感。这有助于增加肌肉中的液体，并使你在舞台上看起来体形更加庞大、血管暴突。通常，最好用较轻的重物或者阻力带让上半身获得泵感；对于下半身，只采用体重来获得最小的泵感。有些组别要求更高的肌肉发达程度和血管暴突感，相比于没有要求的组别，这类组别中的参赛者需要获得更多的泵感。此外，对于自己组别来说体形太庞大或者血管太突出的参赛者可能需要降低泵感，以显得肌肉不过于发达或者血管不过于暴突。

常见问题：我在比赛日到达场地时应该准备到什么程度

这是一个很难回答的问题，因为并没有一个通用的标准。这取决于你在的比赛之前拥有多少时间、你需要多少准备时间以及你的偏好等。例如，需要做头发、化妆和美黑的形体或者比基尼参赛者通常需要在到达现场之前完成大部分准备工作，尤其是当她的出场顺序较早的时候。然而，参加大型比赛顺序靠后的级别的男子健美运动员到达现场时通常可以只涂一层美黑并且拥有大量的准备时间。最好能够提前了解一下自己有多少时间，并计划自己的演出日程安排来为自己留大量的准备时间。

预赛

大部分评比都在预赛时完成。在预赛期间，参赛者与同级别的其他人一起登上舞台。参赛者们排成一排，并按要求完成自己组别的规定造型（参见第 7 章）。

评委通常会让参赛者们在舞台上来回移动，以确保他们可以在相邻站立的前提下对比某些参赛者，并使每个人都有一个公平合理的评判。通常，被移动到舞台中间是好事，因为这意味着他们在与本级别最顶级的参赛者对比。被移离舞台中间通常不是好事，但并非总是如此，因为有些许可机构已经摈弃了这种评比方式。相反，他们随机让参赛者在舞台上来回移动，并允许每个参赛者都有一个公平合理的评判。

在较大的级别中，评委可能会叫号，每次对比一小组参赛者。在叫号期间，被比较的参赛者站在评比线上，而其他未被叫号的参赛者则退到舞台后方。如果你在舞台后方，务必要保持肌肉收紧。即便评委没有直接对比，你也要假设他们的目光在你身上。通常，最先叫号的是本级别中的顶级参赛者，不过情况并非总是如此。

有些许可结构还会让参赛者在预赛期间进行 T 台走秀；然而，在不同的许可机构之间，甚至在相同许可机构的不同比赛之间，情况都会有所不同。如果不清楚，务必要提问，并且要知道自己的级别在预赛期间有哪些要求。

常见问题：我可以在预赛之后出去吃饭吗

在大部分比赛中，预赛之后对你的评判已经基本完成。然而，如果你觉得自己可能会在自己的组别中获胜，那么你便不应当出去吃饭，因为你可能需要参加全场赛，并且会与其他级别的获胜者进行评比。此时，你最好继续坚持自己的膳食计划。

我们曾见过由于参赛者在晚上看起来极其糟糕而被打了低分的情况。没有把握时，你要始终坚持自己的计划，直到在夜场秀退台之后为止。

夜场秀（总决赛）

夜场秀的气氛要比预赛轻松得多。通常，这个时候所有的评比（除了全场评比）都已经完成了。然而，如果参赛者参加夜场秀时看起来明显比预赛更糟糕，那么他的名次会有所下降。在比赛之间要坚持自己的膳食计划，将任何大餐都留在夜场秀之后。

在夜场秀期间，参赛者们通常会进行自由造型以及领取奖项。通常，夜场秀的观众会更多。这也是参赛者的亲戚朋友能够看到他们登台的时候，因为大多数非参赛者可能并不会从预赛中有太多收获。

有的组别包含多个级别，赢得这类组别的参赛者在夜场秀时还会参加全场赛。例如，如果有 3 个公开级健美级别，每个级别的获胜者将会进行对比，就像预赛一样。最终，全场获胜者将会被授予全场冠军。在较大的职业资格赛上，全场获胜者还会获得职业卡。

现场评比

许多比赛开始抛弃在夜场秀之前有一段空白时间的这种传统预赛形式。现场评比比赛变得越来越常见，并且其本意是要对参赛者们以及他们的亲人朋友更加友好。

在现场评比比赛中，参赛者像平常一样登上舞台进行预赛。然而，在级别对比之后，参赛者将立即执行他们的自由造型，在此期间主办方会对分数加以整理。自由造型之后会颁发奖项。许多参加过现场评比比赛的参赛者和观众对他们的经历都有积极的评价。因此，这种比赛方式变得越来越受欢迎，并且其流行程度只增不减；因此，我们觉得有必要在这里提一下，这样假如参赛者要报名参加现场评比比赛的话也会有所准备。

比赛之后

大多数参赛者都怀揣着完备的计划去参加比赛；然而，很少有人会做好比赛结束之后的计划。演出之后的晚上要做什么取决于你以后的目标。如果你要向休赛季过渡，那么可以与前来观看比赛的亲人朋友一起出去吃一顿不用顾忌热量的晚饭。只要这顿饭不是随心所欲地胡吃海喝就没关系。我们会在第 11 章更加详细地讨论向休赛季的过渡。

然而，如果你计划在接下来的几周内参加另一场演出，那么你在演出后可以做的事情将很少。实际上，吃一顿不计热量的大餐在许多情况下都会让你明显地退步。例如，如果你参加第一场比赛时的体重比你理想情况高 2 磅，并且你的下一场比赛在 3 周之后，那么吃一顿不计热量的大餐并增重 5 磅将会让你在下一次登台时看起来更加糟糕，因为你将需要更快地减重率才能为下一场演出做好准备。但是如果你继续遵守自己的膳食计划，并在接下来的 3 周持续实现目标减重率，那么比赛日到来的时候你将会处于自己的最佳状态。不要让比赛后的膳食毁掉了在比赛季其余比赛中获胜的机会。等你完成了本年度的最后一场比赛，再享用美食也不迟。

　　比赛日的压力和忙碌会让这一天过得很快。在整个周末，多休息几次来休整、回顾并品味为了简单地登上舞台所完成的一切事情。你为此做出了艰辛的努力，所以要确保自己完全沉浸进去并乐在其中。

本章要点

▶ 你可能需要在比赛的前一天到达，诸如比赛登记和药检此类的事情都在这一天进行。比赛的前一天还是处理一些细枝末节的好时候，以确保自己为比赛日准备妥当。

▶ 在比赛日，早点到达比赛场地来参加参赛者会议。会议之后，你会有一些时间来为预赛做准备，大部分评比都在预赛中进行。你通常会在夜场秀进行自由造型以及领奖。

▶ 每场比赛的安排可能会稍有不同，所以查阅比赛推销商提供的日程安排和信息来获取更多的信息。

▶ 如果你在接下来的几周内要参加另一场比赛，那么在比赛后的晚上胡吃海喝会影响你在下一场比赛时的外形。比赛之后的进食量取决于你在下一场比赛之前拥有多少时间以及在那之前你需要减掉多少体脂。

第11章

赛事之后：恢复和推荐做法

比赛结束了，美黑也褪去了，而你也回归了日常例程。你接下来该何去何从？

不出所料的是，许多参赛者都纠结于此。在向准备比赛投入了如此多的努力之后，一旦比赛结束，你就会感觉到强烈的空虚感。通常，你也会很疑惑应当在这段时间内做什么。

本章概述了，为了使你在下次登上舞台时拥有更出色的体形，该如何安排比赛后的这段时间以及之后的休赛季。

赛后分析

围绕着一场比赛总是会有许多感情。这个过程漫长而艰苦，并且比赛周末无疑让人倍感压力并且充满了情绪的起伏。这导致许多参赛者忽略了比赛后这段时间内最重要的　部分，即对已发生事情的分析。记住，你参加的每场比赛不仅是一种成就，而且还是一种学习经历。成功与失败都是宝贵的经验。

在每场比赛之后，你都要记录在准备期间效果好与效果不好的事情，以及你在整个过程中做得好与不好的事情。例如，如果你觉得一个膳食时机似乎对你来说效果不错，那么将它记录下来。如果你需要变得更加精瘦，那么将它记录下来。你很容易会说自己以后会记住这些事情，但是要记住这么多细节并不是你认为的那样简单。

在参加许多场比赛的过程中，你每次的准备情况都会有所提高。你可以继续做奏效的事情，并改变不奏效的事情。如果你有目的地去做这件事，那么你将会找到优化该过程的方法。分析是让普通参赛者变为资深老手的小事之一。

参加多场比赛

我们强烈推荐在处于舞台精瘦级体形的时候参加多场比赛。为比赛节食极其困难和耗时。如果你使用我们在本书中概述的方法，那么你在两个比赛季之间可能会有大量不处于舞台精瘦级体形的时间。在处于舞台精瘦级体形的同时，参加多场比赛可以最大限度地利用你在比赛准备期间付出的努力。

许多参赛者在春季参加比赛，又在夏季参加比赛并且再在秋季参加比赛，试图在一年内参加多场比赛。接着他们马上又开始在第二年的春季参加比赛。然而，这并不是参加多场比赛的最佳方法，因为这会显著地增加你处于舞台精瘦级体形的时间，此时的激素水平不太理想。它还会限制你能够花在热量逆差以及体脂处于舞台精瘦水平以外的时间。归根结底，这会让比赛准备进程持续得很长。

相反，我们建议在较短的一段时间内参加多场比赛（通常 1 ~ 3 个月）。这可以缩短你需要处于舞台精瘦级体形的时间。它还会最大化你在休息期内取得进步的时间，同时还允许你在一个比赛季内多次登上舞台。

正如我们在第 10 章中所指出的，那些要在短时间内参加多场演出的人在首次比赛之后不应当胡吃海喝，因为这样做会增加体脂。当你必须要通过节食减掉增加的体脂时，你有可能会流失肌肉。

你在两场比赛之间要做什么取决于你所处的情况。如果在为下一场比赛做准备的过程中还有更多的重量要减，那么你在比赛后的那天就需要开始遵守自己的计划并继续为减重而努力。但是如果你需要像第一场比赛那样精瘦，那么为了确保你不会开始因节食流失肌肉，你需要开始增加热量摄入量并减少有氧运动。在这段时间内，你需要以维持目前状态所需的摄入量为目标，因为再减脂并没有必要。处于舞台精瘦级体形时，你维持目前状态所需的热量摄入量要低于开始准备的时候。

舞台精瘦级体形的生理学

人们经常会说，舞台精瘦级体形看起来很棒但是感觉却很糟糕。这在一定程度要归因于比赛准备期间出现的大量生理变化。在比赛季将要结束的过程中，在讨论向休赛季过渡时要做什么之前，先要了解当处于舞台精瘦级体形时，你身体所处的状态。如果你处于舞台精瘦级体形，那么以下内容适用于你。

▶ 睾酮水平的降低。据观察，在比赛准备期间，自然男性健美运动员的睾酮水平降低了70%（或者更多）[6]。女性的睾酮也可能会降低，但由于睾酮最初就比较低，所以它对比赛准备期间的肌肉保持并没有多大的影响。有趣的是，据传这可能是男性在比赛准备期间比女性损失更多肌肉和力量的一个原因。不管怎样，睾酮水平的显著减低会对肌肉尺寸和力量增益产生不利的影响。庆幸的是，只要脂肪在比赛之后增加，睾酮水平便会正常化。

▶ 月经周期异常。许多女性会因为低热量摄入量、高体力活动、极其精瘦的身体成分以及比赛准备期间出现的激素水平异常而月经周期紊乱。通常，只要热量摄入量和体脂开始增加，月经周期就会恢复正常，然而，在比赛之后月经周期恢复正常所需的时间可能长达一年之久[4]。对女性来说，在达到舞台精瘦级体形的过程中，月经周期紊乱这种情况可能是不可避免的。然而，要努力在大部分时间内维持正常的月经周期以避免负面的健康后果，如骨质流失和子宫癌风险的增加。这可能意味着对于有些女性来说较长的休赛季很有必要。

▶ 代谢速率的降低。在比赛准备期间，代谢速率的降低有若干种原因，包括肌肉的减少、摄食量的降低、非锻炼性活动的减少、激素的降低、线粒体效率的增加以及肠道微生物提取的增加等[5, 6, 8]。由于这些原因，比赛准备期间通常会出现减重停滞期。一个人为了维持体重而摄入的热量值从比赛准备一开始就会降低。不过，只要热量摄入量和体脂增加，代谢速率也会正常化。

▶饥饿感增加。在比赛准备期间，让你有饥饿感的激素（如食欲刺激激素）会增加，而让你有饱腹感的激素（如瘦素）会减少[6]。饥饿感增加再加上代谢速率降低，参赛者的体重注定会迅速恢复。然而，与上面讨论的其他生理变化非常相似，当体脂率在比赛之后增加时，饥饿激素也会恢复正常。

长期处于舞台精瘦级体形可能会导致负面的健康后果以及明显更少的体形进步，因为这种生理状态不利于肌肉增长。甚至正好相反，由于激素水平较低，你可能会随着时间的推移流失肌肉。因此，你在比赛之后需要增加体脂以最大化在休赛季以及后续比赛准备期间的进步。而且这对于你的长期健康来说也很重要。

向休赛季过渡

向休赛季的有效过渡需要比赛后几天以及下一场比赛之前数周和数月的关注。在几顿不计热量的膳食之后，应当要避免胡吃海喝，并且参赛者应当注意初期的体脂恢复和整个休赛季的体重增加。

胡吃海喝

处理比赛后时间的最坏方式就是胡吃海喝。如果你本赛季的最后一场比赛在周六，我们建议你在周六晚上和周天享用一些不计热量的食物，只要不随心所欲地胡吃海喝即可。不过，到周一时要重新回到某种类型的计划和一致性上，这一点很重要。

当周一到来的时候，许多人都会重新开始做他们在比赛准备之前所做的事情。他们要么大幅度地增加热量摄入量，要么彻底不再追踪摄入量。同时，他们的有氧运动从每周几个环节降成了每周零个环节。此外，阻力训练的强度和频率也可能会降低，因为他们没有要为之训练的近期目标。

这种方法的结果是体重和脂肪迅速增加[2]。实际上，一项针对参赛者的研究发现，比赛之后最初几个月内增加的大部分体重是体脂的重量[7]。这意味着，在比赛之后，运动员并不像许多人认为的那样"必将迎来肌肉增长"，相反必将会迎来脂肪增加。

虽然比赛之后的脂肪增加是必要的，但是脂肪的迅速增加对于长期进步来说并非最有利的。在某些情况下，在体脂率高于比赛准备开始之前，某个人的体重可能不会稳定增加。这称作**体脂超调**[1]。

体脂迅速恢复之后，参赛者的第一反应通常是再次开始节食。然而，来自参赛者案例研究的证据表明，当比赛之后体脂恢复时，激素水平和代谢速率需要一定时间才能恢复正常[6]。此外，有一些证据显示，那些在比赛之后胡吃海喝的人激素恢复正常的速度没有那些体重增加更加受控的人快[7]。这意味着，如果某个人在比赛之后迅速增重，接着立即进行节食，那么相比于比赛准备期间，他很可能需要结合更低的热量摄入和更多的有氧运动才能变得更加精瘦。在漫长的比赛准备期之后，如此迅速地将热量摄入量压低并将有氧运动提高很可能只会进一步地降低激素水平和代谢速率。结果将会是更加易于出现脂肪大幅度增加，并且再次胡吃海喝的可能性也会增加。要避免胡吃海喝与限制约束的循环。

如果你在比赛后克制自己不胡吃海喝方面有困难，我们建议你咨询从事饮食模式紊乱的专业治疗专家。

初期的体脂恢复

如果你达到了真正意义上的舞台精瘦级体形，那么你可能会在激素水平、能量、力量、肌肉量、代谢速率、心情和与食物的关系方面经历若干种负面效应。延长处于这种状态的时间并没有必要：这可能会影响休赛季的进步速率，甚至可能会不利于长期的健康。

比赛之后恢复体重的速率取决于你所处的状况。例如，如果你在比赛准备结束时还在竭力坚持自己的营养计划，那么更快速地提高热量摄入量和稍微提高增重速率可能并不是一个坏主意。这可以让你找到一个缓冲地带，相比于试图遵守一套难以坚持的计划和胡吃海喝，你可以坚持计划并且可能会较慢地恢复体重。相反，如果你没有真正地达到舞台精瘦级体形，并且没有经历处于舞台精瘦级时那么多的负面效应，那么你可能应该稍微慢一些地恢复体重，因为你为了感到更加正常而需要增加的体重量将会比较少。这将会让你以更加精瘦的状态开启休赛季（并且也希望是下一次比赛准备），以帮助你增加下次登台时变得足够精瘦的可能性。

最初奋力实现较快的增重以更早地回增体脂可能有助于消除一些处于舞台精瘦级体形时的负面效应。然而，这样做时要有节制，并且不要随心所欲地胡吃海喝。一旦你开始感觉更加正常了，那么要减缓增重的速率，以防止休赛季体脂的过度增加，这样你便无须尽快地节食或者最终体重远远超出舞台的标准体重。

在比赛以后回增体脂的过程中，有些人不愿看到自己的比赛身材缓慢地消失。尽管你需要恢复体脂，但是在这种情况下，更加缓慢地增加可能有利于保持积极性和心理健康。然而，如果你觉得自己在精神上纠结于比赛后的增重，那么要去联系专业从事饮食和身材失调的咨询师。

你在比赛之后的目标增脂率范围为每周 0.5 ~ 2 磅，直到你感觉身体开始恢复正常为止。对你来说，目标体重可能比舞台体重高 5 ~ 20 磅，这取决于你所参加的组别、参赛时的精瘦程度、遗传以及其他因素。该时期可能需要 1 ~ 3 个月或者可能更久。然而，我们建议最初保持较快的增脂率，直到你开始感到更加正常为止，同时要注意饥饿感、专注度、能量、力量和睡眠质量等因素。

对于比赛之后刚开始增加热量摄入量来说，并没有一个适用于所有人的"最佳"方式。通常，最初将热量摄入量增加至大约为（或者刚好高于）维持目前状态所需的热量摄入量是一个不错的主意，同时要记住的是，维持目前状态所需的热量摄入量要低于比赛准备开始的时候。将有氧运动量降低约 30% ~ 50% 来帮助你摆脱能量逆差并大约处于（或者刚好高于）维持目前状态所需的有氧运动量。

从此以后，持续增加热量摄入量并降低有氧运动量，以在演出后的最初几周内维持目标增脂率，直到体脂增加到足以再次让你开始觉得正常为止。如果完成比赛之后你没有增重，那么更大幅度地增脂对于确保你尽早地开始增重以避免长期处于舞台精瘦级体形来说很有必要。

休赛季增重

在获得一个更加合理的身体成分之后，此时你的激素、力量、代谢速率和整体的"正常"感都开始恢复，你便需要减缓增脂率以防止脂肪的过度增加并且让你长时间地摆脱热量逆差。较大的热量顺差和较快的增脂率将不会带来更多的肌肉增长。它只会导致更多的体脂增长 [3]。因此，在初始增脂之后，我们推荐将每月的增脂率减慢至最多 1 磅或者对于刚接触该项体育运动不久的较年轻参赛者来说减慢至 2 磅。女性每个月甚至可能需要力争实现更慢的体脂增加。

你要让自己的体重在休赛季处于什么水平取决于许多因素。与大多数事情一样，这并没有通用标准。大多数人都有一个自己感到舒服的重量范围。低于该范围会产生身体不适，并且可能会对激素和其他生理过程产生不利的影响，正如之前所讨论的那样。相反，冒险要超过该范围通常需要强迫喂食，并且会导致体脂的过度增加（从而导致下一次的比赛准备更加困难）。参赛者的理想增重量应当可以让参赛者在休赛季处于舒适的重量范围内。

常见问题：每个人都需要在比赛之后恢复体脂吗

对于大部分参赛者来说，比赛之后的增重是有必要的。如果你真正达到了舞台精瘦级体形，那么你需要在演出之后增重（之前已详细讨论过）。为了让你增重并且体脂率回到一个更加合理的水平，你的计划应当包含热量摄入量的快速增加和有氧运动量的快速减少。

然而，有些没有达到舞台精瘦级体形的人可能并不需要增加太多重量。正如我们之前提到的，如果你没有为演出做好准备，那么我们的推荐做法是选择更晚一些的比赛来为自己留更多的时间。但是如果那样做不可能，并且你登上舞台时至少还有 10 ~ 15 磅要减，那么你可能仍然处于健康合理的体脂率（或者至少离健康合理的体脂率相差不大）。这意味着，你需要恢复的重量要少于达到舞台精瘦级体形的参赛者。

参赛者们犯的一个常见的错误是，没有达到舞台精瘦级体形却仍然像已经达到那样安排比赛之后的时间。这会导致过度增重，并增加他们下一次无法达到舞台精瘦级体形的可能性。

曾经达到过舞台精瘦级体形的参赛者知道，当他们接近舞台精瘦级体形时，考虑食物的时间会显著地增加。膳食会变得更加复杂和耗时，并且此人可能会尽力从摄入有限的食物中获取自己所能的获取的一切。这种与食物的关系未必是正常的，并且在休赛季内应当努力与食物建立一个更加健康的关系，你在该关系中不用那么在意食物。让体重和体脂达到一个会导致你不用在意食物的水平对于长期的心理健康来说很重要。

此外，没有长期训练的年轻参赛者具有更强的增长能力，因为他们的激素水平更加接近最优，并且他们遗传决定的上限更远。通常，他们还会具有更快的代谢速率，这会让针对比赛的节食变得更加容易。因此，较年轻的参赛者可以让自己的体重升得更高一点来利用黄金生长期，而较年长的参赛者可能最好更加接近舞台体重一些。

由于较高的同化激素水平（如睾酮），男性的肌肉生长能力要强于女性。此外，由于具有较高的体重和肌肉量，男性往往会具有较高的代谢速率。因此，相比于男性，女性参赛者可能需要更接近舞台精瘦级体形一些。

当决定自己的体重应该是多少时，要考虑你在最后一次比赛时的体能水平、休赛季的长短以及达到舞台精瘦级体形的难易程度。在上一场比赛时仍然有许多重量要减的人需要增加的重量要少于臀部肌肉纹路清晰、腘绳肌青筋暴突的参赛者。你参加的组别可能也会起到一定的作用，因为比基尼组与健美组中的体能没必要一样高。这意味着，比基尼参赛者在休赛季增加的重量通常没必要与健美运动员一样多，即便是二者在比赛时都达到了自己组别的体能标准。如果你的休赛季很短或者你在减重方面有困难，那么目标增重体重最好更加接近舞台体重一些。

休赛季的一个主要目标是在下次比赛之前增加肌肉量并改善自己的体形。处于舞台精瘦级体形或者接近它都会导致力量水平持续低下，从而降低你可以增加的肌肉量。通常，让体重增加到一个力量高到足以最大化进步的程度是一个好主意。然而，你会达到回报减少的状态，即增加的体重不会带来额外的力量增加。该信号表明，你在休赛季内不应该将体重进一步增加到超出舞台体重。

处理体重恢复的心理效应也很重要。心理障碍在参赛者中很常见，并且应当在为比赛节食之前通过专家加以解决。为比赛节食通常只会放大先前存在的食物、锻炼和身材等问题。即便是对于没有心理障碍迹象的参赛者来说，比赛准备也可能会让某些问题暴露出来。因此，一些人在比赛之后要比其他人更加纠结于增重。这并不意味着他们应当保持舞台精瘦级体形，而是他们可能应当减慢增重的速率或者增重后更加接近舞台精瘦级体形一些，前提是他们增加的重量足以让激素和代谢水平恢复正常。如果你在比赛之后纠结于增重，那么我们建议你在重新开始比赛准备之前咨询专家来解决这些事情。

正如你可能预料到的，适合于所有人的休赛季标准增重量并不存在。最优的休赛季增重量取决于我们讨论过的那些因素。有些参赛者可能只需要增重 5 ~ 10 磅即可，而其他人在休赛季内增加 30 磅以上才可能对他们最为有利。

你力争增加的重量应当足以让你觉得身体正常，并且以你能保持的程度增加重量，同时又不会感到食物摄入受限制。然而，为了避免在下次比赛准备期间不得不减掉过量的体脂，你增脂后还不应当过度地超过舞台精瘦级体形。虽然你总是可以走捷径（通常称作**微减**）来在休赛季变得稍微精瘦　些，但是休赛季的大多数时间应当花在保持合理的体脂率和摆脱热量逆差上面，并且增脂后不过度地超过登台体重。

在每次为比赛季节食的时候，你的目标应当是看起来比上一个比赛季更出色。虽然大多数人更关注比赛准备，并为此付出了更大的努力，但是你的大部分提高并不是在比赛准备期间实现的。一旦掌握了比赛准备的艺术，你在休赛季内才会取得真正的进步。所以，要对这段特殊的时间予以其真正应得的重视、关注和努力。

本章要点

▶ 比赛之后要评估自己的体形，以确保制订出一套可以在下次登台时塑造一副更优体形的休赛季计划。

▶ 如果你要在同一个比赛季内参加多场比赛，那么要在 1 ~ 3 个月的时间内参加。比赛后要与自己坚持的营养计划保持一致，并且不要胡吃海喝，尤其是在几周之内就要参加另一场比赛的时候。

▶ 如果你比赛之后有关于胡吃海喝或者因恢复体重后的身材而焦虑的问题，那么我们建议你联系专业从事身材和饮食模式失调的咨询师。

▶ 许多因素会对演出后增重的快慢以及休赛季内允许的体重产生影响。然而，如果你达到了舞台精瘦级的体脂水平，那么你便需要在比赛之后恢复重量。

▶ 适用于所有人的休赛季标准增重量并不存在！

　　健美竞技是一种极其困难的体育运功，很少有人会有毅力坚持下去。虽然许多人都认真地对待节食和训练，但是很少有人具备心理和生理上的刚毅来应对登上舞台所需的代价。其他体育运动中的运动员努力训练，然后回家进行心理和生理上的放松，但是健美运动员必须始终在每次阻力训练和有氧运动环节、每顿膳食以及每个因饥饿而难以入睡的夜晚都保持专注。这种生活要求没有"暂缓"一说。我们的思想和身体几乎每时每刻都必须记住自己的任务。

　　大部分人进入这项体育运动的时候，都会想象着自己将会引以为傲的部位——轮廓清晰的腹肌、健硕如山的肱二头肌和紧致有型的三角肌。我们如此地渴望这种理想身材，而在这份狂热中，我们决心"不惜一切"来达成自己的目标。多年以来，这种心态已经塑造了许多冠军。然而，这种心理最终也导致了许多运动员（不只是健美运动员）的失败。

　　不惜一切来获胜的问题是，许多人通常不会花时间去识别达成该目标所需的代价。盲目的努力绝对不是答案。在健美中，即便在人们大错特错的时候，这种心态也经常得到称赞。然而，盲目的努力丝毫都不会让他们离自己的目标更近。如果一名马拉松选手沿着错误的方向跑了 56 千米，而不是按照比赛规定在跑道上跑了 42.195 千米，那么他将会比同类选手更加努力（跑得史远）但却输掉了比赛。你既要付出极大的努力，也要评估努力对于你的目标来说是否必要、有用以及相关。

　　即便是在我们排除了所有不必要、无用或者模糊的努力之后，健美之旅中留给我们的也只不过是不可估量的困难。在这项运动中，我们对自己的要求必须高于其他人对我们的要求，对自己的期望也必须高于其他人对我们的期望。通往平庸最快捷的路线是只达到别人为我们设定好的标准。健美本身尤其是比赛准备的艰苦性往往会吸引那些想挑战自己，并实现别人根本无法实现的身材的那些人。

　　在这项体育运动中，我们从自己的成果中获得喜悦。我们中有谁在照镜子看到劳动成果时或者体验到比赛胜利时不感到高兴？为某件事情努力，接着又看到了收获，这种感觉真的不错。然而，当进步减缓（确实会发生）、比赛中名次较差（确实会发生），或者实现目标似乎需要数年而不是数周时间（因为确实会这样）的时候，是什么让你继续前行？你内心想继续前行吗？对于许多人来说，答案都是"不"。

　　健美运动员往往会乐观地看待未来。他们向前推进并心想"当我变得更健硕和更瘦时，我就会更加快乐"；或者，"我将会在赢得比赛的时候感到快乐"。这种态度将自己的一切快乐都建立在了结果上面。这会导致一种为了得到结果而不顾一切的心理，在这种心理中，每一点短期进步都极其重要。

讽刺的是，要想从结果和成就中获得快乐，而过程通常会变成失望和绝望的源头。一旦有了那种念头，健身房中的每项个人记录和每次比赛名次都会被当作生死关头。问题是，你在健美中输掉的比赛要远远多于获胜的比赛，并且除了训练的头 5 年，健身房中的个人记录将会变得很罕见。抱着一种不成功便成仁的心态意味着你会再三地失败。

与其因每次成功和失败大喜大悲，不如学着享受成功，从失败中吸取教训，并继续前行。成功和失败都只是短暂的状态，每次成功只会持续到下次失败，而每次失败也只会持续到下次成功。因此，我们不应当陷入任何一类情况之中。我们要享受、学习，并且继续前行。

这个艰苦的过程让健美如此地难以忍受却又如此地美妙。登上竞赛舞台的参赛者在最终退出之前通常只会持续 3 ~ 4 年。健美将他们消磨得如此厉害，以至于他们无法长时间地从事该项目。不幸的是，在健美中实现个人最佳需要的时间远远不止几年，它通常需要 10 年或者更多。所以，是什么将这些能坚持和不能坚持的人区分开了呢？是什么秘诀让有些人在其他人放弃的时候选择了忍耐呢？

这些问题的答案很简单。长时间忍受该项体育运动中所有艰辛的关键在于乐趣。健美过程的结果不可能并且也绝对不是我们快乐的唯一来源。如果想要持久，那么我们必须学着从过程中获得快乐。真正的快乐并非来源于某个单独的事物，即便是健美结果也不例外；它源于在我们生活中拥有的大量的快乐源泉。健美必须要增进生活的整体快乐。如果它做不到这一点，那么我们不可能指望拥有坚持进行健美的意志。

如果在该项体育运动中所做的一切都被看作为了实现作为你唯一快乐来源的最终目标而"忍受"的事情，那么你将会很痛苦。成功的人靠的不是牺牲，他们靠的是激情。你必须热爱自己所做的事情，而不只是你所做事情的结果。持续 20 年和只持续 2 年的人之间存在明显的区别。前者 20 年来每天早晨起床都会对自己当天要做的事情感到兴奋，而后者 2 年来每天早晨起来都对自己希望在某天实现的成就感到兴奋，但是却畏惧于实现成就必须要做的事情。

最后，在那些接受挑战的人的生活中，健美可以作为一种非常强大的积极力量。它会考验我们的意志，给予我们力量并能让我们变得更好，无论是精神上还是生理上。我们开始参与该项体育运动的原因极少是我们坚持它的原因。我们取得的进步极少是我们在一开始时就预想到的，但它们是让我们比想象中更加骄傲的源头。在沿着旅程推进的过程中，你必须努力地练习、挑战你的极限并让每一点能量都发挥出全部的潜力。不过，始终要记得享受该项体育运功所提供的荣耀、益处和美妙，因为它们确实丰富多彩。

彼得·J.费森博士，体能训练认证专家，是塑体与体形有限责任公司的所有者，并在那里担任备赛教练。他在健美运动中对教育和经验的结合是独树一帜的。他从伊利诺伊大学获得了营养学博士学位，并从威斯康星大学拉克罗斯分校获得了生理学硕士学位以及生物化学学士学位。作为一名研究人员，费森已经与人合著了18本著作，包括几本有关健美比赛准备的著作。他是一名通过美国国家体能协会认证的体能训练专家（NSCA-CSCS）。他从2004年以来一直在参加自然健美比赛，并且在2012年获得了自己的自然职业卡。

克里夫·威尔逊是一名职业的自然健美运动员，并且是业内顶级的体能教练之一，他通过执教顶尖的健美运动员和力量举重运动员而确立了自己的地位。通过结合使用经科学证实的方法和经验技巧，威尔逊的客户获得了100多张职业卡、60多项职业头衔和9个世锦赛冠军。他作为教练的名声还让他成为一位著名的健身作者，并在许多杂志和网站上都发表过文章。威尔逊还是一名曾在各地讲课的著名演讲嘉宾。

扫码立即免费领取
《精准拉伸》动作手册1份

译者简介

钱吉成

中国首位世界健美冠军，国际级运动健将，全国群众体育先进个人，中华人民共和国体育运动荣誉奖章获得者，中国健美运动特殊贡献奖获得者。在1998—2010年13次夺得全国冠军，2001—2002年夺得两届亚洲健美锦标赛冠军，2005年获得第59届世界健美冠军锦标赛冠军，2006年第15届多哈亚运会健美冠军，2015年阿诺德国际健美大赛冠军，IFBB国际大师级健美教练，2018年获得IFBB职业卡，2007—2010年曾担任中国国家健美队主教练。现任中国健美协会技术委员会副主任、海南省健美运动协会会长，三亚吉成健身训练中心创始人。2005年曾创办"吉成专业健美训练营"，2011年曾创办"吉成健美之夜大赛"，编著有《跟冠军学健美》一书。

钱庄

美国加州大学洛杉矶分校（UCLA）学士。健身健美运动爱好者，曾担任2014年IFBB国际健美联合会主席访问北京协调小组翻译，现任世界华人健美健身协会（WCBFA）秘书。

参考文献

第1章

1. Bamman, MM, Hunter, GR, Newton, LE, Roney, RK, and Khaled, MA. Changes in body composition, diet, and strength of body-builders during the 12 weeks prior to competition. *J Sports Med Phys Fitness* 33:383-391, 1993.

2. Helms, ER, Aragon, AA, and Fitschen, PJ. Evidence-based recommendations for natural bodybuilding contest preparation: nutrition and supplementation. *J Int Soc Sports Nutr* 11:20, 2014.

3. Helms, ER, Fitschen, PJ, Aragon, AA, Cronin, J, and Schoenfeld, BJ. Recommendations for natural bodybuilding contest preparation: resistance and cardiovascular training. *J Sports Med Phys Fitness* 55:164-178, 2015.

4. Kleiner, SM, Bazzarre, TL, and Litchford, MD. Metabolic profiles, diet, and health practices of championship male and female bodybuilders. *J Am Diet Assoc* 90:962-967, 1990.

5. Steen, SN. Precontest strategies of a male bodybuilder. *Int J Sport Nutr* 1:69-78, 1991.

6. Trexler, ET, Hirsch, KR, Campbell, BI, and Smith-Ryan, AE. Physiological changes following competition in male and female physique athletes: a pilot study. *Int J Sport Nutr Exerc Metab* 27:458-466, 2017.

7. van der Ploeg, GE, Brooks, AG, Withers, RT, Dollman, J, Leaney, F, and Chatterton, BE. Body composition changes in female bodybuilders during preparation for competition. *Eur J Clin Nutr* 55:268-277, 2001.

第3章

1. Hubal, MJ, Gordish-Dressman, H, Thompson, PD, Price, TB, Hoff-man, EP, Angelopoulos, TJ, Gordon, PM, Moyna, NM, Pescatello, LS, Visich, PS, Zoeller, RF, Seip, RL, and Clarkson, PM. Variability in muscle size and strength gain after unilateral resistance training. *Med Sci Sports Exerc* 37:964-972, 2005.

2. Pardue, A, Trexler, ET, and Sprod, LK. Case study: unfavorable but transient physiological changes during contest preparation in a drug-free male bodybuilder. *Int J Sport Nutr Exerc Metab* 27:550-559, 2017.

3. Rossow, LM, Fukuda, DH, Fahs, CA, Loenneke, JP, and Stout, JR. Natural bodybuilding competition preparation and recovery: a 12-month case study. *Int J Sports Physiol Perform* 8:582-592, 2013.

第4章

1. Azizi, F. Effect of dietary composition on fasting-induced changes in serum thyroid hormones and thyrotropin. *Metabo-lism* 27:935-942, 1978.

2. Bhasin, S, Storer, TW, Berman, N, Callegari, C, Clevenger, B, Phillips, J, Bunnell, TJ, Tricker, R, Shirazi, A, and Casaburi, R. The effects of supraphysiologic doses of testosterone on muscle size and strength in normal men. *N Engl J Med* 335:1-7, 1996.

3. Burke, LM, Loucks, AB, and Broad, N. Energy and carbohydrate for training and recovery. *J Sports Sci* 24:675-685, 2006.

4. Byrne, NM, Sainsbury, A, King, NA, Hills, AP, and Wood, RE. Intermittent energy restriction improves weight loss efficiency in obese men: the MATADOR study. *Int J Obes (Lond)* 42:129-138, 2018.

5. Chaston, TB, Dixon, JB, and O'Brien, PE. Changes in fat-free mass during significant weight loss: a systematic review. *Int J Obes (Lond)* 31:743-750, 2007.

6. Garthe, I, Raastad, T, Refsnes, PE, Koivisto, A, and Sundgot-Borgen, J. Effect of two different weight-loss rates on body composition and strength and power-related performance in elite athletes. *Int J Sport Nutr Exerc Metab* 21:97-104, 2011.

7. Halliday, TM, Loenneke, JP, and Davy, BM. Dietary intake, body composition, and menstrual cycle changes during competition preparation and recovery in a drug-free figure competitor: a case study. *Nutrients* 8:740, 2016.

8. Helms, ER, Aragon, AA, and Fitschen, PJ. Evidence-based recommendations for natural bodybuilding contest preparation: nutrition and supplementation. *J Int Soc Sports Nutr* 11:20, 2014.

9. Kistler, BM, Fitschen, PJ, Ranadive, SM, Fernhall, B, and Wilund, KR. Case study: natural bodybuilding contest preparation. *Int J Sport Nutr Exerc Metab* 24:694-700, 2014.

10. Knuth, ND, Johannsen, DL, Tamboli, RA, Marks-Shulman, PA, Huizenga, R, Chen, KY, Abumrad, NN, Ravussin, E, and Hall, KD. Metabolic adaptation following massive weight loss is related to the degree of energy imbalance and changes in circulating leptin. *Obesity (Silver Spring)* 22:2563-2569, 2014.

11. Kreitzman, SN, Coxon, AY, and Szaz, KF. Glycogen storage: illusions of easy weight loss, excessive weight regain, and distortions in estimates of body composition. *Am J Clin Nutr* 56:292S-293S, 1992.

12. Robinson, SL, Lambeth-Mansell, A, Gillibrand, G, Smith-Ryan, A, and Bannock, L. A nutrition and conditioning intervention for natural bodybuilding contest preparation: case study. *J Int Soc Sports Nutr* 12:20, 2015.

13. Rodriguez, NR, DiMarco, NM, and Langley, S. American College of Sports Medicine position stand. Nutrition and athletic performance. *Med Sci Sports Exerc* 41:709-731, 2009.

14. Romon, M, Lebel, P, Velly, C, Marecaux, N, Fruchart, JC, and Dallongeville, J. Leptin response to carbohydrate or fat meal and association with subsequent satiety and energy intake. *Am J Physiol* 277:E855-861, 1999.

15. Rossow, LM, Fukuda, DH, Fahs, CA, Loenneke, JP, and Stout, JR. Natural bodybuilding competition preparation and recovery: a 12-month case study. *Int J Sports Physiol Perform* 8:582-592, 2013.

16. Trexler, ET, Hirsch, KR, Campbell, BI, and Smith-Ryan, AE. Physiological changes following competition in male and female physique athletes: a pilot study. *Int J Sport Nutr Exerc Metab* 27:458-466, 2017.

17. Trexler, ET, Smith-Ryan, AE, and Norton, LE. Metabolic adapta-tion to weight loss: implications for the athlete. *J Int Soc Sports Nutr* 11:7, 2014.

18. Wing, RR and Jeffery, RW. Prescribed "breaks" as a means to disrupt weight control efforts. *Obes Res* 11:287-291, 2003.

第5章

1. Abargouei, AS, Janghorbani, M, Salehi-Marzijarani, M, and Esmaillzadeh, A. Effect of dairy consumption on weight and body composition in adults: a systematic review and meta-analysis of randomized controlled clinical trials. *Int J Obes (Lond)* 36:1485-1493, 2012.

2. Anderson, JW, Baird, P, Davis, RH, Jr., Ferreri, S, Knudtson, M, Koraym, A, Waters, V, and Williams, CL. Health benefits of dietary fiber. *Nutr Rev* 67:188-205, 2009.

3. Antonio, J and Ellerbroek, A. Case reports on well-trained bodybuilders: two years on a high-protein diet. *J Ex Physiol* 21:14-24, 2018.

4. Antonio, J, Ellerbroek, A, Silver, T, Vargas, L, Tamayo, A, Buehn, R, and Peacock, C. A high-protein diet has no harmful effects: a one-year crossover study in resistance-trained males *J Nutr Metab* 2016. [e-pub ahead of print].

5. Azizi, F. Effect of dietary composition on fasting-induced changes in serum thyroid hormones and thyrotropin. *Metabolism* 27:935-942, 1978.

6. Bandegan, A, Courtney-Martin, G, Rafii, M, Pencharz, PB, and Lemon, PW. Indicator amino acid-derived estimate of dietary protein requirement for male bodybuilders on a nontraining day is several-fold greater than the current recommended dietary allowance. *J Nutr* 147:850-857, 2017.

7. Bantle, JP, Raatz, SK, Thomas, W, and Georgopoulos, A. Effects of dietary fructose on plasma lipids in healthy subjects. *Am J Clin Nutr* 72:1128-1134, 2000.

8. Bohe, J, Low, JF, Wolfe, RR, and Rennie, MJ. Latency and duration of stimulation of human muscle protein synthesis during continuous infusion of amino acids. *J Physiol* 532:575-579, 2001.

9. Bray, GA, Most, M, Rood, J, Redmann, S, and Smith, SR. Hormonal responses to a fast-food meal compared with nutritionally comparable meals of different composition. *Ann Nutr*

Metab 51:163-171, 2007.

10. Byrne, NM, Sainsbury, A, King, NA, Hills, AP, and Wood, RE. Intermittent energy restriction improves weight loss efficiency in obese men: the MATADOR study. *Int J Obes (Lond)* 42:129-138, 2018.

11. Cameron, JD, Cyr, MJ, and Doucet, E. Increased meal frequency does not promote greater weight loss in subjects who were prescribed an 8-week equi-energetic energy-restricted diet. *Br J Nutr* 103:1098-1101, 2010.

12. Campbell, BI, Aguilar, D, Conlin, L, Vargas, A, Schoenfeld, BJ, Corson, A, Gai, C, Best, S, Galvan, E, and Couvillion, K. Effects of high vs. low protein intake on body composition and maximal strength in aspiring female physique athletes engaging in an 8-week resistance training program. *Int J Sport Nutr Exerc Metab* 1-21, 2018.

13. Champagne, CM, Bray, GA, Kurtz, AA, Monteiro, JB, Tucker, E, Volaufova, J, and Delany, JP. Energy intake and energy expenditure: a controlled study comparing dietitians and non-dietitians. *J Am Diet Assoc* 102:1428-1432, 2002.

14. de Souza, RJ, Mente, A, Maroleanu, A, Cozma, AI, Ha, V, Kishibe, T, Uleryk, E, Budylowski, P, Schunemann, H, Beyene, J, and Anand, SS. Intake of saturated and trans unsaturated fatty acids and risk of all cause mortality, cardiovascular disease, and type 2 diabetes: systematic review and meta-analysis of observational studies. *BMJ* 351:h3978, 2015.

15. Ferraro, R, Lillioja, S, Fontvieille, AM, Rising, R, Bogardus, C, and Ravussin, E. Lower sedentary metabolic rate in women compared with men. *J Clin Invest* 90:780-784, 1992.

16. Haff, GG, Stone, MH, Warren, BJ, Keith, R, Johnson, RL, Nieman, DC, Williams, F, and Kirksey, KB. The effect of carbohydrate supplementation on multiple sessions and bouts of resistance exercise. *J Strength Cond Res* 13:111-117, 1999.

17. Haff, GG, Stone, MH, Warren, BJ, Keith, R, Johnson, RL, Nieman, DC, Williams, F, and Kirksey, KB. The effect of carbohydrate supplementation on multiple sessions and bouts of resistance exercise. *J Strength Cond Res* 13:111-117, 1999.

18. Haffner, SM, D'Agostino, R, Saad, MF, Rewers, M, Mykkanen, L, Selby, J, Howard, G, Savage, PJ, Hamman, RF, Wegenknecht, LE, and Bergman, RN. Increased insulin resistance and insulin secretion in nondiabetic African Americans and Hispanics compared with non-Hispanic whites: the insulin resistance atherosclerosis atudy. *Diabetes* 45:742-748, 1996.

19. Halliday, TM, Loenneke, JP, and Davy, BM. Dietary intake, body composition, and menstrual cycle changes during competition preparation and recovery in a drug-free figure competitor: a case study. *Nutrients* 8:740, 2016.

20. Hammad, S, Pu, S, and Jones, PJ. Current evidence supporting the link between dietary fatty acids and cardiovascular disease. *Lipids* 51:507-517, 2016.

21. Helms, ER, Aragon, AA, and Fitschen, PJ. Evidence-based recommendations for natural bodybuilding contest preparation: nutrition and supplementation. *J Int Soc Sports Nutr* 11:20, 2014.

22. Hickson, JF, Jr., Johnson, TE, Lee, W, and Sidor, RJ. Nutrition and the precontest preparations of a male bodybuilder. *J Am Diet Assoc* 90:264-267, 1990.

23. Jeukendrup, AE, Wagenmakers, AJ, Stegen, JH, Gijsen, AP, Brouns, F, and Saris, WH. Carbohydrate ingestion can completely suppress endogenous glucose production during exercise. *Am J Physiol* 276:E672-E683, 1999.

24. Kistler, BM, Fitschen, PJ, Ranadive, SM, Fernhall, B, and Wilund, KR. Case study: natural bodybuilding contest preparation. *Int J Sport Nutr Exerc Metab* 24:694-700, 2014.

25. Kleiner, SM, Bazzarre, TL, and Litchford, MD. Metabolic profiles, diet, and health practices of championship male and female bodybuilders. *J Am Diet Assoc* 90:962-967, 1990.

26. Lamar-Hildebrand, N, Saldanha, L, and Endres, J. Dietary and exercise practices of college-aged female bodybuilders. *J Am Diet Assoc* 89:1308-1310, 1989.

27. Leaf, A and Antonio, J. The effects of overfeeding on body composition: the role of macronutrient composition: a narrative review. *Int J Exerc Sci* 10:1275-1296, 2017.

28. Lichtman, SW, Pisarska, K, Berman, ER, Pestone, M, Dowling, H, Offenbacher, E, Weisel, H, Heshka, S, Matthews, DE, and Heymsfield, SB. Discrepancy between self-reported and actual caloric intake and exercise in obese subjects. *N*

Engl J Med 327:1893-1898, 1992.

29. Macdiarmid, J and Blundell, J. Assessing dietary intake: who, what and why of under-reporting. *Nutr Res Rev* 11:231-253, 1998.

30. Maclean, PS, Bergouignan, A, Cornier, MA, and Jackman, MR. Biology's response to dieting: the impetus for weight regain. *Am J Physiol Regul Integr Comp Physiol* 301:R581-600, 2011.

31. Magnuson, BA, Burdock, GA, Doull, J, Kroes, RM, Marsh, GM, Pariza, MW, Spencer, PS, Waddell, WJ, Walker, R, and Williams, GM. Aspartame: a safety evaluation based on current use levels, regulations, and toxicological and epidemiological studies. *Crit Rev Toxicol* 37:629-727, 2007.

32. Mozaffarian, D, Micha, R, and Wallace, S. Effects on coronary heart disease of increasing polyunsaturated fat in place of saturated fat: a systematic review and meta-analysis of randomized controlled trials. *PLoS Med* 7:e1000252, 2010.

33. Phillips, SM. A brief review of critical processes in exercise-induced muscular hypertrophy. *Sports Med* 44 Suppl 1:S71-77, 2014.

34. Res, PT, Groen, B, Pennings, B, Beelen, M, Wallis, GA, Gijsen, AP, Senden, JM, and LJ, VANL. Protein ingestion before sleep improves postexercise overnight recovery. *Med Sci Sports Exerc* 44:1560-1569, 2012.

35. Robergs, RA, Pearson, DR, Costill, DL, Fink, WJ, Pascoe, DD, Benedict, MA, Lambert, CP, and Zachweija, JJ. Muscle glycogenolysis during differing intensities of weight-resistance exercise. *J Appl Physiol (1985)* 70:1700-1706, 1991.

36. Robinson, SL, Lambeth-Mansell, A, Gillibrand, G, Smith-Ryan, A, and Bannock, L. A nutrition and conditioning intervention for natural bodybuilding contest preparation: case study. *J Int Soc Sports Nutr* 12:20, 2015.

37. Rogers, PJ, Hogenkamp, PS, de Graaf, C, Higgs, S, Lluch, A, Ness, AR, Penfold, C, Perry, R, Putz, P, Yeomans, MR, and Mela, DJ. Does low-energy sweetener consumption affect energy intake and body weight? A systematic review, including meta-analyses, of the evidence from human and animal studies. *Int J Obes (Lond)* 40:381-394, 2016.

38. Romon, M, Lebel, P, Velly, C, Marecaux, N, Fruchart, JC, and Dallongeville, J. Leptin response to carbohydrate or fat meal and association with subsequent satiety and

energy intake. *Am J Physiol* 277:E855-861, 1999.

39. Rossow, LM, Fukuda, DH, Fahs, CA, Loenneke, JP, and Stout, JR. Natural bodybuilding competition preparation and recovery: a 12-month case study. *Int J Sports Physiol Perform* 8:582-592, 2013.

40. Sandoval, WM, Heyward, VH, and Lyons, TM. Comparison of body composition, exercise and nutritional profiles of female and male body builders at competition. *J Sports Med Phys Fitness* 29:63-70, 1989.

41. Schoenfeld, BJ, Aragon, AA, and Krieger, JW. The effect of protein timing on muscle strength and hypertrophy: a meta-analysis. *J Int Soc Sports Nutr* 10:53, 2013.

42. Seimon, RV, Roekenes, JA, Zibellini, J, Zhu, B, Gibson, AA, Hills, AP, Wood, RE, King, NA, Byrne, NM, and Sainsbury, A. Do intermittent diets provide physiological benefits over continuous diets for weight loss? A systematic review of clinical trials. *Mol Cell Endocrinol* 418 Pt 2:153-172, 2015.

43. Siri-Tarino, PW, Sun, Q, Hu, FB, and Krauss, RM. Meta-analysis of prospective cohort studies evaluating the association of saturated fat with cardiovascular disease. *Am J Clin Nutr* 91:535-546, 2010.

44. Smith, CF, Williamson, DA, Bray, GA, and Ryan, DH. Flexible vs. rigid dieting strategies: relationship with adverse behavioral outcomes. *Appetite* 32:295-305, 1999.

45. Sofer, S, Eliraz, A, Kaplan, S, Voet, H, Fink, G, Kima, T, and Madar, Z. Greater weight loss and hormonal changes after 6 months diet with carbohydrates eaten mostly at dinner. *Obesity (Silver Spring)* 19:2006-2014, 2011.

46. Spaeth, AM, Dinges, DF, and Goel, N. Resting metabolic rate varies by race and by sleep duration. *Obesity (Silver Spring)* 23:2349-2356, 2015.

47. Steen, SN. Precontest strategies of a male bodybuilder. *Int J Sport Nutr* 1:69-78, 1991.

48. Thomas, DM, Martin, CK, Lettieri, S, Bredlau, C, Kaiser, K, Church, T, Bouchard, C, and Heymsfield, SB. Can a weight loss of one pound a week be achieved with a 3,500-kcal deficit? Commentary on a commonly accepted rule. *Int J Obes (Lond)* 37:1611-1613, 2013.

49. Trexler, ET, Smith-Ryan, AE, and Norton, LE. Metabolic adapta-tion to weight loss:

implications for the athlete. *J Int Soc Sports Nutr* 11:7, 2014.

50. van Marken Lichtenbelt, WD, Hartgens, F, Vollaard, NB, Ebbing, S, and Kuipers, H. Body composition changes in bodybuilders: a method comparison. *Med Sci Sports Exerc* 36:490-497, 2004.

51. Varady, KA. Intermittent versus daily calorie restriction: which diet regimen is more effective for weight loss? *Obes Rev* 12:e593-e601, 2011.

52. Weigle, DS, Breen, PA, Matthys, CC, Callahan, HS, Meeuws, KE, Burden, VR, and Purnell, JQ. A high-protein diet induces sustained reductions in appetite, ad libitum caloric intake, and body weight despite compensatory changes in diurnal plasma leptin and ghrelin concentrations. *Am J Clin Nutr* 82:41-48, 2005.

53. Wing, RR and Jeffery, RW. Prescribed "breaks" as a means to disrupt weight control efforts. *Obes Res* 11:287-291, 2003.

第6章

1. Amirthalingam, T, Mavros, Y, Wilson, GC, Clarke, JL, Mitchell, L, and Hackett, DA. Effects of a modified German volume training program on muscular hypertrophy and strength. *J Strength Cond Res* 31:3109-3119, 2017.

2. Bartholomew, JB, Stults-Kolehmainen, MA, Elrod, CC, and Todd, JS. Strength gains after resistance training: the effect of stressful, negative life events. *J Strength Cond Res* 22:1215-1221, 2008.

3. Bravata, DM, Smith-Spangler, C, Sundaram, V, Gienger, AL, Lin, N, Lewis, R, Stave, CD, Olkin, I, and Sirard, JR. Using pedometers to increase physical activity and improve health: a systematic review. *JAMA* 298:2296-2304, 2007.

4. Campos, GE, Luecke, TJ, Wendeln, HK, Toma, K, Hagerman, FC, Murray, TF, Ragg, KE, Ratamess, NA, Kraemer, WJ, and Staron, RS. Muscular adaptations in response to three different resistance-training regimens: specificity of repetition maximum training zones. *Eur J Appl Physiol* 88:50-60, 2002.

5. Coffey, VG and Hawley, JA. Concurrent exercise training: do opposites distract? *J Physiol* 595:2883-2896, 2016.

6. Davies, T, Orr, R, Halaki, M, and Hackett, D. Effect of training leading to repetition failure on muscular strength: a systematic review

and meta-analysis. *Sports Med* 46:487-502, 2015.

7. de Lacerda, LT, Costa, HCM, Diniz, RCR, Lima, FV, Andrade, AGP, Tourino, FD, Bemben, MG, and Chagas, MH. Variations in repetition duration and repetition numbers influences muscular activation and blood lactate response in protocols equalized by time under tension. *J Strength Cond Res*, 2015. [e-pub ahead of print].

8. Fonseca, RM, Roschel, H, Tricoli, V, de Souza, EO, Wilson, JM, Laurentino, GC, Aihara, AY, de Souza Leao, AR, and Ugrinowitsch, C. Changes in exercises are more effective than in loading schemes to improve muscle strength. *J Strength Cond Res* 28:3085-3092, 2014.

9. Fry, AC and Kraemer, WJ. Resistance exercise overtraining and overreaching. Neuroendocrine responses. *Sports Med* 23:106-129, 1997.

10. Headley, SA, Henry, K, Nindl, BC, Thompson, BA, Kraemer, WJ, and Jones, MT. Effects of lifting tempo on one repetition maximum and hormonal responses to a bench press protocol. *J Strength Cond Res* 25:406-413, 2011.

11. Henselmans, M and Schoenfeld, BJ. The effect of inter-set rest intervals on resistance exercise-induced muscle hypertrophy. *Sports Med* 44:1635-1643, 2014.

12. Kim, E, Dear, A, Ferguson, SL, Seo, D, and Bemben, MG. Effects of 4 weeks of traditional resistance training vs. superslow strength training on early phase adaptations in strength, flexibility, and aerobic capacity in college-aged women. *J Strength Cond Res* 25:3006-3013, 2011.

13. King, NA, Caudwell, P, Hopkins, M, Byrne, NM, Colley, R, Hills, AP, Stubbs, JR, and Blundell, JE. Metabolic and behavioral compensatory responses to exercise interventions: barriers to weight loss. *Obesity (Silver Spring)* 15:1373-1383, 2007.

14. Klemp, A, Dolan, C, Quiles, JM, Blanco, R, Zoeller, RF, Graves, BS, and Zourdos, MC. Volume-equated high- and low-repetition daily undulating programming strategies produce similar hypertrophy and strength adaptations. *Appl Physiol Nutr Metab* 41:699-705, 2016.

15. Krieger, JW. Single vs. multiple sets of resistance exercise for muscle hypertrophy: a meta-analysis. *J Strength Cond Res* 24:1150-

1159, 2010.

16. Larsson, ME, Kall, I, and Nilsson-Helander, K. Treatment of patellar tendinopathy: a systematic review of randomized controlled trials. *Knee Surg Sports Traumatol Arthrosc* 20:1632-1646, 2012.

17. Levine, JA. Nonexercise activity thermogenesis: liberating the life-force. *J Intern Med* 262:273-287, 2007.

18. Maclean, PS, Bergouignan, A, Cornier, MA, and Jackman, MR. Biology's response to dieting: the impetus for weight regain. *Am J Physiol Regul Integr Comp Physiol* 301:R581-600, 2011.

19. McMahon, GE, Morse, CI, Burden, A, Winwood, K, and Onambele, GL. Impact of range of motion during ecologically valid resistance training protocols on muscle size, subcutaneous fat, and strength. *J Strength Cond Res* 28:245-255, 2014.

20. Melanson, EL, Sharp, TA, Seagle, HM, Horton, TJ, Donahoo, WT, Grunwald, GK, Hamilton, JT, and Hill, JO. Effect of exercise intensity on 24-h energy expenditure and nutrient oxidation. *J Appl Physiol (1985)* 92:1045-1052, 2002.

21. Miller, BF, Olesen, JL, Hansen, M, Dossing, S, Crameri, RM, Welling, RJ, Langberg, H, Flyvbjerg, A, Kjaer, M, Babraj, JA, Smith, K, and Rennie, MJ. Coordinated collagen and muscle protein synthesis in human patella tendon and quadriceps muscle after exercise. *J Physiol* 567:1021-1033, 2005.

22. Morton, RW, Oikawa, SY, Wavell, CG, Mazara, N, McGlory, C, Quadrilatero, J, Baechler, BL, Baker, SK, and Phillips, SM. Neither load nor systemic hormones determine resistance training-mediated hypertrophy or strength gains in resistance-trained young men. *J Appl Physiol (1985)* 121:129-138, 2016.

23. Phillips, SM, Tipton, KD, Aarsland, A, Wolf, SE, and Wolfe, RR. Mixed muscle protein synthesis and breakdown after resistance exercise in humans. *Am J Physiol* 273:E99-107, 1997.

24. Pontzer, H, Durazo-Arvizu, R, Dugas, LR, Plange-Rhule, J, Bovet, P, Forrester, TE, Lambert, EV, Cooper, RS, Schoeller, DA, and Luke, A. Constrained total energy expenditure and metabolic adaptation to physical activity in adult humans. *Curr Biol* 26:410-417, 2016.

25. Robineau, J, Babault, N, Piscione, J, Lacome, M, and Bigard, AX. Specific training effects of concurrent aerobic and strength exercises depend on recovery duration. *J Strength Cond*

Res 30:672-683, 2016.

26. Rossow, LM, Fukuda, DH, Fahs, CA, Loenneke, JP, and Stout, JR. Natural bodybuilding competition preparation and recovery: a 12-month case study. *Int J Sports Physiol Perform* 8:582-592, 2013.

27. Saris, WH and Schrauwen, P. Substrate oxidation differences between high- and low-intensity exercise are compensated over 24 hours in obese men. *Int J Obes Relat Metab Disord* 28:759-765, 2004.

28. Schoenfeld, BJ, Aragon, AA, Wilborn, CD, Krieger, JW, and Sonmez, GT. Body composition changes associated with fasted versus non-fasted aerobic exercise. *J Int Soc Sports Nutr* 11:54, 2014.

29. Schoenfeld, BJ, Contreras, B, Ogborn, D, Galpin, A, Krieger, J, and Sonmez, GT. Effects of varied versus constant loading zones on muscular adaptations in trained men. *Int J Sports Med* 37:442-447, 2016.

30. Schoenfeld, BJ, Ogborn, D, and Krieger, JW. Dose-response relationship between weekly resistance training volume and increases in muscle mass: a systematic review and meta-analysis. *J Sports Sci*:1-10, 2016.

31. Schoenfeld, BJ, Ogborn, D, and Krieger, JW. Effects of resistance training frequency on measures of muscle hypertrophy: a systematic review and meta-analysis. *Sports Med* 46:1689-1697, 2016.

32. Schoenfeld, BJ, Peterson, MD, Ogborn, D, Contreras, B, and Sonmez, GT. Effects of low-versus high-load resistance training on muscle strength and hypertrophy in well-trained men. *J Strength Cond Res* 29:2954-2963, 2015.

33. Schoenfeld, BJ, Pope, ZK, Benik, FM, Hester, GM, Sellers, J, Nooner, JL, Schnaiter, JA, Bond-Williams, KE, Carter, AS, Ross, CL, Just, BL, Henselmans, M, and Krieger, JW. Longer interset rest periods enhance muscle strength and hypertrophy in resistance-trained men. *J Strength Cond Res* 30:1805-1812, 2016.

34. Schoenfeld, BJ, Ratamess, NA, Peterson, MD, Contreras, B, Tiryaki-Sonmez, G, and Alvar, BA. Effects of different volume-equated resistance training loading strategies on muscular adaptations in well-trained men. *J Strength Cond Res* 28:2909-2918, 2014.

35. Schoenfeld, BJ, Vigotsky, A, Contreras, B, Golden, S, Alto, A, Larson, R, Winkelman, N, and Paoli, A. Differential effects of attentional

focus strategies during long-term resistance training. *Eur J Sport Sci*:1-8, 2018.

36. Shepstone, TN, Tang, JE, Dallaire, S, Schuenke, MD, Staron, RS, and Phillips, SM. Short-term high- vs. low-velocity isokinetic lengthening training results in greater hypertrophy of the elbow flexors in young men. *J Appl Physiol (1985)* 98:1768-1776, 2005.

37. Simao, R, de Salles, BF, Figueiredo, T, Dias, I, and Willardson, JM. Exercise order in resistance training. *Sports Med* 42:251-265, 2012.

38. Snyder, BJ and Leech, JR. Voluntary increase in latissimus dorsi muscle activity during the lat pull-down following expert instruction. *J Strength Cond Res* 23:2204-2209, 2009.

39. Stults-Kolehmainen, MA, Bartholomew, JB, and Sinha, R. Chronic psychological stress impairs recovery of muscular function and somatic sensations over a 96-hour period. *J Strength Cond Res* 28:2007-2017, 2014.

40. Trexler, ET, Smith-Ryan, AE, and Norton, LE. Metabolic adaptation to weight loss: implications for the athlete. *J Int Soc Sports Nutr* 11:7, 2014.

41. Wernbom, M, Augustsson, J, and Thomee, R. The influence of frequency, intensity, volume, and mode of strength training on whole muscle cross-sectional area in humans. *Sports Med* 37:225-264, 2007.

42. West, DW and Phillips, SM. Associations of exercise-induced hormone profiles and gains in strength and hypertrophy in a large cohort after resistance training. *Eur J Appl Physiol* 112:2693-2702, 2012.

43. Willardson, JM. The application of training to failure in periodized multiple-set resistance exercise programs. *J Strength Cond Res* 21:628-631, 2007.

44. Wilson, JM, Marin, PJ, Rhea, MR, Wilson, SM, Loenneke, JP, and Anderson, JC. Concurrent training: a meta-analysis examining interference of aerobic and resistance exercise. *J Strength Cond Res* 26:2293-2307, 2011.

第9章

1. Lote, C. *Principles of Renal Physiology*. 5th ed. New York: Springer, 12, 2012.

2. McBride, JJ, Guest, MM, and Scott, EL. The storage of the major liver components: emphasizing the relationship of glycogen to water in the liver and hydration of glycogen. *J Biol Chem* 139:943-952, 1941.

3. Olsson, KE and Saltin, B. Variation in total body water with muscle glycogen changes in man. *Acta Physiol Scand* 80:11-18, 1970.

4. Roedde, S, MacDougall, JD, Sutton, JR, and Green, HJ. Super-compensation of muscle glycogen in trained and untrained subjects. *Can J Appl Sport Sci* 11:42-46, 1986.

5. Toomey, CM, McCormack, WG, and Jakeman, P. The effect of hydration status on the measurement of lean tissue mass by dual-energy X-ray absorptiometry. *Eur J Appl Physiol* 117:567-574, 2017.

第11章

1. Dulloo, AG, Jacquet, J, and Girardier, L. Poststarvation hyperphagia and body fat overshooting in humans: a role for feedback signals from lean and fat tissues. *Am J Clin Nutr* 65:717-723, 1997.

2. Dulloo, AG, Jacquet, J, and Montani, JP. How dieting makes some fatter: from a perspective of human body composition autoregulation. *Proc Nutr Soc* 71:379-389, 2012.

3. Garthe, I, Raastad, T, Refsnes, PE, and Sundgot-Borgen, J. Effect of nutritional intervention on body composition and performance in elite athletes. *Eur J Sport Sci* 13:295-303, 2013.

4. Halliday, TM, Loenneke, JP, and Davy, BM. Dietary intake, body composition, and menstrual cycle changes during competition preparation and recovery in a drug-free figure competitor: a case study. *Nutrients* 8:740, 2016.

5. Maclean, PS, Bergouignan, A, Cornier, MA, and Jackman, MR. Biology's response to dieting: the impetus for weight regain. *Am J Physiol Regul Integr Comp Physiol* 301:R581-600, 2011.

6. Rossow, LM, Fukuda, DH, Fahs, CA, Loenneke, JP, and Stout, JR. Natural bodybuilding competition preparation and recovery: a 12-month case study. *Int J Sports Physiol Perform* 8:582-592, 2013.

7. Trexler, ET, Hirsch, KR, Campbell, BI, and Smith-Ryan, AE. Physiological changes following competition in male and female physique athletes: a pilot study. *Int J Sport Nutr Exerc Metab* 27:458-466, 2017.

8. Trexler, ET, Smith-Ryan, AE, and Norton, LE. Metabolic adaptation to weight loss: implications for the athlete. *J Int Soc Sports Nutr* 11:7, 2014.

专家力荐

"在健美领域积累了多年的参赛经验之后，我知道没有什么能比得上克里夫·威尔逊和彼得·J.费森在本书中呈现的细节和激情。你在背后需要一个制胜团队，并且它就在这里——比赛准备的终极指导书。"

托瑞·华盛顿
职业健美运动员，美国国家运动医学学会
（NASM）认证教练

"作为一名职业健美世界冠军，能够得到我的信任从而可以监督我准备比赛的人非常少；克里夫·威尔逊便是其中之一。克里夫是比赛准备领域的先驱，他有非典型却有科学依据且极度有效的方法。这本书深入探讨了这些方法，从而深入地讨论了合理比赛准备所有方面的基本原理和错综复杂的细节。无论你是一名新手还是一名老练的参赛者，这本书都必须阅读。"

道格·米勒
Core Natritionals 公司董事长兼首席执行官

"如果你在寻找一本关于体形比赛的全面透彻的手册，那么不要再找了！从关注有助于参赛者完善自己体形的细节到考虑参赛的心理方面，本书对任何参赛者，无论是新手还是老手，都有很高的价值。作为一名营养师，本书让我印象非常深刻的是其在训练和营养推荐做法方面对细节的关注，以及紧随其后的在比赛准备期间的健康循证方法。我强烈地向参赛或者想了解更多有关以节食来增强体形方面的知识的所有人推荐本书。"

莱西·邓恩
注册营养师，注册私人教练

"虽然我已经以教练和参赛者的身份从事备赛行业许多年了，但是我经常会忘记首次参赛者可能会存在的问题。我会向任何对参赛感兴趣的人推荐这本全面的指南。"

亚当·阿特金森
See You Later Leaner 的备赛教练

"作为一名从业多年的参赛者、职业健美运动员和备赛教练，我可以毫不犹豫地说，对于有关健美准备过程方面的信息而言，这是我所见过

的最新最详尽的参考书。克里夫和彼得在书中确实整合了一些特殊的内容，同时又包含大量的知识和对细节的关注，更重要的是所有这些都是有现代科学和研究作为支撑的。"

科尔宾·皮尔森
职业健美运动员

"每当人们从我这里寻求动力或者表达疑惑时，我都会告诉他们，'你的身体所能实现的要远远超出你的想象'。在彼得和克里夫这本书的帮助下，你将会对你的成果感到惊讶。"

莫里斯·本顿
国际健美联合会（IFBB）职业运动员

"在充斥着过时和错误信息的行业中，这本书让人耳目一新。克里夫和彼得利用数年的研究经验和在本行业中所花费的时间，向你们展现了比赛准备的科学原理与精妙的执教艺术的融合，这种融合正是塑造你可能的最佳外形所需要的。"

奥斯汀·柯伦特
体能训练认证专家（CSCS），国际健美联合会
（IFBB）职业运动员，教育工作者，形体教练

"健美是一种非制度化的体育运动，你无法在高中或者团队组织中学习它。这本书包含了健美运动员通常不得不靠自己去艰辛学习的实践基础的内容。无论你是正在开始第一次比赛还是在寻找职业运动员所需的比赛准备细节，这本书都以一种易读、循证的方式概述了一切。"

瑞恩·多里斯
职业自然健美运动员

"这是一本相当全面的图书，它涵盖了比赛准备的每一个方面。从休赛季到比赛准备，再到比赛日，最后到比赛后，克里夫和彼得深入探讨了这一切，并将循证的方法和自己的实际执教经验融合在了一起。本书采用简单易懂的语言编写，同时仍然提供了该领域所有可用的科学引证。"

劳琳·康林
国际健美联合会（IFBB）比基尼职业运动员，旧金山大学形体强化实验室的研究助理

"这无疑是我所见过的最全面的比赛准备

指导书。我执教已经 12 年了，我不仅为我的工具箱增添了新工具，而且很高兴回顾了我可能已经忘记的一些东西。我向所有级别的所有健美运动员推荐本书。"

杰森·M. 西奥博尔德
亚洲健身专家联合会（AFPA）成员，Scooby Prep 的所有者，Nuethix Formulations 的共有人

"这本书确实如书名那样……完整。虽然我以全职教练、推销商、评委和自然职业健美运动员的身份身处该行业有 5 年多时间了，但是我从未见过如此详细描述这项体育运动的书。这是任何期望参赛的人的必备品——尤其是参赛新手或者期望了解关于这项体育运动更多知识的人。"

马特·杰克逊
MEAT 的所有者，IPE 职业元老级健美运动员

"不论你是刚接触健美还是一名经验丰富的老手，这本书都适合你！它为你提供了关于参赛以及所涉及的心理方面所需要知道的一切。"

迈克·普奇
职业自然健美运动员，Team Uaique Prep 在线指导教练

"始终都要努力找到那个中间地带，并且永远不要忘记，定义我们的不是比赛日的样子；那只不过是我们参赛生涯中的一个掠影。在书中，克里夫会帮助你了解该过程的每一个方面以及每个方面的每个样子。"

萨迈雅·康斯尔
职业女子健体混合型运动员

"不论你是这项体育运动的首次参赛者还是老手，这都没有关系——每个人都能从本书中学到知识。并且，如果你想赶在比赛的前面做好准备，那么我建议你阅读这本书。要学习健美的正确方式，并且要学习如何通过对身体的自然之举做出响应来使用该方式。"

泰·杨
美国国家体形委员会（NPC）参赛者和教练

"没有人像克里夫·威尔逊和彼得·费森那样通晓健美和比赛准备的艺术。他们多年的经验和循证的方法已经实现了卓越的成果，并且本书充满了每个教练和参赛者都应当知道的优质信息。无论你是想提升自己的体形还是想让自己的执教水平更上一层楼，这本书都不可不看。"

安娜·麦玛娜梅
世界健美模特大赛（WBFF）比基尼职业运动员和备赛教练

"对于教练和运动员来说，这本书确实是一个宝贵的工具。它从整体上对健美的理论和实践进行了一个全面、最新的考察，并且探讨了比赛准备的每个特定阶段。任何阅读本书的人都能打下一个完整的基础，并了解构成成功的比赛准备和成为成功的健美运动员的所有主要因素。我会毫不犹豫地推荐它。"

利安娜·卡尔
自然形体职业运动员，运动表现与健身教练

"我可以不容置疑地说克里夫是当今健美行业内备受尊敬和学识渊博的教练之一。克里夫的成功显然不是偶然的，因为他同时具备激情、知识、经验和无可否认的参赛者优势等，正是这一融合让他的简历变得如此令人印象深刻。在健身行业，很少能找到一个如此成功却又如此谦卑的人，并且这也是目前为止我最喜欢克里夫的地方之一。"

萨尔·弗雷塞拉
1st Phorm 总裁

"彼得·费森和克里夫·威尔逊为我们提供了适用于比赛型形体运动员的最全面的手册。对于想优化比赛准备的运动员和教练来说，本书是一个有力的助手。"

瓦伦汀·汤博司
备赛教练，职业自然健美运动员